Heinrich Neisser | Gerhard Loibelsberger | Helmut Strobl

UNSERE REPUBLIK AUF EINEN BLICK

Das Nachschlagewerk über Österreich

UEBERREUTER

www.die-republik.at

ISBN 3-8000-7086-3
Covergestaltung: Martin Gubo
Coverfoto: staudinger + franke
Aktualisierte und erweiterte Neusausgabe
Copyright © 2005 by Verlag Carl Ueberreuter, Wien
Printed in Austria
1 3 5 7 6 4 2

Ueberreuter im Internet: www.ueberreuter.at

Inhalt

Vorwort

Das Jahr 2005 ist für die Republik Österreich Anlass für eine Reihe von feierlichen Gedenken. Viele historische Ereignisse werden Grund für eine Rückbesinnung sein. Vor sechzig Jahren endete der Zweite Weltkrieg, Österreich wurde von der nationalsozialistischen Gewaltherrschaft befreit. Vor fünfzig Jahren erlangte unser Land durch den österreichischen Staatsvertrag seine volle Unabhängigkeit, im selben Jahr wurde es Mitglied der Vereinten Nationen. Vor zehn Jahren wurde Österreich Mitglied der Europäischen Union und damit verantwortlicher Mitgestalter des europäischen Einigungsprozesses.

Diese zentralen Daten der jüngeren Geschichte sind nicht nur ein Grund für eine Rückschau, sie verpflichten uns auch zum kritischen Nachdenken über unsere Verantwortung in Gegenwart und Zukunft.

Um dieser Aufgabe gerecht zu werden, muss man verstehen, auf welchen Fundamenten die Zweite Republik errichtet wurde und was ihr heute Stabilität und Dynamik sichert. Das vorliegende Buch leistet einen wertvollen Beitrag zu diesem Verständnis. Es beschreibt in verständlicher Weise die Grundlagen des österreichischen Staates und die Eigenheiten unseres politischen Systems. Es vermittelt eine informative Einsicht in jene Entwicklungen, die für den Werdegang Österreichs bestimmend waren.

»Unsere Republik auf einen Blick« ist ein gelungener Beitrag zur politischen Bildung. Er ist nicht für eine bestimmte Generation geschrieben, sondern für alle, die ein echtes Interesse haben zu erfahren, wie unsere Republik funktioniert und welche Möglichkeiten einer politischen Teilnahme sie den BürgerInnen bietet.

Die Lektüre des vorliegenden Buches ist eine gute Grundlage für ein besseres Verstehen jener Ereignisse, die im Jahre 2005 wieder in den Mittelpunkt unserer Gedanken rücken werden. Sie soll aber auch das Bewusstsein fördern, dass Demokratie nur mit einer aktiven und engagierten Bürgerschaft erfolgreich sein kann.

In diesem Sinne danke ich den Herausgebern, namentlich Heinrich Neisser, Gerhard Loibelsberger und Helmut Strobl, für ihre verdienstvolle Initiative und wünsche diesem Buch eine gute Aufnahme und weite Verbreitung.

Bundespräsident Dr. Heinz Fischer

Einleitung

Man muss sein Land kennen, um es lieben zu können. Eine genaue Kenntnis der Dinge bedeutet nicht allein Wissen um Tatsachen, sondern dient auch dem Verständnis der Gefühle für die Gemeinschaft, der man angehört. Es ist wichtig, die Wirklichkeit und ihre Grundlagen zu erfassen.

Demokratie ist nicht nur eine Staatsform. Sie ist ein umfassender Auftrag, dass die Bürger die Gemeinschaft, in der sie leben, mitgestalten und Verantwortung für das Gemeinwesen übernehmen. Voraussetzung dafür, dass sie das tun können, ist das Wissen über den Staat, die Aufgaben des Staates und über die Chancen, die die Demokratie dem Einzelnen bietet.

Die Idee zu diesem Buch ist aus der Erkenntnis geboren, dass viele BürgerInnen in unserem Staat nur schwer verstehen können, wie Politik gemacht wird. Wir wollen mit diesem Werk einen Beitrag zur »politischen Bildung« leisten; politische Bildung nicht als Unterrichtsprinzip oder als Lerngegenstand, sondern als dauernde Aufgabe der Menschen, sich über das öffentliche Geschehen zu informieren und es kritisch zu verfolgen. Dieses Buch ist für interessierte StaatsbürgerInnen geschrieben, es bietet Informationen über unser Land, die dem aktuellen Stand der Entwicklung entsprechen.

»Unsere Republik auf einen Blick« erscheint am Beginn eines Jahres, das mit Recht als Jubiläumsjahr besonderer Art angesehen werden kann: vor 60 Jahren fand die Tragödie des Zweiten Weltkrieges ein Ende, in den Schlusstagen des Aprils 1945 entstand die Zweite Republik. Gegründet auf einer Willenserklärung der politischen Parteien und auf der Grundlage einer vorläufigen Verfassung. Obwohl am 19. Dezember 1945 durch den erstmaligen Zusammentritt des neu gewählten österreichischen Nationalrats die demokratische und bundesstaatliche Kontinuität zur Ersten Republik wieder hergestellt worden war, blieb Österreich durch die Besatzung der alliierten Mächte in seiner politischen Handlungsfähigkeit eingeschränkt. Erst am 15. Mai 1955 konnte mit der Unterzeichnung des österreichischen Staatsvertrages die Unabhängigkeit unseres Landes hergestellt werden. Der 50. Jahrestag dieses historischen Ereignisses ist ein Anlass zu feiern. Weiters kann die Republik Österreich im Jahr 2005 auf 10 Jahre Mitgliedschaft in der Europäischen Union zurückblicken. 1945, 1955, 1995 - drei historische Eckdaten, die zum Rückblick und zur Selbstbesinnung anregen. Das Wissen darüber, welche Einrichtungen Politik machen und wie politische Verantwortung ausgeübt wird, sollte allen BürgerInnen geläufig sein.

Dieses Werk ist als allgemeine und übersichtlich gestaltete Informationsquelle konzipiert. Es enthält im Wesentlichen eine Bestandsaufnahme unseres Staates, soll aber auch Zukunftsperspektiven eröffnen. Dies gilt im Besonderen für die Ausführungen über den europäischen Integrationsprozess und die mögliche Weiterentwicklung der Europäischen Union.

Die Herausforderung der modernen Demokratie wurde in beispielhafter Weise von dem deutschen Philosophen Karl Jaspers beschrieben: »Demokratie heißt Selbsterziehung und Information des Volkes. Es lernt nachdenken. Es weiß, was geschieht. Es urteilt. Die Demokratie fördert ständig den Prozess der Aufklärung.«

Wir hoffen, dass dieses Buch anregt, mehr zu wissen. Wir wünschen uns, dass dieses Wissen zu mehr kritischem Denken führt. Wir sind überzeugt, dass eine breite Information und ein kritisches Beurteilungsvermögen entscheidend zu jener Verantwortung beitragen, ohne die eine Demokratie nicht funktionieren kann.

Wien, im Dezember 2004

Heinrich Neisser   Gerhard Loibelsberger   Helmut Strobl

1. Wie unsere Republik entstand

Von der Monarchie zur Republik

Am 12. November 1918 versammelte sich eine große Menschenmenge vor dem Parlamentsgebäude auf der Wiener Ringstraße. Die Versammelten waren Zeugen eines historischen Ereignisses: Die Republik wurde ausgerufen. Am Vortag hatte **Kaiser Karl in einem Manifest »auf jeden Anteil an den Staatsgeschäften« verzichtet** und erklärt, dass er jede Entscheidung anerkenne, »die Deutschösterreich über seine künftige Staatsform trifft«. Diese Entscheidung traf die **Provisorische Nationalversammlung** am 12. November mit dem »Gesetz über die Staats- und Regierungsform von Deutschösterreich«. Die beiden ersten Artikel dieses Gesetzes waren Ausdruck des grundlegenden politischen Wandels, der sich schon in den Wochen vorher anbahnte. Die Kernsätze waren »Deutschösterreich ist eine demokratische Republik« und »Deutschösterreich ist ein Bestandteil der Deutschen Republik«. Damit

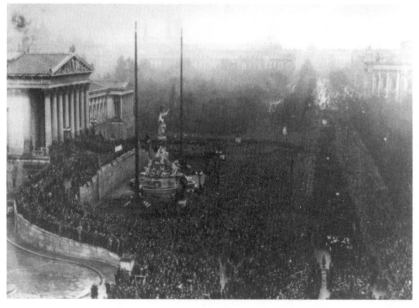

Die Ausrufung der Republik am 12. November 1918

wurde formell der Übergang von der Monarchie zur Republik vollzogen, der auf Grund der Ereignisse in den letzten Oktobertagen unausweichlich geworden war. Kaiser Karl, der seit dem Ableben Kaiser Franz Josephs I. (21. November 1916) Herrscher der österreichisch-ungarischen Monarchie war, hatte in einem Manifest vom 16. Oktober 1918 den Versuch unternommen, der drohenden **Auflösung der Monarchie** entgegenzuwirken. Er kündigte an, dass Österreich »dem Willen seiner Völker gemäß zu einem Bundesstaat werden soll, in dem jeder Volksstamm auf seinem Siedlungsgebiete sein eigenes staatliches Gemeinwesen bildet«. Dieser Versuch, das Habsburgerreich und den Thron zu retten, kam zu spät. Der Zerfall der Monarchie war nicht mehr aufzuhalten.

Die Abgeordneten des Reichsrats schlossen sich je nach Nationalität in eigenen Versammlungen zusammen und förderten damit die Gründung der so genannten **Nachfolgestaaten**. Die deutschsprachigen Abgeordneten wollten einen deutschösterreichischen Staat schaffen, dem das deutsche Siedlungsgebiet der Monarchie eingegliedert werden sollte. Dazu zählte man die deutschsprachigen Gebiete in Südmähren und in Südböhmen sowie die Sudetengebiete bis Schlesien, ebenso Deutsch-Südtirol.

Im Sinne des erwähnten kaiserlichen Manifestes traten am 21. Oktober 1918 alle deutschen Abgeordneten des Reichsrats zu einer Vollversammlung zusammen und konstituierten sich als »Provisorische Nationalversammlung für Deutschösterreich«. Der Provisorischen Nationalversammlung gehörten auch jene Reichsratsabgeordneten an, die in jenen Gebietsteilen der ehemaligen Monarchie gewählt worden waren, die Deutschösterreich zwar beanspruchte, tatsächlich aber nicht in Besitz nehmen konnte, da sie schon in die Nachfolgestaaten der österreichisch-ungarischen Monarchie eingegliedert wurden (z. B. die Sudetenländer in die Tschechoslowakische Republik). Die Mitglieder der Provisorischen Nationalversammlung wählten einen Vollzugsausschuss von 20 Mitgliedern, dem die Aufgabe übertragen wurde, Anträge über die Verfassung des deutschösterreichischen Staates auszuarbeiten. Am 30. Oktober trat die Provisorische Nationalversammlung neuerlich zusammen und fasste einen Beschluss über die grundlegenden **Einrichtungen der Staatsgewalt**. Dadurch löste sie sich vom Programm des kaiserlichen Manifestes vom 16. Oktober 1918 und schuf die Konturen einer neuen republikanischen Ordnung. Die Provisorische Nationalversammlung nahm die Ausübung der obersten Gewalt des Staates Deutschösterreich für sich in Anspruch und bestellte die obersten Vollzugsorgane. Dadurch wurde die Bildung eines neuen Staates mit republikanischer Staatsform vollzogen. Die formelle **Ausrufung der Republik** erfolgte jedoch erst am **12. November 1918**. Die Ära der **Provisorischen Nationalversammlung** begann. In diesem Zeitraum erfolgten wesentliche Weichenstellungen für die neue Organisation des Staates:

Blick in die Kärntner Straße am Tag der ersten Nationalratswahl in Deutschösterreich

- Mit dem Beschluss vom 30. Oktober 1918 wurde Deutschösterreich als zentralistischer Einheitsstaat geschaffen. In den einzelnen österreichischen Ländern vollzogen sich ähnliche Prozesse durch die Bildung von »Provisorischen Landesversammlungen« und aus deren Mitte gewählten »Landesregierungen«. Diese Länder gaben zum Teil Beitrittserklärungen zur neu gegründeten Republik ab, der neue Staat erkannte die Landesversammlungen, die sich bereits gebildet hatten, durch ein eigenes Gesetz an. Die traditionelle Ländergliederung wurde dadurch in das neue Staatssystem übernommen.
- Zu den wichtigsten Anliegen gehörte die Schaffung eines neuen Wahlrechtes: Die wesentlichsten Neuerungen waren die **Einführung des Verhältniswahlrechtes** sowie des **aktiven und passiven Wahlrechtes für Frauen**; Frauen besaßen bis zu diesem Zeitraum kein parlamentarisches Wahlrecht.
- Gesetzgebendes Organ war die Provisorische Nationalversammlung. Die Funktion der Regierung übte ein Staatsrat aus, dessen Mitglieder aus der Mitte der Nationalversammlung gewählt wurden.

Das demokratiepolitisch bedeutendste Ereignis des Jahres 1919 waren die **Wahlen zur Konstituierenden Nationalversammlung.** Diese fanden am 16. Februar 1919 statt. Es sollten 255 Mitglieder gewählt werden, wobei alle in Österreich sowie in den damals besetzten oder strittigen Gebieten (Sudetenland, Deutsch-Südböhmen, Deutsch-Südtirol usw.) ansässigen Bürger, die am 1. Jänner 1919 das 20. Lebensjahr vollendet hatten oder älter waren, sowie die in Österreich wohnhaften reichsdeutschen Staatsangehörigen wahlberechtigt waren. Da es den Wählern weder in Böhmen, Mähren, Polen (das heutige südliche Polen gehörte als »Galizien« zur österreichisch-ungarischen Monarchie) oder Deutsch-Südtirol möglich war, an den Wahlen teilzunehmen, wurden für die Konstituierende Nationalversammlung schließlich nicht mehr als 159 Mitglieder gewählt, wobei die Repräsentanten gewisser Gebiete z. B. für die von den Jugoslawen besetzte Mittel- und Südsteiermark und das von den Italienern besetzte Südtirol nicht gewählt, sondern ernannt wurden.

Die gewählte Konstituierende Nationalversammlung trat erstmals am 4. März 1919 in Wien zusammen. Die Mandate verteilten sich auf die einzelnen Parteien wie folgt:

Sozialdemokraten	72 Mandate
Christlichsoziale	69 Mandate
Deutschnationale	27 Mandate
Übrige Parteien	2 Mandate

Mit den Frühjahrswahlen 1919 begann die **Periode der Konstituierenden Nationalversammlung**. Diese war nunmehr das höchste Organ des Volkes, die vollziehende Gewalt wurde durch eine Staatsregierung, bestehend aus dem Staatskanzler, dem Vizekanzler und den Staatssekretären (so genannte »Volksbeauftragte«) ausgeübt. Nach den Wahlen vom Februar 1919 bildete sich eine Koalition von Sozialdemokraten und Christlichsozialen (Karl Renner/Jodok Fink), die unter dem sozialdemokratischen Staatskanzler Karl Renner bis Juni 1920 regierte. Sie führte die Republik durch eine schwierige Übergangszeit.

Die Konstituierende Nationalversammlung widmete sich ihrer eigentlichen Aufgabe, der Schaffung einer neuen Verfassung, relativ spät: erst im Jahr 1920. Einer ihrer ersten Schritte war die konsequente Umsetzung des republikanischen Gedankens durch die **Beschlussfassung des so genannten Habsburgergesetzes und der Abschaffung des Adels**. Am 3. April 1919 wurde ein Gesetz über die Landesverweisung und die Übernahme des Vermögens des Hauses Habsburg-Lothringen beschlossen. Darin wurde Folgendes verfügt:

• Alle Herrscherrechte und sonstigen Vorrechte des Hauses Habsburg-Lothringen sowie aller Mitglieder dieses Hauses werden in Österreich »für immerwährende Zeiten« aufgehoben.

• »Im Interesse der Sicherheit der Republik« werden die ehemaligen Träger der Krone und die sonstigen Mitglieder des Hauses Habsburg-Lothringen des Landes verwiesen, sofern sie nicht auf die Mitgliedschaft zu diesem Haus und auf alle Herrschaftsrechte verzichtet haben. Ob diese Erklärung als ausreichend anzusehen ist, hat die Bundesregierung im Einvernehmen mit dem Hauptausschuss des Nationalrats zu entscheiden.

- Die Republik Österreich wird Eigentümerin des gesamten hofärarischen Vermögens, das war jenes Vermögen, das von den »Hofstäben und deren Ämtern« verwaltet wurde.

Am Tag der Beschlussfassung des so genannten **Habsburgergesetzes** wurde auch ein Gesetz über die Aufhebung des Adels, der weltlichen Ritter- und Damenorden und gewisser Titel und Würden erlassen. Dieses Adelsgesetz beseitigte die Vorrechte der Aristokratie in folgender Weise:

- Die Führung von Adelsbezeichnungen und damit in Zusammenhang stehender Titel und Würden wurde untersagt.
- Das Recht zur Führung des Adelszeichens »von« wurde aufgehoben.
- Bei Übertretungen dieses Gesetzes hat die Verwaltungsbehörde eine Geldstrafe oder Arrest bis zu sechs Wochen zu verhängen.

Mit diesen Gesetzen zog die junge Republik einen radikalen Schlussstrich unter die Vergangenheit. Die kaiserlichen Symbole wurden überall beseitigt. Die angeordnete Landesverweisung machte eine Rückkehr der kaiserlichen Familie, die Ende März in die Schweiz gereist war, nach Österreich unmöglich. Als Begründung für diese Maßnahme führte man Folgendes an: »Die Anwesenheit des ehemaligen Monarchen sowie der Mitglieder seines Hauses bedeutet eine dauernde Gefährdung der Republik, da diese Personen immer wieder der Mittelpunkt von reaktionären, monarchistischen Bewegungen werden können.«

Staatskanzler Karl Renner mit der österreichischen Friedensdelegation vor dem Schloss von Saint-Germain bei Paris im Sommer 1919

In das Jahr 1919 fiel ein Ereignis, das für die weitere Entwicklung Österreichs von Bedeutung war. Am 10. September 1919 unterzeichnete Österreich den **Staatsvertrag von St.-Germain-en-Laye,** der den Kriegszustand zwischen den alliierten Siegermächten des Ersten Weltkrieges und dem besiegten Österreich beendete. Der Vertrag legte Österreich drückende finanzielle und wirtschaftliche Verpflichtungen auf. Österreich wurde darin gegen seinen Willen als Rechtsnachfolgerin der früheren Monarchie behandelt. Die Bezeichnung »Deutschösterreich« musste fallen gelassen werden, die Republik hieß fortan »**Republik Österreich**«. Einschneidend waren die territorialen Konsequenzen. Österreich musste seinen Anspruch, alle deutschsprachigen Gebiete der Monarchie in der Republik zu vereinigen, aufgeben. Das bedeutete unter anderem den endgültigen Verlust der deutschsprachigen Gebiete in den Nachfolgestaaten. Von den geplanten 10 Millionen Einwohnern blieben für den neuen Staat nur 6,5 Millionen.

Von den übrigen Beschränkungen des Vertrages seien diejenigen erwähnt, die das Heerwesen betrafen. Österreich wurde die Einführung der allgemeinen Wehrpflicht untersagt, ein Heer durfte nur auf Grund freiwilliger Verpflichtung aufgestellt und ergänzt werden, wobei die Gesamtstärke des Heeres mit 30.000 Mann begrenzt wurde (Berufsheer).

Die neue Verfassungsordnung

Unter diesen geänderten Rahmenbedingungen begann im Jahr 1920 der Prozess der Ausarbeitung einer neuen Verfassung für die Republik Österreich. Schon im Mai 1919 hatte Staatskanzler Renner dem wissenschaftlichen Konsulenten der Staatskanzlei, dem Wiener Universitätsprofessor **Hans Kelsen,** den Auftrag erteilt, den Entwurf einer Bundesstaatsverfassung auszuarbeiten. Kelsen erarbeitete in Verbindung mit der Verfassungsabteilung der Staatskanzlei mehrere Entwürfe, die den weiteren Prozess der Verfassungsentstehung maßgeblich beeinflussten. Am Vorbereitungsprozess beteiligten sich die Länder, die eigene Länderkonferenzen abhielten, sowie die politischen Parteien. Jedes der drei politischen Lager – die Sozialdemokraten, die Christlichsozialen und die Großdeutschen – präsentierte einen eigenen Verfassungsentwurf, der neben anderen Vorentwürfen mitdiskutiert wurde. Der eigentliche parlamentarische Diskussionsprozess begann im Juli 1920 im Verfassungsausschuss der Konstituierenden Nationalversammlung. Diese setzte einen Unterausschuss ein, der Ende September 1920 seine Beratungen abschloss. Am **1. Oktober 1920 wurde der Wortlaut des Bundesverfassungsgesetzes, »womit die Republik Österreich als Bundesstaat eingerichtet wird«,** im Plenum der Konstituierenden Nationalversammlung beschlossen. Die **neue**

Verfassung trat am 10. November 1920, dem Tag des ersten Zusammentrittes des am 17. Oktober 1920 neu gewählten Nationalrats, in Kraft. Diese erste Bundesverfassung gestaltete die Republik Österreich als demokratischen **Bundesstaat**. Der erste Artikel enthält eine Grundaussage über die Demokratie: »Österreich ist eine demokratische Republik. Ihr Recht geht vom Volk aus.« Die österreichische Demokratie ist eine repräsentative, das heißt, das Volk als Souverän entscheidet über die Wahl der Repräsentanten, die verbindlich für das Volk politische Entscheidungen treffen. Außerhalb der Wahlen kann das Volk in gewissen Angelegenheiten und bei bestimmten Voraussetzungen unmittelbar mitwirken bzw. entscheiden (Volksbegehren, Volksabstimmung; die Möglichkeit der Durchführung einer Volksbefragung wurde erst im Jahr 1988 in der Bundesverfassung vorgesehen).

Die neue Verfassung schuf die **Republik als Bundesstaat**. Die Aufgaben der Gesetzgebung und Verwaltung wurden zwischen Bund und Ländern geteilt. In der Bundesgesetzgebung wurde ein Zweikammersystem geschaffen (Nationalrat und Bundesrat). Das Parlament hatte eine dominante Rolle: Die Bundesregierung wurde in geheimer Abstimmung vom Nationalrat gewählt, ebenso der Bundespräsident durch beide Kammern (= Bundesversammlung).

Das **Staatsgebiet**, für das die neue Bundesverfassung galt, war das Bundesgebiet, das neun Bundesländer umfasste. Die **Grenzen des Staates** waren im Wesentlichen durch die Regelungen des Staatsvertrages von St.-Germain-en-Laye bestimmt. Schwierigkeiten ergaben sich jedoch im Besonderen in zwei Fällen. Der eine Fall betraf die Abgrenzung zu Jugoslawien (Königreich der Serben, Kroaten und Slowenen); hier brachte die **Kärntner Volksabstimmung vom 10. Oktober 1920** eine Mehrheit für Österreich, womit Südkärnten bei Österreich blieb. Der zweite Fall betraf die Grenze mit Ungarn. Zwar wurde das **Burgenland** als Land der Republik durch ein eigenes Bundesverfassungsgesetz aufgenommen, doch verhinderten ungarische Freischärlertruppen die Einrichtung der österreichischen Verwaltung auf diesem Gebiet. Auf Grund eines in Venedig abgeschlossenen Staatsvertrages zwischen Ungarn und Österreich (»**Venediger Protokoll**« vom 13. Oktober 1921) fand über die Zugehörigkeit der Stadt Ödenburg (Sopron) und ihrer nächsten Umgebung eine Volksabstimmung statt, die zu Gunsten Ungarns ausfiel. Dieser Gebietsteil wurde daher am 1. Jänner 1922 an Ungarn übergeben.

Die am 1. Oktober 1920 beschlossene Bundesverfassung war in mancher Hinsicht ein politischer Kompromiss zwischen den politischen Lagern. In wesentlichen Fragen konnte keine Übereinstimmung erzielt werden, weil die gesellschaftspolitischen Gegensätze nicht überwunden werden konnten. Dies galt für die Formulierung eines neuen Grundrechtskatalogs ebenso wie für wichtige schulrechtliche Regelungen, da infolge unterschiedlicher Auffassungen über das Verhältnis von Staat und Kirche und von Kirche und Schule kein gemeinsamer Nenner gefunden werden konnte. Die neue Verfassung enthielt daher einige Provisorien, die allerdings eine lange Dauer hatten. So wurden die verfassungsrechtlichen Fragen der Schule erst im Jahr 1962 geregelt. Ein einheitlicher Grundrechtskatalog existiert bis heute nicht.

Die Krise der Ersten Republik

Die im Jahr 1920 geschaffene Republik Österreich war von Anfang an mit schwierigen Herausforderungen konfrontiert. Sie war als Restbestand und deutschsprachiger Nachfolgestaat des habsburgischen Österreichs entstanden und umfasste nur mehr einen kleinen Teil des ursprünglichen Gesamtstaates. Die Bevölkerung betrug nicht einmal 7 Millionen Einwohner gegenüber 52 Millionen im alten Staat. Diese Situation rief bei den meisten Österreichern eine fatale Skepsis hervor, dass die neue, selbständig gewordene Republik nicht lebensfähig sei. Sie sahen die Zukunft in einem Anschluss Österreichs an Deutschland. Die »**Anschlussbewegung**« war ein nicht zu übersehendes Stimmungselement.

Im Inneren der Republik verschärften sich die Gegensätze zwischen den politischen Lagern. Eine starke innenpolitische Polarisierung entwickelte sich vor allem zwischen dem christlichsozialen und dem sozialdemokratischen Lager. Die Christlichsozialen waren eng mit der vorherrschenden katholischen Kirche verbunden und besaßen eine gewisse Skepsis gegenüber dem neuen Staat. Die Sozialdemokraten vereinigten die große Masse der Arbeiterschaft in ihren Reihen und sahen die Republik im Wesentlichen als ihr Werk. Das dritte Lager war das großdeutsch-bürgerliche, das seit dem Jahr 1920 mit den Christlichsozialen das Regierungslager (= Bürgerblock) bildete – davor bildeten die Christlichsozialen mit den Sozialdemokraten eine Koalition. Zu den ideologischen Spannungen kam eine überaus schwierige wirtschaftliche Lage. Der verlorene Weltkrieg stürzte viele Menschen in soziale Not, die kaum noch erträglich war. Gewisse Erleichterung brachte eine Unterstützung, die Österreich zum Aufbau seiner Wirtschaft aus dem Ausland erhielt. Durch die so genannten »**Genfer Protokolle**« vom 4. Oktober 1922 erhielt Österreich eine internationale Anleihe, die es der Regierung möglich machte, ein großzügiges wirtschaftliches und finanzielles Sanierungsprogramm durchzuführen. Damit verbunden war aber eine Kontrolle durch den **Völkerbund** in Genf, einer internationalen Organisation, die als Vorläufer der Vereinten Nationen angesehen wird. Durch dieses »Genfer Sanierungsprogramm« wurde Österreich auch zu einer umfassenden Verwaltungsreform genötigt.

Die österreichische Volkswirtschaft befand sich in einer Umstrukturierung, die wenige Jahre später durch den Ausbruch einer schweren Krise der Welt-

wirtschaft beeinträchtigt wurde.
Seit 1930 bewegte sich die österreichische Wirtschaft auf einen Tief-
punkt zu, der zu einer mehrjähri-
gen hartnäckigen Krise führte.
Bereits vorher hatten sich die
innenpolitischen Gegensätze ver-
schärft. Einen dramatischen Höhepunkt erreichten sie am 15. Juli
1927 mit dem **Brand des Justizpalastes**. Auslösendes Moment war
ein Freispruch von drei Männern
durch ein Wiener Geschworenen-
gericht, die wegen Mordes an zwei
Mitgliedern des »Republikanischen Schutzbundes« angeklagt
waren. Sozialdemokratische Demonstranten protestierten dagegen
und steckten den Justizpalast in
Brand. Die Polizei ging mit der
Waffe gegen die Demonstranten
vor. Das Ergebnis war erschüt-
ternd: Mehr als 90 Tote und 600
Verwundete auf beiden Seiten.
In Anbetracht dieses Ereignisses
war es geradezu erstaunlich, dass
die bürgerliche Regierung mit
Zustimmung der Sozialdemokraten im Jahr **1929 eine bedeutende
Verfassungsreform** verwirklichen

*Der Brand des Justizpalastes am
15. Juli 1927*

konnte. Zentraler Punkt dieser Reform war eine deutliche Stärkung der Position des Bundespräsidenten, der zu den üblichen Aufgaben des Staatsoberhauptes auch politische Gestaltungsmöglichkeiten erhielt: Er bekam das
Recht, die Regierung zu bilden und abzuberufen sowie den Nationalrat aufzulösen. Er sollte in Zukunft vom Volk gewählt werden (tatsächlich geschah
dies erstmals im Jahr 1951).
Dieser Reformschritt konnte die weitere Aushöhlung des parlamentarischen
Systems jedoch nicht verhindern. Die Kritik am Parlamentarismus und an der
Verfassung verstärkte sich. Zur Radikalisierung des innenpolitischen Klimas
trug vor allem die **Bildung von bewaffneten Parteiarmeen** bei. Unmittelbar
nach 1918 entstanden zunächst in den Alpenländern **Heimwehren**, die die

21

Ordnung im Lande aufrechterhalten und äußere Angriffe (wie etwa in Kärnten durch eindringende südslawische Truppen) abwehren sollten. Später wurden sie zu einer Bewegung, die sich zur Parole »Kampf gegen den Austromarxismus« bekannte. Sie verstärkte ihre kritische Einstellung zum parlamentarischen System bis zu dessen Ablehnung. Im so genannten »Korneuburger Eid« vom 19. Mai 1930 erteilte sie dem demokratischen Parlamentarismus eine klare Absage.

Auf der anderen Seite wurden im Jahr 1923 die bewaffneten Arbeiterwehren und Ordnerorganisationen der Sozialdemokratischen Partei im »**Republikanischen Schutzbund**« zusammengefasst. Er war der militärische Arm der Sozialdemokratie und sollte die Errungenschaften der neuen Republik von 1918 verteidigen.

Sowohl Heimwehr als auch Schutzbund trugen nach dem Justizpalastbrand erheblich zu einer Militarisierung der politischen Lager und des politischen Klimas bei. Sie wurden zu einer schweren Belastung des politischen Systems. Anfang der dreißiger Jahre kam zur Labilität im Inneren des Landes die Gefahr eines zerstörenden Einflusses von außen. Die innenpolitische Verunsicherung wurde durch ein langsames **Vordringen des Nationalsozialismus** genährt. Zwar erhielten die Nationalsozialisten bei den Wahlen zum Nationalrat im November 1930 in ganz Österreich rund 110.000 Stimmen, sie bekamen jedoch in keinem Wahlkreis die für ein Grundmandat erforderliche Stimmenzahl. Bei den Landtags- und Gemeindewahlen im April 1932 gewann jedoch die nationalsozialistische Bewegung eine Anzahl von Mandaten in den Landtagen dreier Bundesländer sowie in verschiedenen Gemeindevertretungen. Damit begann eine Propaganda- und Terrorkampagne der Nationalsozialisten gegen den österreichischen Staat.

Das Ende der Demokratie

Die unüberbrückbaren Gegensätze in der Innenpolitik waren Wegbereiter für ein baldiges Ende der Ersten Republik. Die Parteienverhältnisse im Nationalrat erzeugten zunehmend Unsicherheiten, die Bildung von Regierungen wurde immer schwieriger, ihre Dauer immer kürzer. Seit April 1932 verfügte die Regierung nur mehr über eine Mehrheit von einer Stimme (Christlichsoziale, Landbündler und Heimwehr), die Sozialdemokraten und Großdeutschen waren in Opposition.

Das auslösende Ereignis für das **Ende der parlamentarischen Demokratie** war ein »parlamentarischer Betriebsunfall« mit unvorhergesehenen und weitreichenden Folgen. Am **4. März 1933** legten alle drei Präsidenten des Nationalrats wegen Meinungsverschiedenheiten über das Ergebnis einer Abstimmung ihr Amt zurück. Die Geschäftsordnung des Nationalrats sah für diesen Fall keine Regelung über die Vorsitzführung vor. Die Regierung ließ sogleich erklären, dass der Nationalrat sich selbst ausgeschaltet habe (»Der Nationalrat ... ist gelähmt und handlungsunfähig ...«) und sie daher zu eigenem Handeln gezwungen sei. Die Ausschaltung des Nationalrats durch die Bundesregierung bedeutete das Ende des Parlamentarismus. Die Bundesregierung erließ in der Folge Verordnungen, die die Bundesgesetze ersetzten. Die gesetzliche Ermächtigung zu diesen Verordnungen war allerdings fraglich und nicht ausreichend. Diese Vorgangsweise war ein Bruch der demokratischen Verfassung. Sie bewirkte eine weitere Eskalation des innenpolitischen Lebens, die ihren tragischen Höhepunkt im **Bürgerkrieg im Februar 1934** fand. Als am 12. Februar 1934 Polizeibeamte in einem Linzer Parteiheim der Sozialdemokraten nach Waffen suchen wollten, leistete der Republikanische Schutzbund, der im März 1933 von der Regierung eigentlich aufgelöst worden war, bewaffneten Widerstand. Dieses Ereignis führte zu einem offenen Bürgerkrieg zwischen dem Regierungslager und den Sozialdemokraten. Der Aufruf zum Generalstreik scheiterte. Die Bilanz des Bürgerkriegs vom 12. bis 15. Februar 1934: auf Seite der Regierung 128 Tote und 400 Verwundete, auf Seite des Schutzbundes nahezu 200 Tote und mehr als 300 Verwundete; mehrere standrechtlich erfolgte Verurteilungen und 9 vollstreckte Todesurteile, über 10.000 Verhaftungen, darunter einige Führer der Sozialdemokratie.

Damit war die Sozialdemokratie ausgeschaltet. Sie wurde von der Regierung ebenso verboten wie die Gewerkschaften. Die Regierung ging nunmehr daran, ihre Vorstellungen einer Verfassungsordnung umzusetzen. Sie leitete die Periode des autoritären Ständestaates ein.

Der autoritäre Ständestaat

Die von der Bundesregierung als »**Verfassung 1934**« beschlossene neue Grundordnung war nicht mehr die Grundlage einer demokratischen Republik, sondern eines berufsständisch geordneten, autoritär geführten Staates. Autoritär deshalb, weil die Staatsorgane nicht mehr »von unten« durch Volkswahl, sondern »von oben« durch übergeordnete Instanzen ernannt wurden. Das politische Übergewicht lag nicht bei den parlamentarischen Körperschaften, sondern bei der Exekutive. Eine besondere Vorrangstellung besaßen der Bundespräsident und die Bundesregierung. Vor allem letztere hatte unter der Führung des Bundeskanzlers weitreichende Befugnisse. Die Verfassung 1934 wurde als ständisch bezeichnet, weil sie versuchte, in der Zusammensetzung einzelner Staatsorgane die berufsständische Gliederung der Gesellschaft zum Ausdruck zu bringen. Dies geschah vor allem dadurch, dass für die Bundesgesetzgebung so genannte »**vorberatende Organe**« bestellt wurden. Sie erstellten Gutachten zu den von der Regierung vorgelegten Gesetzesentwürfen. Es waren dies der Staatsrat, der Bundeswirtschaftsrat, der Bundeskulturrat und der Länderrat. Wohl gab es in Form des **Bundestages** eine gesetzgebende Körperschaft, die aus diesen vorberatenden Organen heraus gebildet wurde. Der Bundestag konnte jedoch die Vorlagen der Regierung lediglich unverändert annehmen oder gänzlich ablehnen und spielte in der politischen Praxis keine Rolle. Die Regierung hatte infolge der innenpolitischen Entwicklung keine Möglichkeit, der Verfassung des Jahres 1934 zur praktischen Geltung zu verhelfen.

Im Frühsommer 1934 begann eine neue nationalsozialistische Terrorwelle, die ihren Höhepunkt am **25. Juli 1934** mit einem blutigen **Putsch der Nationalsozialisten** erreichte. Der österreichische Bundeskanzler Dollfuß wurde an diesem Tag in den Räumen des Bundeskanzleramtes ermordet. Die nationalsozialistische Erhebung konnte nur mit großen Opfern, Toten und Verletzten sowohl auf Seiten der Exekutive als auch der Putschisten niedergeschlagen werden. Die folgenden Jahre waren von einem zunehmenden Einfluss des Deutschen Reiches bestimmt, wo schon 1933 die Nationalsozialisten unter Adolf Hitler die Macht ergriffen hatten. Am Beginn des Jahres 1938 wurden alle Zweifel daran beseitigt, dass Hitler-Deutschland Österreich in sein Reich einverleiben will. Die Ereignisse rollten in rascher Folge ab.

Österreich existiert nicht mehr

Im Februar 1938 musste unter dem Druck Deutschlands die österreichische Regierung nationalsozialistische Parteigänger in ihre Reihen aufnehmen. Um die immer unerträglicher werdende politische Lage zu klären, ordnete Bundeskanzler Kurt Schuschnigg die Durchführung einer **Volksbefragung** über die Unabhängigkeit Österreichs an. Diese Ankündigung war für die reichsdeutsche Regierung Anlass zu einem lang vorbereiteten Überfall auf Österreich. Am 11. März 1938 wurde der österreichische Bundespräsident unter Androhung eines Einmarsches deutscher Truppen gezwungen, die letzte österreichische Regierung ihres Amtes zu entheben und durch eine nationalsozialistische Regierung zu ersetzen. Noch vor Bildung dieser Regierung **überschritten deutsche Truppen am 12. März die Grenze und marschierten in Österreich ein**. Es war dies eine in völkerrechtswidriger Weise erfolgte Okkupation, die das ständisch-autoritäre System durch die brutale Diktatur Hitlers ersetzte und Österreich zu einem Teil des Deutschen Reiches machte. Daran ändert auch nichts die Tatsache, dass eine von den neuen Machthabern am **10. April 1938** unter besonderen Umständen durchgeführte **Volksabstim-**

Adolf Hitler am 15. März 1938 auf dem Wiener Heldenplatz

mung eine überwältigende Mehrheit für den »Anschluss«, für das neue Regime brachte.

Die Gleichschaltung Österreichs begann unverzüglich. **Der Name »Österreich« verschwand**, er wurde durch »Ostmark« ersetzt. Später wurde das österreichische Gebiet in Reichsgaue unterteilt (»Reichsgaue der Ostmark«), die unmittelbar in das Deutsche Reich eingegliedert wurden. 1939 begann der Zweite Weltkrieg, an dem Österreich als Teil des Deutschen Reiches teilnahm. Dieser Krieg endete mit einer vernichtenden Niederlage des nationalsozialistischen Regimes und der totalen **Kapitulation am 8. Mai 1945**. Die totalitäre Diktatur Hitlers und des Nationalsozialismus war zusammengebrochen. Das Kriegsende gab Österreich die Chance, wieder ein eigenständiger Staat zu werden.

Die Befreiung Österreichs von der nationalsozialistischen Herrschaft

Schon in der Zeit der nationalsozialistischen Unterdrückung hatte sich in der Bevölkerung und in **Gruppen des politischen Widerstands** der Wille geregt, aktiv für die Befreiung und die Wiederherstellung der Selbständigkeit Österreichs einzutreten. Auch die alliierten Mächte, die im Zweiten Weltkrieg gegen

*Dr. Karl Renner mit den Vertretern der Alliierten Gruenther, Konjev,
Mac Creery und Béthouard am 19. Dezember 1945*

Hitler-Deutschland kämpften, hatten schon während der Kriegszeit ihren Willen bekundet, Österreich von der deutschen Herrschaft zu befreien.

Am **1. November 1943** veröffentlichten die in Moskau versammelten Außenminister Großbritanniens, der Sowjetunion und der Vereinigten Staaten von Amerika eine Erklärung über Österreich. In dieser so genannten »**Moskauer Erklärung**« äußerten die Regierungen der drei Staaten ihren Willen, ein freies und unabhängiges Österreich wiederherzustellen. Österreich wurde jedoch auch daran erinnert, dass es für die Teilnahme am Krieg an der Seite Hitler-Deutschlands eine Verantwortung trage, doch werde man bei einer endgültigen Regelung für das befreite Österreich auch dessen eigenen Beitrag zur Befreiung berücksichtigen. Durch diese Erklärung hatten die Alliierten die Wiederherstellung der Unabhängigkeit Österreichs als ein Kriegsziel festgelegt. Dieses Dokument hatte für die weitere Entwicklung entscheidende Bedeutung.

Die militärische **Befreiung Österreichs** fand sowohl vom Osten als auch vom Westen her statt. Bereits Anfang März 1945 besetzten Verbände der Sowjetarmee die östlichen Gebiete Österreichs und rückten bis Wien vor. Wenige Wochen später marschierten die anderen alliierten Befreiungstruppen vom Westen und Süden in Österreich ein. In der Folge wurde das österreichische Staatsgebiet zwischen den alliierten Mächten der Sowjetunion, der Vereinigten Staaten von Amerika, Großbritanniens und Frankreichs aufgeteilt

(= **Besatzungszonen**). Von österreichischer Seite wurden von den politischen Parteien unverzügliche Initiativen ergriffen, um die Grundlage für eine politische und verfassungsrechtliche Entwicklung Österreichs zu schaffen.

Die Rückkehr zum Verfassungsstaat

Das erste Dokument, mit dem Österreich als selbständiger Staat wieder in Erscheinung trat, war die **Unabhängigkeitserklärung vom 27. April 1945**. Sie war von den Vorständen der drei politischen Parteien (Sozialistische Partei Österreichs, Österreichische Volkspartei, Kommunistische Partei Österreichs) unterzeichnet und enthielt folgende wesentliche Aussagen:

• Die Republik Österreich ist wieder hergestellt und im Geiste der Verfassung 1920 einzurichten.
• Der dem österreichischen Volk 1938 aufgezwungene Anschluss wird als null und nichtig erkannt.
• Einsetzung einer provisorischen Staatsregierung. An der Spitze dieser Regierung stand Karl Renner, der schon 1918 als Staatsgründer der Ersten Republik sowie als Staatskanzler fungierte und jetzt die Kontinuität zwischen dem Österreich der Ersten und der Zweiten Republik symbolisierte.

Die Tatsache, dass die Unabhängigkeitserklärung von den Vorständen der **politischen Parteien** unterzeichnet wurde, entspricht der Rolle, die diese Parteien bei der Wiederherstellung der Republik Österreich spielten. Die ehemaligen politischen Lager traten als neue Parteien in das politische Leben ein. Die Sozialistische Partei Österreichs knüpfte formell an die seit 1934 in die Illegalität gedrängte Sozialdemokratie der Ersten Republik an. Die Österreichische Volkspartei gründete sich als neue Partei mit konservativen Grundzügen, sie führte in vieler Hinsicht die Weltanschauung der Christlichsozialen Partei der Ersten Republik fort. Neben diesen beiden Parteien akzeptierten die Alliierten eine dritte, die Kommunistische Partei Österreichs, die verständlicherweise die besondere Unterstützung der sowjetischen Besatzungsmacht genoss.

Die **provisorische Staatsregierung** knüpfte in der Verfassungsentwicklung dort an, wo die Verfassung 1920 geendet hatte: am 4. März 1933, als alle drei Präsidenten des Nationalrats zurückgetreten waren und die Regierung die Selbstausschaltung des Nationalrats proklamiert hatte. Das volle Inkrafttreten der alten Verfassungslage war jedoch nicht sogleich möglich. Eine Reihe von Maßnahmen für eine Übergangszeit mussten getroffen werden. Die alte Verfassungsordnung wurde allmählich übernommen, die gesamte Rechtsordnung wurde vom nationalsozialistischen Gedankengut befreit. Behörden und Beamte mussten in die neue Ordnung übernommen werden.

Die erste Nationalratswahl der Zweiten Republik am 25. November 1945

Bei der **Wiedergründung der Republik** ging es darum, mit einer außergewöhnlichen Situation fertig zu werden. Besonders heikel war die Frage des Staatsgebietes. Die provisorische Staatsregierung nahm in räumlicher Hinsicht für das wieder erstandene Österreich das ganze frühere Bundesgebiet in Anspruch. Da nur die sowjetische Militärregierung die provisorische Staatsregierung anerkannt hatte, konnte diese Regierung ihre Befugnisse nur in einem Teilgebiet (Wien, Niederösterreich und Burgenland) ausüben. Erst nach dem Abschluss eines Übereinkommens zwischen den Regierungen der alliierten Mächte über die Besatzungszonen konnte die provisorische Staatsregierung ihre Hoheitsgewalt im Oktober 1945 über ganz Österreich ausdehnen. Auf Länderkonferenzen, die nach Wien einberufen wurden, wurde die Grundlage für die bundesstaatliche Ordnung festgelegt.

Mit Bewilligung des Alliierten Rats erließ die provisorische Staatsregierung ein Wahlgesetz, auf Grund dessen die **erste Wahl** des Nationalrats, der Landtage und des Wiener Gemeinderats am **25. November 1945** stattfand. Am 19. Dezember 1945 trat der neu gewählte Nationalrat erstmals zusammen. Die Bundesversammlung wählte an diesem Tag Dr. Karl Renner zum ersten Bundespräsident der wieder errichteten Republik. Ab diesem Tag trat die Verfassungsordnung des Jahres 1920 in jener Form, in der sie im Jahr 1929 geändert worden war, wieder in Kraft. Damit war die volle **Kontinuität zur demokra-**

Die Eröffnungssitzung des österreichischen Nationalrats am 19. Dezember 1945

tischen Verfassung der Ersten Republik hergestellt. Die Handlungsfähigkeit Österreichs war allerdings durch die Besatzungsmächte erheblich eingeschränkt. Die völlige Unabhängigkeit erlangte Österreich erst zehn Jahre später durch den Abschluss des Staatsvertrages.

Der Kampf um die österreichische Unabhängigkeit

Die Herrschaft der Besatzungsmächte schränkte die österreichische Souveränität erheblich ein. Eigene Organe (**Alliierter Rat, Alliierte Kommission**) übten zum Teil tiefgreifende Kontrollen aus. Verfassungsgesetze bedurften der schriftlichen Genehmigung des Alliierten Rats. Die Befugnisse der Besatzungsmächte in Österreich wurden durch Abkommen zwischen den Alliierten, den so genannten **Kontrollabkommen**, festgelegt. Das zweite Kontrollabkommen vom 28. Juni 1946 erkannte die Autorität der österreichischen Organe im Allgemeinen an, schränkte sie aber durch Eingriffsmöglichkeiten der Alliierten Kommission in verschiedenen Bereichen wieder ein.

Das Regime der Besatzungsmächte verlangte von der österreichischen Politik und den Politikern ein besonderes Maß an Klugheit und Feingefühl. Die Sowjetunion verfolgte die Politik, Österreich stärker in ihren Einfluss einzubinden. Die Situation war sehr heikel, da die Gefahr einer Teilung zwischen den von der Sowjetunion besetzten und den übrigen Teilen Österreichs bestand. Obwohl die KPÖ bei den ersten Parlamentswahlen eine geringfügige Größe blieb, befand sie sich völlig auf sowjetrussischer Linie. Ein **kommunistischer Generalstreikversuch** im Oktober 1950 scheiterte am entschiedenen Widerstand der österreichischen Arbeiterschaft und der Gewerkschaft. Der weitere Rückgang der Kommunistischen Partei trug dazu bei, die Illusion, dass Österreich dem Ostblock einverleibt werden könnte, zu zerstören. Seit den Wahlen 1959 gab es keine kommunistischen Abgeordneten mehr im österreichischen Nationalrat. Die Parteienlandschaft hatte sich 1949 durch die Gründung des »**Verbandes der Unabhängigen**« (VdU) geändert. Dieser kandidierte bei den Nationalratswahlen 1949 und 1953 als »Wahlpartei der Unabhängigen« (WdU). Diese Bewegung ging später in der 1955 gegründeten »Freiheitlichen Partei Österreichs« (FPÖ) auf.

Die wieder gegründete Republik kämpfte mit einer Reihe schwer wiegender Probleme, die unter anderem die so genannte Entnazifizierung betrafen. In eigenen Gesetzen wurden Personen wegen ihres Verhaltens in der nationalsozialistischen Ära zur Verantwortung gezogen:

- Das **Kriegsverbrechergesetz** betraf die Bestrafung von Kriegsverbrechern.
- Das **Verbotsgesetz** enthielt ein Verbot nationalsozialistischer Organisationen.
- Das **Nationalsozialistengesetz** sah eine Registrierungspflicht für bestimmte Personen und Sühnefolgen, wie etwa die Beschränkung politischer Rechte, vor (Ausschluss vom Wahlrecht bei den Nationalratswahlen 1945, Ausschluss von der Ausübung bestimmter Berufe etc.).

Diese Gesetze wurden in den folgenden Jahren gemildert bzw. aufgehoben. Das Hauptziel der österreichischen Politik in den ersten Nachkriegsjahren waren neben dem wirtschaftlichen Wiederaufbau und der Festigung der inneren Demokratie das Bemühen, die Unabhängigkeit Österreichs durch den Abzug der Besatzungsmächte zu erlangen. Dieses Bemühen äußerte sich vor allem im Streben, einen Vertrag zwischen den alliierten Mächten und Österreich abzuschließen, der die gänzliche Freiheit garantieren sollte. Dieser Kampf um die völlige Unabhängigkeit dauerte zehn Jahre. Das Ringen um den Staatsvertrag war eine Periode, in der Hoffnungen und Erwartungen mit Enttäuschungen und Stagnation wechselten.

Staatsvertrag 1955 und Neutralität

Die konkreten Bemühungen um einen österreichischen Staatsvertrag begannen bald nach dem Kriegsende. 1947 wurde über Anweisung des Rats der

Außenminister der Besatzungsmächte ein Entwurf ausgearbeitet, der in 258 Sitzungen der Außenminister oder ihrer Stellvertreter – ohne Teilnahme österreichischer Vertreter – erfolglos behandelt wurde. Aufgenommene Verhandlungen wurden immer wieder abgebrochen. Die von den Westmächten 1952 gemachten Vorschläge eines »Kurzvertrages« fanden nicht die Zustimmung Moskaus.

Eine neue Perspektive brachte Österreich durch die Überlegung ein, in Zukunft eine **Politik der Neutralität** zu verfolgen und »nach keiner Richtung hin einseitig gebunden zu sein.«

Durch die Verknüpfung des Abschlusses des Staatsvertrages mit dem Neutralitätsgedanken erhielt die Diskussion neue Impulse. Schon im Sommer 1953 versuchte die österreichische Bundesregierung in Erfahrung zu bringen, ob eine vom österreichischen Parlament allenfalls zu erklärende Neutralität Österreichs den Abschluss des Staatsvertrages fördern könnte. Der Versuch, die Neutralität als Verhandlungselement ins Spiel zu bringen, verfolgte vor allem den Zweck, mit Moskau wieder ins Gespräch zu kommen. Eine Auflockerung der Beziehungen zwischen der Sowjetunion und den Westmächten führte dazu, dass eine Konferenz der vier Außenminister vereinbart werden konnte. Diese Konferenz wurde für Ende Jänner 1954 anberaumt; und zwar unter Teilnahme einer österreichischen Regierungsdelegation. Die mehrtägigen Verhandlungen im Februar 1954 scheiterten aber an der von der Sowjetunion erhobenen Forderung, den Abzug der Truppen der vier Besatzungsmächte aus Österreich bis zum Abschluss eines Friedensvertrages mit Deutschland aufzuschieben. Dies wurde von den österreichischen Vertretern ebenso wie von den Vertretern der drei Westmächte abgelehnt.

Die entscheidende Phase der Staatsvertragsverhandlungen begann im Februar 1955. Am 8. Februar dieses Jahres gab der sowjetische Außenminister Molotow in einer Grundsatzrede vor dem Obersten Sowjet **Signale für eine Lösung** der Frage. Allerdings dürfe Österreich keinerlei Koalitionen oder Militärbündnisse eingehen, die sich gegen einen Staat richten, der sich am Krieg gegen Hitler-Deutschland und an der Befreiung Österreichs beteiligt hatte, sowie die Schaffung fremder Militärstützpunkte auf seinem Gebiet nicht zulassen. Die österreichische Regierung reagierte auf Molotows Rede positiv, vor allem im Hinblick auf die angesprochene Neutralität. Zahlreiche Kontakte zu den alliierten Besatzungsmächten ließen die Chancen sichtbar werden, zu einem Abschluss eines Staatsvertrages zu kommen.

Am 10. April 1955 flog eine österreichische Regierungsdelegation vom russischen Militärflugplatz Bad Vöslau nach Moskau. Sie setzte sich aus Spitzenpolitikern der damaligen Koalitionsparteien zusammen: Bundeskanzler Julius Raab und Außenminister Leopold Figl von der ÖVP, Vizekanzler Adolf Schärf und der Staatssekretär im Außenministerium Bruno Kreisky von der

SPÖ. Die Verhandlungen zwischen der österreichischen und sowjetischen Delegation dauerten vom 12. bis 15. April 1955. Ihr Ergebnis wurde in einem Memorandum vom **15. April 1955** zusammengefasst und veröffentlicht (»**Moskauer Memorandum**«). Zu den wesentlichsten Teilen der Verhandlungsergebnisse gehörte die Verpflichtung der österreichischen Bundesregierung, eine Deklaration in der Form abzugeben, wodurch Österreich international verpflichtet wird, »immerwährend eine Neutralität derart zu üben, wie sie von der Schweiz gehandhabt wird«.

Damit war der Weg zum Staatsvertrag frei. In den folgenden Wochen wurden noch etliche Punkte verhandelt, vor allem die Einigung über das »deutsche Eigentum« wurde möglich, in dem die Sowjetunion auf deutsches Eigentum im Erdölbereich verzichtete. Am 15. **Mai 1955** fand die **Unterzeichnung des Staatsvertrages** im Schloss Belvedere in Wien durch die fünf Außenminister Molotow (UdSSR), Dulles (USA), Macmillan (Großbritannien), Pinay (Frankreich) und Figl (Österreich) statt. Das berühmte Bild von der Zeremonie am Balkon des Schlosses Belvedere ist ein historisches Dokument des wohl bedeutendsten Augenblicks Österreichs in der Zweiten Republik. Der österreichische Nationalrat genehmigte den Staatsvertrag am 7. Juni 1955. Auch die alliierten Mächte erledigten das Ratifikationsverfahren rasch, so dass am 27. Juli 1955, wenig mehr als zwei Monate nach der Unterzeichnung, dieser Prozess beendet war und der Vertrag in Kraft trat.

Der Staatsvertrag brachte Österreich die **Garantie seiner Unabhängigkeit und territorialen Unversehrtheit**. Eine politische und wirtschaftliche Vereinigung zwischen Österreich und Deutschland wurde untersagt (so genanntes Anschlussverbot). Manche Bestimmungen des Vertrages sind auch Bestandteil des österreichischen Bundesverfassungsrechts wie etwa die Verpflichtung zum Schutz der Menschenrechte, die Wahrung der Rechte der slowenischen und kroatischen Minderheiten, die Verpflichtung zur Durchführung von demokratischen Wahlen. Österreich verpflichtete sich weiters, alle nationalsozialistischen Organisationen zu untersagen sowie die Bemühungen fortzusetzen, »aus dem österreichischen politischen, wirtschaftlichen und kulturellen Leben alle Spuren des Nazismus« zu entfernen. Schließlich enthielt der Vertrag auch »Militärische und Luftfahrt-Bestimmungen«, die Österreich Verbote (z. B. das Verbot des Besitzes von Raketen) auferlegte. Diese Regelungen wurden von Österreich im Jahr 1990 als hinfällig (= obsolet) erklärt, das heißt, dass sie durch die Veränderungen in Europa nicht mehr wirksam sind und daher nicht mehr angewendet werden.

Im Staatsvertrag war festgelegt, dass die Besatzungsmächte innerhalb von 90 Tagen, gerechnet vom Inkrafttreten des Staatsvertrages, zurückgezogen werden. Mit 27. Juli 1955 begann diese 90-tägige Frist zu laufen. Am letzten Tag dieser Frist wurde im Nationalrat das **Bundesverfassungsgesetz über die**

Außenminister Leopold Figl mit dem unterzeichneten Staatsvertrag am Balkon des Belvederes

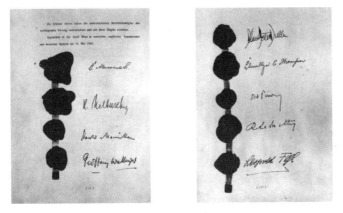

Die Unterschriftsseiten des Staatsvertrages

Neutralität Österreichs (26. Oktober 1955) beschlossen. Die Regierung hatte schon am 19. Juli 1955 eine entsprechende Regierungsvorlage eingebracht. Bei der Debatte im Nationalrat bemerkte Bundeskanzler Raab, dass diese Vorlage erst an jenem Tag zur Abstimmung gelange, »da der letzte fremde Soldat Österreichs Boden verlassen hat, um eindeutig darzutun, dass die Beschlussfassung der legitimen frei gewählten österreichischen Volksvertretung in voller Unabhängigkeit und in voller Freiheit erfolgt«.

Die Bundesregierung übermittelte an alle Staaten, mit denen sie diplomatische Beziehungen unterhielt, den Text dieses Verfassungsgesetzes und ersuchte um die Anerkennung der Neutralität. Die Staaten haben die Neutralität anerkannt bzw. zur Kenntnis genommen. Am **14. Dezember 1955** wurde Österreich auf Empfehlung des Sicherheitsrats **von der Generalversammlung der Vereinten Nationen als Mitglied aufgenommen.**

Regierungsformen in der Zweiten Republik

Die außergewöhnlichen Umstände des Jahres 1945 verlangten in besonderer Weise die Zusammenarbeit der großen Parteien. Obwohl die ÖVP bei den erstmals nach dem Krieg durchgeführten Nationalratswahlen am 25. November 1945 die absolute Mehrheit errang, bildete sie – nach einer kurzen Periode einer Allparteienregierung – eine Koalitionsregierung mit der SPÖ. Diese übernahm die Verantwortung für den Wiederaufbau und die Stabilität der politischen Entwicklung in Österreich. Bei den Wahlen im November 1945 konnten die beiden großen Parteien weit über 90 % der Wählerstimmen auf sich vereinigen. Die Kommunisten erhielten trotz ihrer sowjetischen Helfer eine Abfuhr. Durch dieses Ereignis war die Gefahr gebannt, dass Österreich den Weg zu einer Volksdemokratie gehen würde, wie dies später unter russischem Druck in den Nachbarstaaten unseres Landes geschah.

Die große Koalition
Koalitionen sind Vereinbarungen zwischen zwei oder mehreren Parteien über eine gemeinsame Regierung für eine bestimmte Zeit. Kern der Koalitionsvereinbarung ist ein gemeinsames Arbeitsprogramm.
Die **Koalitionsregierung der beiden Großparteien** war für den österreichischen Wiederaufbau zweifellos von besonderer Wichtigkeit. Diese Koalitionsperiode dauerte 20 Jahre bis zum Jahr 1966. Dann wurde sie von einer Alleinregierung der ÖVP abgelöst, die von 1966 bis 1970 regierte. Dass die ÖVP bei den Märzwahlen 1966 die absolute Mehrheit erhielt, hatte unter anderem auch seine Gründe in den negativen Erscheinungen der großen Koalition. Sie lagen in einer zunehmenden Erstarrung der politischen Entscheidungsmechanismen und in einer völligen Aufteilung der politischen Bereiche zwischen den Parteien – man sprach von der roten und der schwarzen Reichshälfte.

Alleinregierungen und neue Koalitionen
1966 bildete die **ÖVP** unter Bundeskanzler Josef Klaus eine **Alleinregierung**. Die SPÖ ging in Opposition, bereitete sich aber in dieser für die Übernahme

der Regierung vor. Unter dem Parteivorsitzenden Bruno Kreisky gewann sie bei den Nationalratswahlen im März 1970 die relative Mehrheit; in drei nachfolgenden Wahlgängen (1971, 1975 und 1979) **gewann die SPÖ die absolute Mehrheit** der Stimmen und dominierte damit die Regierung und das politische Leben 13 Jahre hindurch. Als die SPÖ im Jahr 1983 die absolute Mehrheit verlor, bildete sie – erstmals in Österreich – eine so genannte **kleine Koalition** mit der Freiheitlichen Partei Österreichs. Diese Regierungsform war eine Übergangsphase. Nach den Wahlen Ende 1986 begann im Jänner 1987 wieder eine Folge von Perioden der **Regierungszusammenarbeit zwischen SPÖ und ÖVP**: Die Koalitionsperioden verliefen von 1987 bis 1990, 1990 bis 1994, 1994 bis 1995 sowie 1996 bis 1999. Nach den am 3. Oktober 1999 durchgeführten Nationalratswahlen, bei denen die SPÖ stärkste Partei blieb, die FPÖ und die ÖVP bei gleichem Mandatsstand den 2. und 3. Platz einnahmen, wurde bei den Regierungsverhandlungen zwischen SPÖ und ÖVP keine Einigung erzielt. Im Februar 2000 kam es daher zu einer **Koalitionsbildung zwischen ÖVP und FPÖ**. Nach schweren Differenzen und Spannungen innerhalb der FPÖ riskierte die ÖVP im Herbst 2002 Neuwahlen, aus der sie als stärkste Partei hervorging. Obwohl die **FPÖ** empfindliche Verluste erlitt, **setzte sie die Regierungspartnerschaft mit der ÖVP fort**. Sofern nicht eine frühzeitige Auflösung des Nationalrats erfolgt, wird diese Regierungspartnerschaft bis zum Ende der Legislaturperiode im Jahr 2006 fortgeführt werden.

Schon in den späten achtziger Jahren, aber noch mehr in den neunziger Jahren, zeigten sich entscheidende Änderungen im Umfeld der regierenden großen Koalition. Die früheren politischen Lager hatten sich gewandelt, die **Wähler(innen) wurden mobiler** und die **Parteienlandschaft bunter**. Zwischen 1993 und 1999 saßen 5 Parteien im Nationalrat: SPÖ, ÖVP, FPÖ, Die Grünen und das Liberale Forum. Letzteres hatte sich 1993 von der FPÖ abgespalten und eine eigene Fraktion gebildet. Bei den Nationalratswahlen 1999 konnte es jedoch nicht mehr genügend Stimmen für den Einzug in den Nationalrat erringen. Die 4 derzeit im Nationalrat vertretenen Parteien entsprechen weitgehend dem Bild einer **Konkurrenzdemokratie**; es wird durch das Gegenüberstehen von Regierung und Opposition geprägt.

Österreichs Weg in die Europäische Union

Der österreichische Beitritt zur Europäischen Union ist neben dem Staatsvertrag des Jahres 1955 das bedeutendste Ereignis in der Zweiten Republik. Es ist ein Ereignis mit weitreichenden Folgen. Die wirtschaftlichen Beziehungen zwischen Österreich und der Europäischen Gemeinschaft hatten seit langem für unser Land eine besondere Bedeutung. Bereits im Jahr 1972 schloss Österreich mit der Europäischen Wirtschaftsgemeinschaft (EWG) ein Freihandelsabkommen ab, das in großem Umfang einen freien Warenverkehr für gewerbliche und industrielle Erzeugnisse gewährleistete.

Die österreichischen Beitrittsbemühungen nahmen allerdings erst Ende der achtziger Jahre konkrete Gestalt an. Sie wurden durch die im Jahr 1987 neu gebildete Koalitionsregierung zwischen SPÖ und ÖVP systematisch in die Wege geleitet. In einem Bericht vom 17. April 1989 an den Nationalrat und den Bundesrat zog die Bundesregierung die Schlussfolgerung, dass die angestrebte Teilnahme am Binnenmarkt letztlich nur durch eine EG-Mitgliedschaft Österreichs erreicht werden könne. Am **17. Juli 1989 überreichte Österreich in Brüssel einen Beitrittsantrag** zu den drei Europäischen Gemeinschaften (Siehe S. 203).

Gleichsam als Zwischenstufe trat Österreich vorher dem Europäischen Wirtschaftsraum (EWR) bei, der zwar eine Teilnahme am Binnenmarkt ermöglichte, den Staaten jedoch, die nicht der EG angehörten, keine Mitbestimmung einräumte. Da der EWR erst am 1. Jänner 1994 in Kraft trat, war die Mitgliedschaft nur kurzfristig von Bedeutung.

Nach der Überreichung der Beitrittsanträge in Brüssel prüfte die EG-Kommission das Beitrittsgesuch und bejahte in einem Gutachten grundsätzlich den österreichischen Beitritt. Die Beitrittsverhandlungen begannen erst später, wobei nachdem der Vertrag von Maastricht (7. Februar 1992) bei der Europäischen Integration einen bedeutenden Fortschritt brachte. Die Beitrittsverhandlungen, die mit Österreich – ebenso mit den anderen Beitrittswerbern Norwegen, Finnland, Schweden – Anfang Februar 1993 begannen, wurden formell am 12. April 1994 abgeschlossen.

Der **Beitrittszeitplan** lief wie folgt ab:

- 4. Mai 1994: Das Europäische Parlament stimmt mit 378 von 517 Mitgliedern für den Beitritt Österreichs zur Europäischen Union.
- 5. Mai 1994: Der österreichische Nationalrat beschließt mit 140 gegen 35 Stimmen ein Bundesverfassungsgesetz, durch das »mit Zustimmung des Bundesvolkes« die bundesverfassungsgesetzlich zuständigen Organe ermächtigt werden, »den Staatsvertrag über den Beitritt Österreichs zur Europäischen Union entsprechend dem am 12. April 1994 von der Beitrittskonferenz festgelegten Verhandlungsergebnis abzuschließen«.
- 7. Mai 1994: Der österreichische Bundesrat stimmt diesem Verfassungsgesetz mit 51 gegen 11 Stimmen zu.
- **12. Juni 1994**: Bei der **Volksabstimmung** stimmt eine Mehrheit von 66,58 % dem Bundesverfassungsgesetz über den Beitritt Österreichs zur Europäischen Union zu.

- **24. Juni 1994**: **Unterzeichnung des Beitrittsvertrages** durch Österreich, Finnland und Schweden in Korfu.
- 11. November 1994: Der österreichische Nationalrat genehmigt den Beitrittsvertrag.
- 24. November 1994: Die österreichische Ratifikationsurkunde wird vom Bundespräsidenten bei der italienischen Regierung hinterlegt.
- **1. Jänner 1995**: Der Beitrittsvertrag tritt in Kraft, **Österreich ist Mitglied der Europäischen Union.**

Der wiedergegebene Zeitplan erscheint etwas kompliziert. Es waren allerdings besondere Erfordernisse zu berücksichtigen. Bevor der Beitrittsvertrag unterzeichnet werden konnte, musste das Verhandlungsergebnis durch eine Volksabstimmung akzeptiert werden. Dieses war verfassungsrechtlich geboten, weil Österreich durch den Beitritt zur EU in vielen Bereichen seine **Entscheidungsbefugnisse auf die Organe der EU übertrug.** Der damit verbundene Souveränitätsverlust bedeutete eine Gesamtänderung der Verfassung und musste daher im Wege einer Volksabstimmung genehmigt werden. Die Ermächtigung zum Abschluss des Beitrittsvertrages musste vor Unterzeichnung desselben erteilt werden. Dies geschah durch das oben erwähnte Bundesverfassungsgesetz über den Beitritt Österreichs zur EU. Nach Abschluss des Staatsvertrages musste das Parlament den unterzeichneten Vertrag genehmigen.

Österreich ist seit 1. Jänner 1995 Mitglied der Europäischen Union. Es hat

Bundeskanzler Franz Vranitzky und Außenminister Alois Mock
unterzeichnen den EU-Vertrag

durch den Beitritt auf einen Teil seiner Souveränität verzichtet, ist aber im Rahmen der Verträge berechtigt, in den Organen der Union mitzugestalten. Die Mitgliedschaft in der Europäischen Union bewirkte eine »Europäisierung« vieler Politikbereiche. Europäisierung bedeutet in diesem Zusammenhang eine Angleichung und Anpassung der staatlichen Ordnung an die Ziele und Herausforderungen der europäischen Integration. Sie enthält aber auch die Verpflichtung zu einem Lernprozess. Alle Bürgerinnen und Bürger der Mitgliedstaaten sind aufgefordert, die Europäische Union näher kennen sowie deren Aufgaben und Entscheidungsmechanismen besser verstehen zu lernen. Österreich hat in der zweiten Jahreshälfte von 1998 erstmals die Vorsitzführung im Europäischen Rat ausgeübt. Es hat die »**Ratspräsidentschaft**« erfolgreich vorbereitet und durchgeführt.

Eine kritische Phase erlebte die Republik Österreich im Jahr 2000. Als die Österreichische Volkspartei mit der Freiheitlichen Partei Österreichs eine Regierung bildete, reagierten die Staats- und Regierungschefs der übrigen 14 EU-Mitgliedstaaten verärgert. Sie beschlossen am 31. Jänner 2000 folgende »Maßnahmen« gegen das EU-Mitglied Österreich:

• Die Regierungen der 14 EU-Staaten werden mit einer die FPÖ integrierenden österreichischen Regierung offizielle Kontakte auf politischer Ebene weder vornehmen noch annehmen;

• die 14 Regierungen werden österreichische Kandidaten in der Bewerbung für internationale Posten nicht unterstützen;

• österreichische Botschafter in den europäischen Hauptstädten werden nur auf »technischer« Ebene empfangen.

Für diesen fälschlicherweise als »**Sanktionen**« bezeichneten Beschluss gab es keine rechtliche Grundlage. Sie waren eine politische Maßnahme, für die es im Gemeinschaftsrecht keine Legitimation gab. Dennoch hatten sie politische Auswirkungen. Erst die Einsetzung eines »Weisenrats« wies den Ausweg aus dem Dilemma. Der Präsident des Europäischen Gerichtshofs für Menschenrechte in Straßburg wurde von der damaligen portugiesischen Ratspräsidentschaft ersucht, drei so genannte »Weise« auszuwählen. Sie sollten einen Bericht erstellen, wie es in Österreich um die Rechte der Minderheiten, der Flüchtlinge und der Einwanderer stehe und wie es sich mit der Entwicklung und der politischen Natur der FPÖ verhalte. Die Wahl fiel auf den ehemaligen finnischen Staatspräsidenten Martti Ahtissari, den deutschen Völkerrechtsprofessor Jochen Frowein und den früheren spanischen Außenminister und EU-Kommissar Marcelino Oreja. Diese drei Persönlichkeiten verfassten einen Bericht, der letztlich zur Aufhebung der »Sanktionen« und zur Beendigung der Isolation Österreichs führte.

Die gesamte Angelegenheit zeigte allerdings mit bedrückender Deutlichkeit, dass Österreich in der Europäischen Union kaum Freunde hat.

2. Was man über die Verfassung unserer Republik wissen sollte

Das Wesen der Verfassung

Das Recht regelt und ordnet die Beziehungen zwischen Menschen in einer Gemeinschaft. Innerhalb der Rechtsordnung gibt es einen Teil, der grundsätzliche Regelungen über die Form des Staates und der Beziehungen zwischen Staat und Bürger enthält. Dieser Teil ist eine »**Grundordnung**«, die im gesamten Rechtssystems als »Verfassung« eine besondere Stellung einnimmt. Die Verfassung eines Staates hat sowohl in ihrer Form als auch in ihrem Inhalt eine herausragende Bedeutung.

Die Verfassung ist durch eine bestimmte Form charakterisiert. In manchen Staaten ist sie eine bedeutende Urkunde. Die österreichische Bundesverfassung ist im Bundesgesetzblatt des Jahres 1920 kundgemacht worden (Nr. 1/1920). Alle Änderungen, die später erfolgten, sind gleichfalls im Bundesgesetzblatt verlautbart worden. Die **österreichische Verfassungsurkunde** ist daher eine große Zahl von Bundesgesetzblättern, in denen das Verfassungsrecht verlautbart wurde.

Die **Form der Verfassung** bedeutet aber auch, dass es eine eigene Form des Zustandekommens dieses Rechtsbereichs gibt. Für die Verfassung gibt es erschwerte Entstehungsbedingungen, das heißt eine besondere Form der Erzeugung. In Österreich braucht man für das **Zustandekommen des Verfassungsrechtes** ein so genanntes qualifiziertes Quorum. Ein Quorum ist jene Zahl von Abgeordneten, die bei einer Abstimmung anwesend sein müssen (= Präsenzquorum) oder die Mindestzahl für die Annahme eines Beschlusses (= Konsensquorum).

- Bei einer Abstimmung im Nationalrat muss mindestens die Hälfte der Abgeordneten anwesend sein (bei einfachen Gesetzen genügt ein Drittel) = erhöhtes Präsenzquorum.
- Zwei Drittel der Anwesenden müssen dafür stimmen = erhöhtes Konsensquorum (normalerweise genügt mehr als die Hälfte).

Im Falle der **Gesamtänderung der Verfassung** muss darüber hinaus eine Volksabstimmung stattfinden (Beispiel: Volksabstimmung über den EU-Beitritt vom 12. Juni 1994).

Für das Zustandekommen von Verfassungsgesetzen oder einzelnen Verfassungsbestimmungen in einfachen Gesetzen gibt es zwei Grundvoraussetzungen:

- Bezeichnungspflicht: Alle Verfassungsgesetze und Verfassungsbestimmungen müssen ausdrücklich als solche bezeichnet werden.
- Qualifiziertes Quorum für das Zustandekommen.

Der Unterschied zwischen einfachen Gesetzen und Verfassungsgesetzen ist daher nicht sehr groß. Der einzige Unterschied besteht im Quorum. Dadurch unterscheidet sich die österreichische Verfassung von anderen Verfassungsordnungen, in denen für Verfassungsänderungen eigene Organe bestehen bzw. in allen Fällen der Verfassungsgesetzgebung eine Volksabstimmung stattfinden muss (z. B. in der Schweiz).

Der geringe Unterschied zwischen Verfassungsgesetz und einfachem Gesetz ist mit eine Ursache, dass man in Österreich so viele Verfassungsbestimmungen in einfachen Gesetzen bzw. Verfassungsgesetzen geschaffen hat.

Eine Verfassung ist auch dadurch charakterisiert, dass sie bestimmte Inhalte hat. Diese Inhalte sind von Staat zu Staat verschieden, doch lässt sich feststellen, dass es in den meisten Staatsverfassungen gewisse Bereiche gibt, die darin typischerweise geregelt werden.

Was regelt normalerweise eine Verfassung?
Was sagt sie aus?

- **Staatsform**: Republik oder Monarchie; parlamentarische Demokratie; auch Aussagen über die Organisationsform, d. h. ob Einheitsstaat oder Bundesstaat.
- **Staatsziele**: wichtigste Ziele, die der Staat umsetzen will (z. B. soziale Gerechtigkeit, Umweltschutz etc.).
- **Staatsaufgaben**: Das sind konkrete Tätigkeitsbereiche, die durch den Staat wahrgenommen werden. Dazu gehören im Regelfall:
  - Gewährleistung von Frieden und Sicherheit. Gewalt im Staat darf nur nach bestimmten Regeln ausgeübt werden. Der Staat hat die ausschließliche Befugnis, Gewalt auszuüben (**Gewaltmonopol**).
  - Gestaltung des Wirtschafts- und Sozialsystems: Ziele sind beispielsweise Vollbeschäftigung, Wirtschaftswachstum und soziale Gerechtigkeit.
  - Förderung der technischen Entwicklung durch Forschungs- und Technologiepolitik.
  - Sicherung der Umwelt (Schonung der Ressourcen) durch Umwelt- und Energiepolitik.

- Die Wahrnehmung kultureller Aufgaben: Dazu gehörten das Schulwesen, die Bildungspolitik, das Medienwesen, die Kunstpolitik sowie die Gewährleistung der Religionsausübung.
- **Staatsfunktionen:** Gesetzgebung, Regierung und Verwaltung, Gerichtsbarkeit.
- Regelung der **Staatsorgane** und deren Zuständigkeit.
- **Mitbestimmungsrechte des Einzelnen** (z. B. Volksbegehren und Volksabstimmung).
  - Grund- und Freiheitsrechte.

Österreichs Verfassung

Die österreichische Bundesverfassung ist eine **geschriebene Verfassung**. In manchen Staaten, wie etwa Großbritannien, gibt es ungeschriebene Verfassungen.
Die am 1. Oktober 1920 beschlossene Bundesverfassung gliedert sich in acht Hauptstücke. Im Folgenden wird schlagwortartig der Inhalt dieser acht **Hauptstücke** wiedergegeben:

1. Hauptstück: »Allgemeine Bestimmungen. Europäische Union«

Zu den allgemeinen Bestimmungen gehört die Verankerung des demokratischen und des bundesstaatlichen Prinzips, die Festlegung des Bundesgebiets sowie der Bundeshauptstadt und des Sitzes der Obersten Organe, die Festlegung einer einheitlichen Staatsbürgerschaft, die Garantie der Gleichbehandlung aller Bundesbürger, die deutsche Sprache als Staatssprache, Bestimmungen über die Flagge und das Wappen der Republik, das Bekenntnis zur umfassenden Landesverteidigung, die Kompetenzverteilungen sowie die Verankerung des Legalitätsprinzips (Art. 18 Abs. 1: »Die gesamte staatliche Verwaltung darf nur auf Grund der Gesetze ausgeübt werden.«). Seit dem Beitritt Österreichs zur Europäischen Union wurde in diesem Hauptstück ein eigenes Kapitel eingefügt, das die Grundzüge des Wahlrechts der Abgeordneten zum Europäischen Parlament sowie die Mitwirkungsmöglichkeiten österreichischer Staatsorgane bei den EU-Entscheidungen zum Gegenstand hat.

2. Hauptstück: »Gesetzgebung des Bundes«

Inhalt sind die Regelungen über die Organe der Gesetzgebung (Nationalrat und Bundesrat), das Gesetzgebungsverfahren (einschließlich des Zustandekommens des Budgets), die wesentlichen Instrumente der parlamentarischen Kontrolle sowie Bestimmungen über die Stellung der Mitglieder des Parlaments (freies Mandat, Immunität, Regelungen für öffentlich Bedienstete, die ein Mandat ausüben).

3. Hauptstück: »Vollziehung des Bundes«

Oberste Verwaltungsorgane des Bundes: Bundespräsident, Bundesregierung, Sicherheitsbehörden des Bundes (Innenminister und Sicherheitsdirektionen), Bundesheer sowie Schulbehörden des Bundes (Landes- und Bezirksschulräte), Gerichtsbarkeit (wichtige Verfahrensgrundsätze, Ernennung von Richtern, Laiengerichtsbarkeit, Oberster Gerichtshof, Trennung von Justiz und Verwaltung).

4. Hauptstück: »Gesetzgebung und Vollziehung der Länder«

Landtag und Landesgesetzgebungsprozess, Landesregierung, Rolle des Landeshauptmannes, Sonderbestimmungen über die Bundeshauptstadt Wien, Gemeinden und Selbstverwaltung.

5., 6. und 7. Hauptstück: »Bestimmungen über die Kontrollorgane«

Das 5. Hauptstück enthält die Regelungen über den Rechnungshof, dessen Befugnisse und Organisation. Im 6. Hauptstück sind unter der Überschrift »Garantien der Verfassung und Verwaltung« die Bestimmungen über den Verwaltungsgerichtshof, die Unabhängigen Verwaltungssenate in den Ländern und den Verfassungsgerichtshof enthalten. Im 7. Hauptstück ist die »Volksanwaltschaft« geregelt (Zusammensetzung und Zuständigkeit).

8. Hauptstück: »Schlussbestimmungen«

Verfassungsgesetze außerhalb der Bundesverfassung

Das Bundesverfassungsgesetz des Jahres 1920 ist immer wieder novelliert worden. Allerdings stehen nicht alle wichtigen Regelungen unserer Verfassung in dem Bundesverfassungsgesetz selbst. Man hat vielmehr wichtige Bereiche in eigenen **Verfassungsgesetzen außerhalb des Textes der Bundesverfassung** geregelt. Beispiele dafür sind:
• Österreichs Verpflichtung zur immerwährenden **Neutralität** (1955),
• verfassungsrechtliche Sicherung der **Unabhängigkeit des Rundfunks** (1974),
• die **verfassungsrechtliche Verankerung der politischen Parteien** (1975),
• die **Verankerung des Umweltschutzes** als Ziel der Verfassung (1984).

Aber nicht nur in einzelnen Verfassungsgesetzen wurde Verfassungsrecht geschaffen. Zwischen 1920 und 1992 wurden insgesamt 855 Verfassungsgesetze oder Verfassungsbestimmungen in einzelnen Gesetzen erlassen. Dadurch entstand eine enorme Unübersichtlichkeit. Ganz allgemein versucht man unter dem Titel der »Rechtsbereinigung« mehr Klarheit in die Rechtsordnung zu bringen, indem man die verstreuten Rechtsvorschriften systematisch zusammenfasst, vereinheitlicht und übersichtlich gestaltet.

Die österreichische Verfassung enthält den Rahmen, innerhalb dessen Politik geschieht. Es sind im Wesentlichen Bestimmungen über die Organe und über

Verfahren. Es gibt allerdings auch wichtige Bereiche unseres politischen Lebens, die von der Verfassung nicht erfasst sind, obzwar sie eine mindestens so große Bedeutung haben wie die in der Verfassung festgelegten Organe. Man spricht in diesem Zusammenhang auch von der »**Realverfassung**« und meint damit Einrichtungen und Formen der politischen Entscheidung, die nicht in der Verfassung ausdrücklich erwähnt sind. Das bekannteste Beispiel dafür ist die österreichische Sozialpartnerschaft, die im Rahmen der Gestaltung der Wirtschafts- und Sozialpolitik eine wichtige Rolle spielt, in der Verfassung jedoch keine ausdrückliche Erwähnung findet (→ Sozialpartnerschaft).

Die österreichische Verfassung ist auch **Ausdruck der Eigenstaatlichkeit**. Das heißt, Österreich hat als souveräner Staat seine Verfassungsordnung beschlossen und weiterentwickelt. Durch den Beitritt Österreichs zur Europäischen Union sind allerdings die Einflüsse von außen auf die österreichische Verfassung stärker geworden. Österreich hat durch seinen Beitritt zur EU viele Befugnisse dieser supranationalen Gemeinschaft übertragen. Das bedeutet zum Teil auch einen Verlust der eigenen Verfassungsautonomie. Die Verfassung hat daher in Zukunft in verstärktem Maße auch die Aufgabe, die Mitwirkung der österreichischen Staatsorgane im Entscheidungsprozess der EU in einer besonderen Weise zu gewährleisten.

Die Baugesetze der Republik Österreich

Die Baugesetze sind **oberster Maßstab für die Gestaltung der Rechtsordnung und des öffentlichen Lebens.** In ihrer Gesamtheit bilden sie eine verfassungsrechtliche Grundordnung, die im Gesamtaufbau der staatlichen Rechtsordnung die oberste Stufe einnimmt.

Die Baugesetze sind in ihrem Bestand besonders garantiert: Eine Änderung der Verfassung, die eine Änderung eines Baugesetzes bedeutet, kann nur mit Zustimmung des Volkes vorgenommen werden (eine Änderung der Baugesetze bedeutet eine Gesamtänderung der Verfassung und muss daher einer Volksabstimmung unterzogen werden). Baugesetze sind auch für die Anwendung und Auslegung aller Rechtsvorschriften ein Maßstab. Die Baugesetze im Einzelnen:

Österreich ist eine Demokratie

Artikel 1 der österreichischen Bundesverfassung ist knapp, aber bedeutungsvoll: »Österreich ist eine demokratische Republik. Ihr Recht geht vom Volk aus.«

Mit diesem Satz ist das Programm, den Staat Österreich als Demokratie einzurichten und zu organisieren, festgelegt. Wie dieser Programmsatz konkret umgesetzt wird, ist aus der Gesamtheit der Verfassung zu erkennen. Der nähere Inhalt ergibt sich aus dem gesamten Aufbau der österreichischen Bundesverfassung. Diese enthält das Bild einer **repräsentativen parlamentarischen Demokratie**. Das bedeutet, dass das Volk Repräsentanten wählt, die politische Entscheidungen vorbereiten und treffen. Den Auftrag zur Repräsentation erteilt das Volk durch die Wahlen, ansonsten entscheiden die Repräsentanten jedoch frei und unabhängig. Man bezeichnet eine repräsentative Demokratie auch als eine **mittelbare Demokratie**.

Im Gegensatz zur mittelbaren Demokratie, wo die politischen Entscheidungen durch die gewählten Repräsentanten oder durch Staatsorgane, die diesen verantwortlich sind, erfolgen, entscheidet in der unmittelbaren Demokratie das Volks selbst (auch **plebiszitäre Demokratie** genannt). Beispiel: In der Schweiz bestimmt das Volk in vielen Angelegenheiten durch Volksabstimmungen unmittelbar mit.

In der österreichischen Verfassung ist die unmittelbare Mitwirkung des Volkes zwar vorgesehen, sie spielt aber in der politischen Praxis keine häufige Rolle. So gab es in der Zweiten Republik auf Bundesebene bisher nur zwei Volksabstimmungen: am 5. November 1978 über die Inbetriebnahme des Kernkraftwerks Zwentendorf und am 12. Juni 1994 über den Beitritt Österreichs zur EU.

Die Instrumente für die unmittelbare Mitwirkung des Volkes auf Bundesebene sind das Volksbegehren, die Volksabstimmung und die Volksbefragung (im Bereiche der Länder und Gemeinden gibt es ähnliche Möglichkeiten). Man bezeichnet daher die österreichische Demokratie auch als **repräsentative Demokratie mit plebiszitären Elementen**. Die unmittelbare Mitwirkung des Volkes ist auf folgende Weise möglich:

• **Das Volksbegehren**
Das Volksbegehren ist eine **Gesetzesinitiative**. 100.000 Stimmberechtigte oder je ein Sechstel der Stimmberechtigten dreier Länder können einen Gesetzesvorschlag im Nationalrat einbringen. Gegenstand des Volksbegehrens kann nur eine Angelegenheit sein, die durch ein Bundesgesetz zu regeln ist. Das Volksbegehren kann, es muss aber nicht in Form eines Gesetzesantrages gestellt werden. Es kann auch eine Anregung enthalten. Jedes Volksbegehren durchläuft **drei Verfahrensabschnitte**.

1. Einleitungsverfahren:
Die Einleitung eines Volksbegehrens muss beim Bundesministerium für Inneres beantragt und von einem Promille der anlässlich der letzten Volkszählung für Österreich festgestellten Wohnbevölkerungszahl unterfertig werden. Unter-

stützungserklärungen sind nur gültig, wenn sie von Personen stammen, die in die Wählerevidenz eingetragen sind und im Bundesgebiet ihren Hauptwohnsitz haben.

2. Eintragungsverfahren:

Jeder, der am Stichtag das Wahlrecht zum Nationalrat besitzt und in einer Gemeinde des Bundesgebiets seinen Hauptwohnsitz hat, kann das Volksbegehren durch seine Unterschrift unterstützen. Die Eintragung erfolgt bei den Gemeinden, die die Eintragungswoche festzusetzen haben.

3. Ermittlungsverfahren:

Das endgültige Ergebnis ist von der Bundeswahlbehörde festzustellen. Wenn die Voraussetzungen (100.000 Unterschriften oder je ein Sechstel der Stimmberechtigten dreier Länder) gegeben sind, ist das Volksbegehren dem Nationalrat zur Behandlung vorzulegen. Der Nationalrat ist verpflichtet, darüber zu beraten, muss allerdings inhaltlich dieses Volksbegehren nicht unterstützen. Volksbegehren haben bei der parlamentarischen Behandlung Vorrang vor den übrigen Verhandlungsgegenständen. Die Ausschussberatung hat innerhalb eines Monats nach Zuweisung an den Ausschuss zu beginnen; nach spätestens weiteren sechs Monaten ist dem Plenum ein Bericht vorzulegen. Bei Festlegung der Tagesordnung haben Volksbegehren Vorrang vor allen übrigen Gegenständen.

• Die Volksabstimmung

Im Gegensatz zum Volksbegehren, das einen Gesetzesantrag oder eine Anregung zum Gegenstand hat, bedeutet die Volksabstimmung eine Abstimmung des Volkes über einen im Nationalrat gefassten Gesetzesbeschluss. Eine solche Volksabstimmung kann dann stattfinden, wenn es der Nationalrat mit einer einfachen Mehrheit anordnet (z. B. Volksabstimmung vom 5. November 1978 über die Inbetriebnahme des Kernkraftwerks Zwentendorf). Wenn eine Verfassungsänderung eine Gesamtänderung der Bundesverfassung bedeutet (→ Baugesetze), ist eine Volksabstimmung zwingend vorgeschrieben (wie z. B. EU-Volksabstimmung vom 12. Juni 1994). In der Volksabstimmung wird dem Volk die Frage vorgelegt, ob ein vom Nationalrat gefasster Gesetzesbeschluss Gesetz werden soll oder nicht. Die Volksabstimmung ist nach Beendigung des Verfahrens im Nationalrat und Bundesrat, jedoch vor der Kundmachung des Gesetzes, durchzuführen. Stimmberechtigt sind alle wahlberechtigten Staatsbürger. Wenn bei einer Volksabstimmung nicht die Mehrheit, das sind mehr als 50 % der abgegebenen Stimmen, für einen Gesetzesbeschluss stimmt, kann dieser nicht Gesetzeskraft erlangen.

- **Die Volksbefragung**

Volksbefragungen geben die Möglichkeit, das Volk mit Fragen zu befassen, um dessen Einstellung zu erkunden. Volksbefragungen haben **keine bindende Wirkung**. Gegenstand einer Volksbefragung kann nur eine Angelegenheit von grundsätzlicher und gesamtösterreichischer Bedeutung sein, die vom Gesetzgeber zu regeln ist. Die Fragestellung muss aus einer mit Ja oder Nein zu beantwortenden Frage bestehen, sie kann allerdings auch zwei alternative Lösungsvorschläge präsentieren. Eine Volksbefragung findet nur dann statt, wenn sie vom Nationalrat mit Mehrheit beschlossen wird. Einen derartigen Antrag können fünf Mitglieder des Nationalrats oder die Bundesregierung einbringen. Das Instrument der Volksbefragung besteht auf Bundesebene seit 1988. In der politischen Praxis wurde bisher davon kein Gebrauch gemacht.

Österreich ist eine Republik

»Republik« ist eine Staatsform, die nicht »Monarchie« ist. Auch in Österreich wurde 1918 die Republik als Absage an die monarchische Staatsform ausgerufen. In der Republik ist das Staatsoberhaupt nicht ein Herrscher, der durch Erbfolge oder von Gottes Gnaden berufen wird, sondern meist ein Staatspräsident, der dem Volk rechtlich und politisch verantwortlich ist.

Das Bekenntnis zur Republik bedeutet für Österreich, dass eine Umwandlung in eine Monarchie in jedem Fall einer Volksabstimmung zu unterziehen ist, weil sie eine Gesamtänderung der Verfassung darstellt (→ Volksabstimmung).

In Österreich hat man im Jahr 1919 durch das »Habsburgergesetz« und das Gesetz zur Aufhebung des Adels einen radikalen Trennungsstrich zur Monarchie gezogen (Seite 16). Der Sicherung der republikanischen Staatsform dient auch die Bestimmung, dass die Mitglieder regierender Häuser oder solcher Familien, die ehemals regiert haben, für das Amt des Bundespräsidenten nicht kandidieren dürfen.

Österreich ist ein Bundesstaat

Artikel 2 der österreichischen Bundesverfassung verankert das bundesstaatliche Prinzip:

»1. Österreich ist ein Bundesstaat.

2. Der Bundesstaat wird gebildet aus den selbständigen Ländern: Burgenland, Kärnten, Niederösterreich, Oberösterreich, Salzburg, Steiermark, Tirol, Vorarlberg und Wien.«

Für den Bundesstaat ist wesentlich, dass die **Staatsfunktionen zwischen dem Bund und den Ländern aufgeteilt** sind und die Länder eine Möglichkeit der **Mitwirkung an der Bundesgesetzgebung** haben. Die Länder haben ein gewisses Maß an Selbständigkeit.

Der österreichische Bundesstaat entspricht dem bundesstaatlichen Idealbild nur unvollkommen. Von den drei Staatsfunktionen (Gesetzgebung, Verwaltung und Gerichtsbarkeit) sind die Gesetzgebung und Verwaltung zwischen dem Bund und den Ländern geteilt, die **Gerichtsbarkeit ist ausschließlich Bundessache.**

Eine weitere Unvollkommenheit besteht in der **Schwäche des Bundesrats.** Die Länderkammer hat im Gesetzgebungsverfahren lediglich ein so genanntes **aufschiebendes Veto**, das heißt, sie kann das Zustandekommen eines Gesetzes nur verzögern, aber nicht verhindern. Ausgenommen davon sind Verfassungsgesetze (oder Verfassungsbestimmungen in einfachen Gesetzen), durch die die Zuständigkeit der Länder in Gesetzgebung oder Verwaltung eingeschränkt wird. Hier muss der Bundesrat mit einem qualifizierten Quorum (mindestens die Hälfte der Mitglieder muss anwesend sein) von zwei Drittel der abgegebenen Stimmen zustimmen.

Der Begriff des Bundesstaates wird im alltäglichen Sprachgebrauch sinngleich mit dem Begriff **Föderalismus** verwendet. Das Wort Bundesstaat spricht die rechtliche Dimension an, während Föderalismus die politische Seite der Beziehungen zwischen Bund und Ländern ausdrückt.

Österreich ist ein Rechtsstaat

In der österreichischen Demokratie geht das Recht vom Volk aus. Zwischen Demokratie und Rechtsstaat besteht ein untrennbarer Zusammenhang. Rechtsstaat bedeutet, dass jedes staatliche Handeln eine Grundlage im Gesetz finden muss. Kern dieses Grundsatzes ist Artikel 18 Absatz 1 der österreichischen Bundesverfassung:

»Die gesamte staatliche Verwaltung darf nur auf Grund der Gesetze ausgeübt werden.«

Dieser Grundsatz der Bindung an das Gesetz gilt selbstverständlich auch für die Gerichtsbarkeit. Man nennt diesen Grundsatz das »**Legalitätsprinzip**«.

Das rechtsstaatliche Prinzip ist aber nicht nur in diesem rein formellen Sinne zu verstehen. Es verlangt, dass neben der Bindung an das Gesetz auch Rechtsschutzeinrichtungen bestehen, die diesen Grundsatz garantieren. Der **Verwaltungs- und der Verfassungsgerichtshof** sind ebenso wie die ordentlichen Gerichte bedeutende Faktoren dieses Rechtsschutzes.

Mit dem Begriff der Rechtsstaatlichkeit sind aber auch gewisse inhaltliche Gebote verbunden. Das Legalitätsprinzip verpflichtet den Gesetzgeber, den Inhalt der Gesetze so ausreichend zu bestimmen, dass die Verwaltung nicht zu viel Spielraum bei ihrer Entscheidung hat. Ein gewisser Spielraum ist allerdings bei verwaltungsbehördlichen Entscheidungen auch verfassungsrechtlich zulässig (so genanntes **freies Ermessen**). Eine strenge Auffassung des Legalitätsprinzips hat in der Praxis Tendenzen verstärkt, alles möglichst umfassend zu reglementieren. (→ Gesetzesflut).

Die Idee der Gewaltenteilung

Der **Grundsatz der Gewaltenteilung** beruht auf einer sehr einfachen Erkenntnis: Je mehr Macht in einer Hand vereinigt ist, umso größer ist die Gefahr des Machtmissbrauchs. James Madison, einer der geistigen Väter der amerikanischen Bundesverfassung, hat schon vor mehr als 200 Jahren folgenden Satz geschrieben:

»Die Vereinigung aller Gewalten, der gesetzgebenden, vollziehenden und richterlichen, in den gleichen Händen, mögen es die Hand eines Einzelnen oder einiger weniger oder vieler sein, und mag ihnen die Macht im Erbgang, durch Selbsternennung oder durch Wahl zugefallen sein, kann mit vollem Recht als das Musterbild der Tyrannei bezeichnet werden.«

Aus einer ähnlichen Einsicht heraus hat ebenfalls bereits im 18. Jahrhundert der große französische Staatsphilosoph Montesquieu den Grundsatz der **Trennung der Gewalten** verkündet: Die drei wesentlichen Staatsfunktionen oder Staatsgewalten, die Gesetzgebung (Legislative), die Verwaltung (Exekutive) und die Gerichtsbarkeit (Judikative) sollen dadurch getrennt sein, dass sie von verschiedenen, voneinander unabhängigen Organen ausgeübt werden. Mit anderen Worten:

- Das Parlament erlässt die Gesetze;
- die Regierung und Verwaltung vollziehen die Gesetze;
- die Gerichte sprechen Recht auf Grund der Gesetze und sind dabei völlig unabhängig.

Der Grundsatz der **Gewaltenteilung gilt in allen parlamentarischen Demokratien.** Allerdings nicht in der Form der völligen Trennung der Gesetzgebung von der Verwaltung, sondern meist in einem Geflecht von wechselseitigen Abhängigkeiten und Bindungen.

Checks and Balances (Kontrolle der Macht und Balance zwischen den Machtträgern) sind der Kern eines modernen Verständnisses der Gewaltenteilung.

In der österreichischen Bundesverfassung gilt dieses Prinzip ausdrücklich zwischen der Verwaltung und der Justiz: »**Die Justiz ist von der Verwaltung in allen Instanzen getrennt.**« Dieser Satz bietet eine Garantie für die unabhängigen Gerichte - ein und dieselbe Behörde darf nicht gleichzeitig als Gericht und als Verwaltungsbehörde eingerichtet sein. Die Verwaltungsbeamten sind bei der Ausübung ihrer Tätigkeit an die Weisungen der übergeordneten Organe gebunden, die Richter sind bei der Ausübung der Rechtsprechung **unabhängig und weisungsfrei.** Zwischen der Gesetzgebung und der Verwaltung besteht diese strikte Trennung nicht. Das Parlament kontrolliert die Verwaltung in vielfältiger Form und mit vielen Instrumenten (→ parlamentarische Kontrolle). Verwaltung und Regierung dominieren den Gesetzgebungsprozess dadurch, dass die meisten Anregungen für Gesetze von ihnen kommen

(Regierungsvorlagen). Auch das Parlament ist nicht ohne Kontrolle: der Verfassungsgerichtshof prüft, ob die Gesetze der Verfassung entsprechen.

Heute stellt sich allerdings zunehmend die Frage, ob das klassische Gewaltenteilungsmodell zwischen den drei Staatsfunktionen ausreicht, die Freiheit genügend zu sichern. In der modernen Gesellschaft gibt es viele Mächte, die außerhalb dieser Staatsfunktionen die Politik und den Bürger beeinflussen. Man nennt in diesem Zusammenhang neben den drei Staatsgewalten vor allem die **Medien als vierte Gewalt** (→ Medien).

Auch die bundesstaatliche Ordnung ist als eine Art Gewaltenteilungssystem anzusehen, weil hier die Macht zwischen Bund und Ländern verteilt wird **(vertikale Gewaltentrennung)**.

Jede Form der Gewaltenteilung dient dazu, die Einhaltung der Grenzen der staatlichen Macht zu gewährleisten und damit die Freiheit des Einzelnen zu sichern. Diese Freiheit des Einzelnen wird aber im Besonderen auch durch einen Katalog von Grundrechten garantiert, der Bestandteil jeder modernen demokratischen Verfassung ist. Grundrechte sichern die Freiheitssphäre des einzelnen Menschen und setzen die Grenzen des Staates fest. Sie sind Ausdruck des so genannten liberalen Verfassungsprinzips.

Grundrechte – Liberales Prinzip

Grundrechte sind in der österreichischen Verfassungsordnung immer auch »verfassungsgesetzlich gewährleistete Rechte«. Ihr Schutz obliegt damit dem Verfassungsgerichtshof (→ Verfassungsgerichtshof). Sie schützen den Bürger vor ungerechtfertigten Eingriffen des Staates (so genannte **Abwehrrechte gegen den Staat**). Sie sind auch Ausdruck von bestimmten Werten (z. B. Freiheit der Bewegung, Freiheit des Eigentums). Eingriffe in die geschützten Rechtssphären des Einzelnen sind nur möglich, wenn das verfassungsrechtlich verankerte Grundrecht den Gesetzgeber zu solchen Eingriffen ermächtigt (so genannter **Gesetzesvorbehalt**, z. B. Eingriff in das Eigentumsrecht).

Die Grundrechte sind in der österreichischen Verfassungsordnung in vielen Bereichen verankert. In den letzten Jahrzehnten hat die Grundrechtsentwicklung vor allem auch im internationalen Bereich große Fortschritte gemacht. Zahlreiche Konventionen und Staatsverträge enthalten Grundrechtsgarantien.

Die österreichischen Grundrechte sind vor allem in zwei Dokumenten enthalten: dem **Staatsgrundgesetz** über die allgemeinen Rechte der Staatsbürger **aus dem Jahr 1867 (StGG)**, welches von der Bundesverfassung 1920 übernommen wurde, und in der **Europäischen Konvention zum Schutze der Menschenrechte und Grundfreiheiten (MRK)**, die vom Europarat beschlossen und von Österreich im Jahr 1958 ratifiziert wurde. Beide Dokumente enthalten die wesentlichen Grundlagen des Grundrechtsschutzes in Österreich.

In der österreichischen Verfassungsordnung sind nachstehende Grundrechte (im Sinne von Abwehrrechten) gewährleistet:

- Recht auf Leben (Art. 2 MRK)
- Verbot von Folter und unmenschlicher oder erniedrigender Strafe oder Behandlung (Art. 3 MRK)
- Verbot der Sklaverei und Leibeigenschaft, der Zwangs- und Pflichtarbeit sowie die Aufhebung jedes Untertänigkeits- und Hörigkeitsverbandes (Art. 4 MRK, Art. 7 StGG)
- Gleichheitsgebot (Grundsatz der Gleichbehandlung: Art. 7 Abs. 1 bis 3 Bundesverfassung, Art. 2 StGG)
- Recht auf gleiche Zugänglichkeit der öffentlichen Ämter (Art. 3 StGG)
- Freizügigkeit und Freiheit des Aufenthaltes, der Einreise und der Auswanderung (Art. 4 und 6 StGG, Art. 2, 3 und 4 im 4. Zusatzprotokoll MRK, Art. 1 im 7. Zusatzprotokoll MRK)
- Recht auf Achtung des Privat- und Familienlebens (Art. 8 MRK)
- Recht der Eheschließung und Familiengründung (Art. 12 MRK)
- Schutz des Brief- und Fernmeldegeheimnisses (Art. 10, 10a StGG, Art. 8 MRK)
- Grundrecht auf Datenschutz (§ 1 des Datenschutzgesetzes)
- Persönliche Freiheit (Schutz vor willkürlicher Verhaftung oder Freiheitsentzug: Art. 5 MRK, Bundesverfassungsgesetz vom 29. November 1988, BGBl. 684)
- Schutz des Hausrechtes (Schutz vor rechtswidriger Hausdurchsuchung: Art. 9 StGG, Art. 8 MRK)
- Schutz des Eigentums (Art. 5 StGG, Art. 1 des 1. Zusatzprotokolls MRK)
- Freiheit des Liegenschaftsverkehrs (Art. 6 StGG)
- Freiheit der Erwerbsbetätigung (Art. 6 StGG)
- Freiheit der Berufswahl und der Berufsausbildung (Art. 18 StGG)
- Petitionsrecht (Art. 11 StGG)
- Wahlrecht (→ Nationalratswahlen)
- Vereins- und Versammlungsfreiheit (Art. 12 StGG)
- Informationsfreiheit (Meinungsfreiheit, Pressefreiheit und Rundfunkfreiheit: Art. 13 StGG, Art. 10 MRK)
- Freiheit der Wissenschaft (Art. 17 StGG)
- Recht auf Bildung (Art. 17 StGG, Art. 2, 1. Zusatzprotokoll MRK)
- Freiheit der Kunst (Art. 17a StGG)
- Glaubens- und Gewissensfreiheit (Art. 14 StGG, Art. 9 MRK)
- Rechtsstellung der Kirchen und Religionsgesellschaften (Art. 15 und 16 StGG, Art. 9 MRK)
- Recht auf Zivildienst (Art. 9a, Abs. 3 Bundesverfassung)
- Recht auf den gesetzlichen Richter (Art. 83, Abs. 2 Bundesverfassung)

- Recht auf ein faires Verfahren (Art. 6 MRK)
- Recht auf eine wirksame Beschwerde (Art. 13 MRK)
- Recht der Minderheiten (Art. 19 StGG, Art. 7 des Staatsvertrages von Wien 1955, Art. 8 der Bundesverfassung)

In der Entwicklung des modernen Verfassungsstaates hat man unter den Grundrechten nur diejenigen Rechte verstanden, die den einzelnen Bürger vor Eingriffen des Staates schützen (so genannte Abwehrrechte). In den letzten Jahren spielte der Gedanke der »**sozialen Grundrechte**« eine immer größere Rolle. Es handelt sich dabei um soziale Ansprüche, die durch die Verfassung in besonderer Weise gewährleistet werden, das heißt, die dem Einzelnen auch einen Anspruch auf eine Leistung des Staates geben. Zu den sozialen Grundrechten zählen beispielsweise:
- das Recht auf Beschäftigung und Arbeitsentgelt,
- das Recht auf bessere Lebens- und Arbeitsbedingungen,
- das Recht auf Berufsausbildung,
- das Recht auf Gleichbehandlung von Männern und Frauen,
- das Recht auf Information und Mitwirkung der Arbeitnehmer,
- das Recht auf Gesundheit und sichere Arbeitsbedingungen,
- das Recht auf Kinder- und Jugendschutz,
- Rechte der Behinderten.

Die Gewährleistung sozialer Grundrechte ist ein wichtiges Anliegen der gegenwärtigen Grundrechtsentwicklung. Das ist u. a. daraus zu ersehen, dass die Grundrechtscharta der Europäischen Union, die ein Teil der Europäischen Verfassung wurde (→ Europäische Verfassung), einen eigenen Abschnitt mit sozialen Grundrechten enthält.

Über die Notwendigkeit einer Verfassungsreform

Die österreichische Bundesverfassung hat sich im Großen und Ganzen als Spielregel der Machtausübung und als Schutzordnung für die Bürgerinnen und Bürger bewährt. Dennoch gibt es mehrere Gründe, die dafür sprechen, eine größer angelegte Verfassungsreform durchzuführen:
- Die österreichische **Verfassungsordnung ist unübersichtlich geworden**.
- Sie hat ihren **Charakter als Grundordnung verloren**.
- Seit ihrer Beschlussfassung am 1. Oktober 1920 wurde sie durch viele Änderungen und Ergänzungen modifiziert.
- Dazu kam, dass in hunderten Gesetzen einzelne Verfassungsbestimmungen aufgenommen wurden.

Das Ergebnis dieser Entwicklung: Die österreichische Verfassung besteht heute aus nahezu 1300 Verfassungsgesetzen und Verfassungsbestimmungen. Sie ist nicht nur für die Bürgerinnen und Bürger völlig unüberschaubar geworden. Aus dieser Tatsache resultiert die **Forderung nach einer Verfassungsbereinigung**. Darüber hinaus gibt es seit langem Reformwünsche, die den österreichischen Föderalismus betreffen. Es handelt sich dabei um Änderungen in der Aufgabenverteilung zwischen Bund und Ländern und um eine Neuordnung der finanziellen Beziehungen zwischen den Gebietskörperschaften. Ebenso wird eine Verbesserung des Rechtsschutzes des Einzelnen, im Besonderen eine Reform der Grundrechte für sinnvoll erachtet.

In Kenntnis der österreichischen Verfassungssituation hat die österreichische Bundesregierung in ihrem Regierungsprogramm für die Jahre 2003 bis 2006 die Einsetzung eines Österreich-Konvents angekündigt, der den Text einer erneuerten Bundesverfassung ausarbeiten soll. Der **Österreich-Konvent** besteht aus 70 Mitgliedern, vor allem aus Vertretern der Bundesregierung, der Länder, der Höchstgerichte, der Interessenvertretungen sowie aus fachlich qualifizierten Persönlichkeiten. Er ist beim Parlament angesiedelt. Zur Beratung einzelner Themen wurden Arbeitsgruppen eingerichtet (etwa zur Behandlung der Grundrechte). Vorsitzender des Konvents ist der frühere Rechnungshofpräsident Franz Fiedler. Der Konvent begann seine Beratungen im Mai 2003 und soll sie Ende Jänner 2005 abschließen. Die Chancen, zu einer politischen Einigung über einen neuen Verfassungstext zu kommen, sind äußerst gering.

3. Wie unsere Republik funktioniert

Ein vielfältiges Gebilde

Die Republik Österreich ist ein vielfältiges und komplexes Gebilde. Sie erfüllt ihre Aufgaben durch zahlreiche Einrichtungen (man bezeichnet sie als **Staatsorgane**), die unterschiedlich organisiert sind. Behörden, Ämter, Gerichte – sie alle haben bestimmte Aufgaben zu erfüllen, die ihnen durch Gesetze zugewiesen werden.

Die gesamte Organisation des Staates richtet sich nach den drei Staatsfunktionen Gesetzgebung, Verwaltung und Gerichtsbarkeit:
- Die Organisationen der **Gesetzgebung** findet in den Parlamenten (im Bundesparlament und in den Länderparlamenten) statt.
- Die Funktion der **Verwaltung** ist als Regierung in der obersten Ebene und als ein untergeordneter, hierarchisch gegliederter Behördenapparat organisiert. Die übergeordneten Organe haben das Recht, den untergeordneten Organen Weisungen zu erteilen.
- Die **Gerichte** sind als unabhängige Staatsorgane eingerichtet. Sie treffen die richterlichen Entscheidungen frei von Weisungen.

Alle diese Einrichtungen tragen dazu bei, dass unsere Republik funktioniert. Sie machen es möglich, dass unser Staat die ihm gestellten Aufgaben erfüllt. Was die einzelnen Staatsorgane zu tun haben und wie sie organisiert sind, soll der folgende Abschnitt beantworten.

Das Parlament – Wort und Idee

Das Wort »Parlament« besitzt in Europa eine bedeutende Tradition. Sprachlich stammt es vom französischen Wort parler = reden. Parlamentum wurde ursprünglich sowohl als Verhandlung als auch als Versammlung verstanden. Letztere war insbesondere die Ratsversammlung des Königs mit den Großen des Reiches. Unter dem Einfluss des englischen »Parlaments« wurde der Begriff später als »**Versammlung der Volksvertreter**« verwendet. Das Parlament hat seine Wurzeln in England und Frankreich, wo es als Einrichtung der Rechtspflege fungierte. Das englische Parlament gilt als Mutter der Parlamente. Es hat als erstes ein Gesetzgebungsverfahren entwickelt. Ebenso hat es die Ministeranklage, die Immunität sowie das Recht der Budgetgenehmigung als klassische **Parlamentsrechte** in Anspruch genommen.

Die Wünsche an die englische Krone wurden meist durch Vertreter vorgebracht (= Parlamentär). Diese vertraten das Volk beziehungsweise gewisse Volksgruppen bei den Verhandlungen, weshalb sie als »**Volksvertreter**« bezeichnet wurden.

Das Wort »Parlament« beschreibt aber auch das Haus, in dem die Volksvertretung residiert. Das auf der Wiener Ringstraße befindliche Parlamentsgebäude ist der Sitz der gesetzgebenden Körperschaften des Bundes. Der im Stil der Neuklassik im Jahr 1883 eröffnete Prachtbau erinnert in seiner griechischen, tempelartigen Architektur an die Bauten der klassischen Demokratie in Athen. Allerdings ist die Demokratie der vorchristlichen Jahrhunderte auf griechischem Boden nicht mit dem heutigen Demokratieverständnis gleichzusetzen. Demokratie = Herrschaft des Volkes: Das bedeutete **im antiken Athen** aber nur ein politisches Mitwirkungsrecht der Klasse der vollberechtigten Bürger; alle anderen waren völlig rechtlos. Die Schlüsselbegriffe der modernen Demokratie und des modernen Parlamentarismus – Freiheit und Gleichheit aller Menschen – hatten in der antiken Demokratie keine Wirksamkeit.

Wenn man in Österreich von Parlament spricht, muss man berücksichtigen, dass unsere Republik ein Bundesstaat ist. Das bedeutet, es gibt ein **Bundesparlament und Länderparlamente** (= Landtage). Das Bundesparlament ist als Zweikammersystem organisiert (Nationalrat und Bundesrat). Beide sind gesetzgebende Körperschaften, sie sind miteinander am Prozess der Gesetzesentstehung beteiligt.

Die österreichischen Parlamente sind **allgemeine Vertretungskörper**: Sie vertreten nicht die Interessen bestimmter, etwa nach Stand, Beruf oder Bekenntnis gleichartiger Personen, sondern die Interessen aller, innerhalb eines bestimmten Gebietes lebender Menschen. (Im Gegensatz dazu vertreten etwa die Organe der Kammern nur Menschen eines bestimmten Berufsstandes.)

Allgemeine Vertretungskörper sind in Österreich die Repräsentationsorgane der Gebietskörperschaften: Nationalrat, Bundesrat, Landtag, Gemeinderat.

Der Nationalrat

Der Nationalrat ist im System der Bundesgesetzgebung die **erste Kammer**. Er ist die allgemeine Vertretung des österreichischen Bundesvolkes. Als Volksvertretung wird er von allen österreichischen Wahlberechtigten gewählt (bei den Nationalratswahlen im Jahr 2002 waren 5.912.509 ÖsterreicherInnen wahlberechtigt). Das österreichische **Wahlrecht zum Nationalrat** ist in den Grundsätzen in der Bundesverfassung selbst und in einzelnen Ausführungsgesetzen dazu (Nationalratswahlordnungs- und Wählerevidenzgesetz) geregelt. Der Nationalrat besteht aus 183 Mitgliedern. Die Sitze verteilen sich in der 22. Gesetzgebungsperiode (20. Dezember 2002 bis längstens 20. Dezember 2006) wie folgt:

ÖVP	79
SPÖ	69
FPÖ	18
Grüne	17

Wie wird man Abgeordneter?

Diese Frage beantwortet das Wahlrecht. Es ist jener Teil der Rechtsordnung, der Regelungen darüber enthält, wie und wann die Repräsentanten des Volkes bestimmt werden. Für die allgemeinen Vertretungskörper (Nationalrat, Landtag, Gemeinderat) gelten bestimmte Grundsätze des Wahlrechts, die eine demokratische Mitbestimmung aller Bürger garantieren.

Grundsätze des Wahlrechts

Allgemeines Wahlrecht

Es bedeutet, dass für das Wählen lediglich zwei Voraussetzungen bestehen dürfen: das Vorliegen eines bestimmten Alters sowie das Nichtvorliegen von Wahlausschließungsgründen. Der Ausschluss von bestimmten Bevölkerungsgruppen vom Wahlrecht, wie etwa der Beamten oder der Geistlichen ist verboten; ebenso darf das Wahlrecht nicht an bestimmte Steuerleistungen oder Vermögensnachweise gebunden werden (das war in der vorrepublikanischen Zeit beim so genannten Zensus-Wahlsystem der Fall).

Das **Wahlrecht ist Staatsbürgerrecht**, das heißt, es ist an den Besitz der Staatsbürgerschaft gebunden (nicht so beim Wahlrecht in das → Europäische Parlament). Das österreichische Wahlrecht zum Nationalrat (das aktive ebenso wie das passive Wahlrecht) ist ein allgemeines Wahlrecht. Das Recht zu wählen wird als aktives Wahlrecht bezeichnet; das Recht, gewählt zu werden, als passives Wahlrecht.

Aktives Wahlrecht

Alle Staatsbürger, die vor dem 1. Jänner des Jahres der Wahl das 18. Lebensjahr vollendet haben und bei denen keine Wahlausschließungsgründe vorliegen, dürfen wählen. Grund für den Ausschluss von Wahlrecht kann nur eine gerichtliche Verurteilung sein: rechtskräftige Verurteilungen wegen einer mit Vorsatz begangenen strafbaren Handlung zu mehr als einer einjährigen Freiheitsstrafe (dieser Ausschluss dauert sechs Monate nach der Verbüßung der Strafe).

Passives Wahlrecht

Zum Nationalratsabgeordneten kann jeder Staatsbürger gewählt werden, der am Stichtag (das ist der von der Bundesregierung festgesetzte Termin, zu dem die Wahlberechtigten die Voraussetzungen des Wahlrechts erfüllen müssen) die österreichische Staatsbürgerschaft besitzt, vor dem 1. Jänner des Jahres der Wahl das 19. Lebensjahr vollendet hat und vom Wahlrecht nicht ausgeschlossen ist.

Gleiches Wahlrecht

Hier muss man zwischen dem gleichen Zählwert und dem gleichen Erfolgswert unterscheiden. Der Grundsatz des gleichen Wahlrechts bedeutet, dass der gleiche **Zählwert** gegeben sein muss: Alle gültigen Stimmen müssen gleich gezählt werden, Stimmen dürfen durch keine Umstände, wie etwa höhere Bildung oder höhere Steuerleistung, höher bewertet werden.

Der **Erfolgswert** bezieht sich auf die Zahl der für ein Mandat erforderlichen Wählerstimmen. Dieser Erfolgswert ist unterschiedlich, weil die »Wahlzahl« bei den Wahlen unterschiedlich ist.

Der Erfolgswert der Stimmen bei fünf Nationalratswahlen zeigt die Unterschiedlichkeit:

	1956	1970	1983	1990	1994
SPÖ	25.315	27.432	25.285	25.160	24.889
ÖVP	24.390	26.295	25.891	25.143	24.650
FPÖ	47.292	42.238	20.144	23.717	24.817
KPÖ	64.176	–	–	–	–
Grüne	–	–	–	22.508	26.041
LlF	–	–	–	–	25.143

Unmittelbares Wahlrecht

Unmittelbares (auch direktes) Wahlrecht bedeutet, dass der Wähler selbst seine Entscheidung unmittelbar trifft. Das heißt, dass er selbst die zu Wählenden bezeichnet. Im Gegensatz dazu ist das mittelbare (indirekte) Wahlrecht ein Wahlrecht, bei dem zunächst Personen gewählt werden (Wahlmänner), die in einem eigenen Entscheidungsgang die Mandatare wählen (die Präsidentenwahl in den USA erfolgt durch Wahlmänner; die Bundesratsmitglieder werden durch die Landtage gewählt).

Persönliches Wahlrecht

Dieser Grundsatz schließt die Stimmabgabe durch Stellvertreter aus. Der Wähler hat die Abstimmung persönlich vorzunehmen. Es ist allerdings möglich, dass sich Blinde, schwer Sehbehinderte oder gebrechliche Menschen von einer Begleitperson in die Wahlzelle führen und sich von dieser beim Wählen helfen lassen.

Geheimes Wahlrecht
Das geheime Wahlrecht verlangt die Gewähr, dass der Wähler seine Stimme so abgibt, dass niemand erkennen kann, wen er gewählt hat. Die geheime Wahl schützt den Wähler einerseits vor unerwünschter Einflussnahme auf sein Verhalten während des Wählens, er soll aber auch vor Nachteilen wegen seiner Stimmabgabe bewahrt werden. Dem Grundsatz der geheimen Wahl wird dadurch Rechnung getragen, dass der Wähler den amtlichen Stimmzettel in einer Wahlzelle ausfüllt und in einem verschlossenen Kuvert in die Wahlurne gibt.

Freies Wahlrecht
Dieser Grundsatz garantiert die Freiheit der Wahlwerbung. Sie umfasst die Freiheit der Wahlparteien, sich bei Unterstützung durch eine gewisse Anzahl von Wahlberechtigten um die Wahl bewerben zu können. Finanzielle Hilfeleistungen aus den öffentlichen Budgets dürfen einzelne wahlwerbende Parteien gegenüber anderen nicht begünstigen. Eine Finanzierung der Parteien nach ihrer verhältnismäßigen Stärke im Vertretungskörper ist aber nicht ausgeschlossen. Freies Wahlrecht bedeutet aber auch die Verpflichtung des Gesetzgebers, das Abstimmungsverfahren so zu gestalten, dass die Entscheidung des Wählers wirklich frei getroffen werden kann und weder tatsächlich noch rechtlich beeinflusst wird.

Das österreichische Wahlsystem ist ein **Verhältniswahlsystem**. Der Grundsatz der Verhältniswahl ist bindender Maßstab für die Ausgestaltung des Ermittlungsverfahrens (= Festlegung des Wahlergebnisses). Im Gegensatz zum **Mehrheitswahlrecht**, wo der Kandidat gewählt ist, der die Mehrheit erlangt hat (es gibt hier zwei Möglichkeiten: bei der absoluten Mehrheitswahl muss der Kandidat mehr als 50 % der Stimmen erhalten haben, bei der relativen Mehrheitswahl genügt die Mehrheit gegenüber anderen Kandidaten), gebietet das Verhältniswahlrecht, dass die Mandate auf die wahlwerbenden Gruppen im Verhältnis der für sie abgegebenen Stimmen aufgeteilt werden. Die gleichmäßige Aufteilung der abgegebenen Stimmen bei einer feststehenden Anzahl von Mandaten erfolgt nach mathematischen Verfahren. Sie betreffen die **Berechnung der Wahlzahl**, das ist jene Zahl, die man an Wählerstimmen erreichen muss, um ein Mandat zu erhalten. Im gegenwärtigen österreichischen Wahlsystem spielen zwei Verfahren eine bedeutende Rolle:
– **Hare'sches System:** Hier wird die Zahl der abgegebenen Stimmen durch die Zahl der zu vergebenden Mandate geteilt. Die damit gewonnene Zahl ist

die Wahlzahl. Jede Partei erhält so viele Mandate, als die Wahlzahl in der für sie abgegebenen Stimmenzahl enthalten ist. Da bei diesem Verfahren Stimmen übrig bleiben, können nicht alle Mandate auf diese Weise vergeben werden (Restmandate und Reststimmen).

– **D'Hondt'sches Verfahren:** Die auf die Parteien entfallenden Summen werden der Größe nach nebeneinander geschrieben, jede dieser Zahlen wird durch zwei, drei, vier usw. geteilt und diese Zahlen untereinander geschrieben. Wahlzahl ist bei drei zu vergebenden Mandaten die drittgrößte Zahl, bei vier zu vergebenden Mandaten die viertgrößte Zahl in dieser Tabelle usw.

Beispiel:
Als Beispiel soll die Berechnung der Wahlzahl auf der Basis des Stimmenergebnisses der Nationalratswahl 1990 dargestellt werden:
Am dritten Ermittlungsverfahren hätten folgende vier Parteien teilgenommen (die Parteisummen im Bundesgebiet sind in Klammern ausgewiesen): SPÖ (2.012.787 Stimmen), ÖVP (1.508.600 Stimmen), FPÖ (782.648 Stimmen) und Grüne (225.081 Stimmen). Das Tableau nach dem d'Hondt'schen System sieht in diesem Fall folgendermaßen aus:

Pareteiensumme	SPÖ	ÖVP	FPÖ	Grüne
	2.012.787,0 (1)	1.508.600,0 (2)	782.648,0 (4)	225.081,0 (18)
$^1/_2$	1.006.393,5 (3)	754.300,0 (5)	391.324,0 (10)	
$^1/_3$	670.929,0 (6)	502.866,6 (8)	260.882,6 (15)	
$^1/_4$	583.196,8 (7)	377.150,0 (11)		
$^1/_5$	402.557,4 (9)	301.720,0 (13)		
$^1/_6$	355.464,5 (12)	251.433,3 (17)		
$^1/_7$	287.541,5 (14)			
$^1/_8$	251.598,4 (16)			
.	.	.	.	.
.	.	.	.	.
.	.	.	.	.
.	.	.	.	.
1/82	24.546,2 (183)			

Die 183stgrößte Zahl wird in der Spalte der SPÖ gefunden.
Diese ist die Wahlzahl: 24.546,2.

Quelle: Beispiel aus Neisser/Handstanger/Schick, Bundeswahlrecht, 2. Aufl., Wien 1994

Der Vorteil dieses Systems ist, dass keine Restmandate bestehen, es ist allerdings theoretisch möglich, dass mehrere Parteien das letzte zu vergebende Mandat beanspruchen.

Wahlpflicht
Für Nationalratswahlen und für Bundespräsidentenwahlen besteht derzeit keine Wahlpflicht; für Landtags- und Gemeinderatswahlen besteht sie in jenen Bundesländern, wo dies durch Landesgesetz angeordnet ist.

Wahlverfahren
Für die ordnungsgemäße Durchführung des Wahlverfahrens sind **Wahlbehörden** verantwortlich, die sich aus Vertretern der wahlwerbenden Parteien zusammensetzen. Sie haben vor allem die Befugnis der Kontrolle des Wahlverfahrens und der Ermittlung des **Wahlergebnisses**.

Das Wahlverfahren gliedert sich in mehrere Teile, die im Folgenden schwerpunktmäßig erläutert werden:

• **Verteilung der 183 Mandate** auf die einzelnen Wahlkreise: Dieser Abschnitt legt fest, wie viele Mandate in einem Wahlkreis bei der Wahl zur Vergabe kommen. Dabei wird die Gliederung des Bundesgebietes in Wahlkreise berücksichtigt. Das Bundesgebiet ist in neun Landeswahlkreise geteilt – jedes Bundesland bildet einen Landeswahlkreis. Innerhalb der Landeswahlkreise werden die Stimmbezirke in Regionalwahlkreise zusammengefasst. Im gesamten Bundesgebiet gibt es 43 Regionalwahlkreise. Nach dem Hare'schen Verfahren werden die 183 Mandate auf die Landeswahlkreise verteilt, die einem Landeswahlkreis zugewiesenen Mandate werden nach dem gleichen Verfahren auf die Regionalwahlkreise verteilt.

• **Ausschreibung der Wahl:** Die Nationalratswahl wird durch die Bundesregierung ausgeschrieben. Diese hat die Wahl so anzuordnen, dass der neu gewählte Nationalrat am Tag nach Ablauf des vierten Jahres der Gesetzgebungsperiode zusammentreten kann. Wenn der Nationalrat durch den Bundespräsidenten aufgelöst wurde, muss der Nationalrat spätestens am 100. Tag nach der Auflösung zusammentreten können. In der Wahlausschreibung sind der Wahltag und der Stichtag festzusetzen.

• **Die Wahlberechtigten:** Voraussetzung für die Ausübung des Wahlrechts ist die Eintragung in einer Wählerevidenz. Die Wählerevidenz ist von den Gemeinden zu führen und hat alle Personen zu erfassen, denen das Wahlrecht zusteht. Im Ausland lebende Staatsbürger, die das 18. Lebensjahr vollendet haben und vom Wahlrecht zum Nationalrat nicht ausgeschlossen sind, werden auf ihren Antrag für die Dauer ihres Auslandsaufenthaltes in die **Wählerevidenz** jener Gemeinde eingetragen, in der sie den letzten Wohnsitz im Inland hatten; fehlt ein solcher, sind sie in die Wählerevidenz der Gemeinde einzutragen, in der zumindest ein Elternteil seinen Wohnsitz im Inland hat oder zuletzt hatte. In die Wählerevidenz kann jedermann Einsicht nehmen und jeder Staatsbürger kann Einspruch gegen die Aufnahme eines angeblich Wahl- oder Stimmberechtigten oder gegen die Streichung eines angeblich nicht Wahlberechtigten erheben. Gegen diese Entscheidung ist eine Berufung möglich.

- **Wahlvorschläge:** Spätestens am 30. Tag vor dem Wahltag kann eine wahlwerbende Partei der Landeswahlbehörde einen Landeswahlvorschlag für das erste und zweite Ermittlungsverfahren und spätestens am 16. Tag vor dem Wahltag der Bundeswahlbehörde einen Bundeswahlvorschlag für das dritte Ermittlungsverfahren vorlegen. Ein Landeswahlvorschlag muss von wenigstens drei Mitgliedern des Nationalrats oder von einer bestimmten Zahl von Wahlberechtigten, die je nach Größe des Landeswahlkreises unterschiedlich ist (100, 200, 400 oder 500), unterschrieben sein.
- **Abstimmungsverfahren:** Das Abstimmungsverfahren wird im gesamten Bundesgebiet am festgesetzten Wahltag durchgeführt. Der Wahltag muss ein Sonntag oder ein anderer öffentlicher Ruhetag sein. Normalerweise übt der Wähler sein Wahlrecht dort aus, wo er in das Wählerverzeichnis eingetragen ist. Außerdem besteht die Möglichkeit, mit einer Wahlkarte zu wählen. Für die Ausübung des Wahlrechtes muss ein amtlicher Stimmzettel verwendet werden. Der Wähler kann Kandidaten eine Vorzugsstimme geben.
- **Ermittlungsverfahren:** Das Ermittlungsverfahren dient der Feststellung der abgegebenen gültigen und ungültigen Stimmen. Es gibt drei Ermittlungsverfahren:

Das **erste Ermittlungsverfahren** findet im Regionalwahlkreis statt, jede Partei erhält im Regionalwahlkreis so viele Mandate, wie die Wahlzahl in der Summe der für sie abgegebenen gültigen Stimmen enthalten ist. Dabei sind die Vorzugsstimmen zu ermitteln, die auf jeden der auf dem Stimmzettel angeführten Regionalwerber einer gewählten Parteiliste entfallen sind. Wenn ein Bewerber Vorzugsstimmen im Ausmaß von mindestens einem Sechstel der gültigen Parteistimmen im Regionalwahlkreis oder im Ausmaß der Hälfte der Wahlzahl erhalten hat, wird er bei der Verteilung bevorzugt.

Am **zweiten Ermittlungsverfahren** nehmen nur jene Parteien teil, die im ersten Ermittlungsverfahren zumindest in einem Regionalwahlkreis ein Mandat (»Grundmandat«) oder im gesamten Bundesgebiet mindestens 4 % der abgegebenen gültigen Stimmen erhalten haben. Auch hier können Vorzugsstimmen gegeben werden, ein Bewerber ist dann vorzureihen, wenn er mindestens so viele Vorzugsstimmen hat, wie die Wahlzahl im Landeswahlkreis beträgt.

Am **dritten Ermittlungsverfahren** nehmen nur jene Parteien teil, die einen Bundeswahlvorschlag eingebracht haben. Die Aufteilung der Mandate erfolgt unter Berücksichtigung aller für die in Betracht kommenden Parteien abgegebenen Stimmen nach dem Grundsatz der Verhältniswahl, wobei die in den ersten beiden Ermittlungsverfahren vergebenen Mandate den Parteien angerechnet werden.

Wahlprüfung

Nationalratswahlen können beim **Verfassungsgerichtshof** angefochten werden. Anfechtungsberechtigt sind alle Wählergruppen, die rechtzeitig Wahlvorschläge vorgelegt haben, sowie ein Wahlwerber, der behauptet, dass ihm seine Wählbarkeit rechtswidrigerweise aberkannt wurde. Wenn der Verfassungsgerichtshof einer Wahlanfechtung stattgibt, weil einer wählbaren Person die Wählbarkeit zu Unrecht aberkannt wurde, so hat er auch festzustellen, inwieweit dadurch die Wahl anderer Personen nichtig geworden ist. Wenn der Verfassungsgerichtshof erkennt, dass eine nicht wählbare Person für wählbar erklärt wurde, so hat er die Wahl dieser Person für nichtig zu erklären. Es rücken dann die auf der Liste befindlichen Kandidaten nach. Im Übrigen hebt er die Wahl nur auf, wenn Rechtswidrigkeit vorliegt, die auf das Wahlergebnis von Einfluss war oder sein konnte. Wenn er Teile des Wahlverfahrens aufhebt, so sind die aufgehobenen Teile dieses Wahlverfahrens zu wiederholen.

Gesetzgebungsperiode

Jeder Abgeordnete wird für die Dauer einer vierjährigen Gesetzgebungsperiode (**Legislaturperiode**) gewählt. Vor Ablauf der 4 Jahre kann die Periode beendet werden

- durch **Selbstauflösung des Nationalrats**. Hier beschließt der Nationalrat seine Auflösung in Form eines Gesetzes. Die Gesetzgebungsperiode dauert in diesem Fall bis zum Zusammentreten des neugewählten Nationalrats.
- durch **Auflösung durch den Bundespräsidenten:** Auf Vorschlag der Bundesregierung kann der Bundespräsident den Nationalrat auflösen. In diesem Fall verliert der Nationalrat mit der Auflösung alle seine Funktionen. Die Bundesregierung muss die Neuwahl so anordnen, dass der neugewählte Nationalrat spätestens am 100. Tag nach der Auflösung zusammentreten kann.

Wenn die Gesetzgebungsperiode voll ausläuft, hat die Bundesregierung den Wahltag so anzusetzen, dass der neugewählte Nationalrat am Tag nach Ablauf der Gesetzgebungsperiode zusammentreten kann. Der Bundespräsident hat auf Vorschlag der Bundesregierung den neugewählten Nationalrat innerhalb von 30 Tagen zu seiner ersten Sitzung einzuberufen.

Mit Ablauf der Legislaturperiode »verfallen« alle nicht erledigten Anträge und Vorlagen (so genanntes Prinzip der Diskontinuität), sie müssen in der nächsten Gesetzgebungsperiode neu eingebracht werden.

Innerhalb einer Gesetzgebungsperiode des Nationalrats finden **Tagungen** statt. Der Nationalrat muss in jedem Jahr zwischen 15. September und 15. Juli eine ordentliche Tagung abhalten, die vom Bundespräsidenten einzuberufen ist. Auch außerordentliche Tagungen können vom Bundespräsidenten einberufen werden; und zwar über Verlangen

- der Bundesregierung oder
- von mindestens einem Drittel der Mitglieder des Nationalrats oder
- des Bundesrats.

Der Bundespräsident erklärt die Tagungen des Nationalrats auf Grund eines Beschlusses des Nationalrats für beendet.

Innerhalb einer Tagung finden **Sitzungen** statt. Sie werden vom Präsidenten des Nationalrats einberufen. Dieser muss eine Sitzung einberufen, wenn dies von

- der Bundesregierung oder
- einem Drittel der Abgeordneten des Nationalrats oder
- 20 Abgeordneten unter Angabe eines Themas (wobei jeder Abgeordnete ein solches Verlangen nur einmal im Jahr unterstützen darf) verlangt wird.

Diese »Sondersitzungen« sind so einzuberufen, dass der Nationalrat innerhalb von 8 Tagen – Samstag, Sonntag und Feiertag nicht eingerechnet – zusammentritt.

Die erste Sitzung am Beginn einer neuen Legislaturperiode wird die **konstituierende Sitzung** genannt. An der konstituierenden Sitzung nehmen die gewählten Abgeordneten teil. Ihnen hat die Bundeswahlbehörde einen **Wahlschein** auszustellen, der den Gewählten zum Eintritt in den Nationalrat berechtigt und ihm Sitz und Stimme im Nationalrat verleiht.

Die Mitgliedschaft im neugewählten Nationalrat beginnt am ersten Tag des Zusammentritts des Nationalrats. Die konstituierende Sitzung hat im Regelfall eine **Tagesordnung** mit folgenden Punkten:

- Angelobung der Abgeordneten
- Wahl der drei Präsidenten
- Wahl der Schriftführer und Ordner
- Wahl der Ausschüsse
- Wahl der österreichischen Vertreter in internationale Gremien (z. B. in die parlamentarische Versammlung des Europarats).

Die konstituierende Sitzung wird durch den Präsidenten des früheren Nationalrats eröffnet. Der erste Tagesordnungspunkt sieht vor, dass alle 183 Abgeordneten namentlich aufgerufen werden und ein **Gelöbnis** ablegen, mit dem sie unverbrüchliche Treue zur Republik, stete und volle Beobachtung der Verfassungsgesetze und aller anderen Gesetze sowie gewissenhafte Erfüllung der Pflichten geloben.

Nach der Angelobung findet die Wahl des neuen **Präsidiums des Nationalrats** statt. Der Nationalrat wählt aus seiner Mitte einen Ersten, Zweiten und Dritten Präsidenten. Zum Präsidenten kann jeder Abgeordnete gewählt werden. In der Praxis präsentieren die drei stärksten Fraktionen in der Reihenfolge ihrer Stärke einen Kandidaten. Die Präsidenten bleiben Mitglieder ihrer Fraktion, müssen sich jedoch durch eine unabhängige Vorsitzführung um größtmögliche Objektivität bemühen. Nach dem Präsidenten werden **fünf Schriftführer und mindestens drei Ordner** gewählt. Die Ordner unterstützen den Präsidenten bei der Leitung der Verhandlungen und bei der Aufrechterhaltung der Ruhe und Ordnung im Sitzungssaal. Alle diese Wahlen gelten für die ganze Gesetzgebungsperiode, eine Abwahl ist nicht möglich, wohl können aber die Gewählten auf ihr Amt verzichten.

Wahl der Ausschüsse
Ein wesentlicher Teil der parlamentarischen Arbeit wird von Ausschüssen erledigt. Man bezeichnet aus diesem Grund das Parlament auch als Ausschussparlament.
Die Ausschüsse setzen sich nach den Grundsätzen der Verhältniswahl zusammen. Sie haben unterschiedliche Funktionen und man kann sie in folgende Gruppen einteilen:
• **Vorberatende Ausschüsse** (→ Gesetzgebungsverfahren): Sie dienen der Vorbereitung von Verhandlungsgegenständen. Im Regelfall erstatten sie dem Plenum des Nationalrats einen Bericht, der Gegenstand der Plenarverhandlungen ist. Sofern der Ausschuss nichts anderes beschließt, werden Berichte der Bundesregierung und ihrer Mitglieder im Ausschuss »enderledigt«. Das bedeutet, dass diese Berichte nicht mehr dem Plenum vorgelegt werden. Bei Gesetzesanträgen ist eine »Enderledigung« im Ausschuss nicht möglich.
• **Kontrollausschüsse:** Sie haben besondere Kontrollbefugnisse und sind ständige Unterausschüsse.
Ein ständiger Unterausschuss des Budgetausschusses wirkt an der Haushaltsführung mit.
Ständige Unterausschüsse des Innenausschusses und des Verteidigungsausschusses kontrollieren die Staatspolizei und das Heeresnachrichtenamt.
Ein ständiger Unterausschuss des Rechnungshofausschusses kann Gebarungsvorgänge kontrollieren, soferne nicht schon beim Rechnungshof ein Prüfungsverfahren anhängig ist.
• **Besondere Ausschüsse** sind Untersuchungsausschüsse (→ Kontrolle der Verwaltung) sowie der Immunitätsausschuss. (→ Immunität) und der Unvereinbarkeitsausschuss (→ Unvereinbarkeit).
• **Hauptausschuss:** Dieser Ausschuss besteht seit Beginn der Bundesverfassung im Jahr 1920. Er wurde als Verbindungsglied zwischen dem Parlament und der Regierung geschaffen. Durch den Hauptausschuss wirkt der Nationalrat an bestimmten Aufgaben der Vollziehung mit. Bundesgesetze können vorsehen, dass bestimmte Verordnungen nur im Einvernehmen mit dem Hauptausschuss erlassen werden dürfen. Seit dem Beitritt Österreichs zur Europäischen Union besitzt der Hauptausschuss auch die Befugnis, an der innerösterreichischen Vorbereitung gewisser EU-Entscheidungen mitzuwirken.

Zu den wichtigsten Aufgaben des Hauptausschusses zählen:
- Mitwirkung bei der Ernennung von österreichischen Vertretern in den Organen der EU (z. B. Kommission, Gerichtshof, Rechnungshof), Abgabe von Stellungnahmen zu Vorhaben im Rahmen der EU;
- Erstellung von Vorschlägen für die Wahl des österreichischen Rechnungshofpräsidenten, der Mitglieder der Volksanwaltschaft sowie der Mitglieder der Beschwerdekommission nach dem Wehrgesetz;
- Zustimmung zur Festsetzung bestimmter amtlicher Preise, etwa für Zigaretten und Tabakwaren;
- Zustimmung zum Einsatz österreichischer Einheiten im Rahmen von friedenserhaltenden Operationen der Vereinten Nationen.
Der Hauptausschuss besteht derzeit (22. Gesetzgebungsperiode) aus 32 Mitgliedern. Deren Wahl erfolgte auf Grund von Wahlvorschlägen, die beim Präsidenten einzureichen sind. Die Zahl der Mitglieder des Hauptausschusses wird durch Beschluss des Nationalrats festgelegt.
Der Hauptausschuss wählt aus seiner Mitte einen »**Ständigen Unterausschuss**«, der gleichsam eine »Krisenfunktion« besitzt: Er bleibt auch dann im Amt, wenn der Nationalrat vom Bundespräsidenten aufgelöst wurde. In diesem Fall übernimmt er die Funktion des Hauptausschusses. Ebenso wirkt er beim Erlassen von Notverordnungen durch den Bundespräsidenten mit.
Neben diesem »Ständigen Unterausschuss« wählt der Hauptausschuss aus seinem Kreis einen weiteren »Ständigen Unterausschuss in Angelegenheiten der Europäischen Union«, der die Mitwirkungsrechte im Rahmen der Europäischen Union (siehe oben) wahrnimmt.

Bildung von Klubs
In den vom Volk gewählten Parlamenten haben die Abgeordneten üblicherweise das Recht, sich zu **Fraktionen (Klubs)** zusammenzuschließen. Fraktionen bestimmen und beeinflussen den Arbeitsplan und den Arbeitsablauf im Parlament und erhalten für ihre Tätigkeit besondere finanzielle Zuwendungen.
Abgeordnete derselben wahlwerbenden Partei im Nationalrat haben das Recht, sich zu einem Klub zusammenzuschließen. Um als Klub anerkannt zu werden, müssen dies mindestens fünf Abgeordnete tun. Abgeordnete, die nicht derselben wahlwerbenden Partei angehören, können sich gleichfalls zu einem Klub zusammenschließen, doch benötigen sie dafür die Zustimmung des Nationalrats.
Jeder Klub wählt an seine Spitze einen Klubobmann beziehungsweise eine Klubobfrau. Diese bilden zusammen mit den drei Präsidenten des Nationalrats die so genannte »**Präsidialkonferenz**«. Obwohl diese nur ein beratendes Organ ist, spielt sie bei der Festlegung der Tagesordnung der Sitzungen, des

Zeitablaufs, der Redeordnung sowie auch bei Fragen der Auslegung der Geschäftsordnung eine maßgebliche Rolle. Sie ist ein zentrales Beratungsorgan des Nationalrats.

Die parlamentarischen Klubs erhalten finanzielle Zuwendungen aus dem Bundesbudget. Diese Beträge setzen sich aus einem allgemeinen Beitrag sowie aus Beiträgen für die Öffentlichkeitsarbeit, für die ADV-Ausgaben (Automatisierte Datenverarbeitung) sowie für internationale Kontakte zusammen. In den Budgets für die Jahre 2003 bzw. 2004 sind für diese Zwecke 12.220.000 bzw. 12.120.000 Euro vorgesehen. Dieser Betrag wird auf die Klubs nach einem gesetzlich festgelegten Schlüssel aufgeteilt.

Die »Infrastruktur« des Parlaments

Unter dem Begriff »Infrastruktur« versteht man die personellen und sachlichen Mittel, die dem Parlament und den Abgeordneten bei der Wahrnehmung ihrer Aufgaben als Unterstützung und Hilfe zur Verfügung stehen. Diese Hilfeleistung erfolgt derzeit auf drei Ebenen:

• durch die Parlamentsdirektion,
• durch die Klubs,
• durch die Parlamentsmitarbeiter der einzelnen Abgeordneten.

1. Parlamentsdirektion: Sie ist zur Besorgung der parlamentarischen Hilfsdienste und der Verwaltungsangelegenheiten berufen und untersteht dem Präsidenten des Nationalrats. Unter der Leitung des Parlamentsdirektors sind circa 400 Personen (Beamte und Vertragsbedienstete) tätig; die Parlamentsdirektion gliedert sich in mehrere Verwaltungseinheiten, die als »Dienste« bezeichnet werden: z. B. Nationalratsdienst, Bundesratsdienst, Verwaltungsdienst, Internationaler Dienst, Rechts- und Legislativdienst. Im parlamentarisch-wissenschaftlichen Dienst sind Dokumentation, Archiv und Parlamentsbibliothek zusammengefasst.

2. Klubsekretariate: Jeder Klub ist mit einem Stab von Mitarbeitern und mit Bürogeräten (Fotokopierapparaten, Textverarbeitungssystemen u. a.) ausgestattet. Die Finanzierung erfolgt durch die oben erwähnten Budgetmittel. Das Klubpersonal bereitet die parlamentarischen Aktivitäten des Klubs vor (Anträge, Anfragen und dergleichen) und nimmt die Aufgaben der Öffentlichkeitsarbeit wahr.

3. Parlamentarische Mitarbeiter: Im Jahr 1992 wurde durch ein Bundesgesetz die Möglichkeit geschaffen, dass Abgeordnete zu ihrer Unterstützung **parlamentarische Mitarbeiter** anstellen können. Die Kosten werden vom Budget getragen. Jeder Abgeordnete kann zur Unterstützung seiner parlamentarischen Tätigkeit eine Person durch einen Dienstvertrag oder Werkvertrag anstellen. Mehrere Abgeordnete – höchstens fünf – können sich zu diesem

Zweck zu Arbeitsgemeinschaften zusammenschließen. Für den parlamentarischen Mitarbeiter erhält der Abgeordnete aus Bundesmitteln eine monatliche Vergütung. Die zweckgemäße Verwendung dieses Betrages wird kontrolliert. Der Präsident des Nationalrats, der für die Anwendung des Gesetzes verantwortlich ist, hat zur Beratung einen Beirat zur Seite; er hat mit der Abwicklung einen Wirtschaftstreuhänder beauftragt.

Durch das Parlamentsmitarbeitergesetz wurden die Arbeitsbedingungen der Abgeordneten entscheidend verbessert. Der einzelne Abgeordnete entscheidet selbst, ob und wie er von dieser neuen Möglichkeit Gebrauch machen will.

Wie kommt ein Gesetz zu Stande?

Der Weg der Gesetzgebung ist in der Verfassung vorgezeichnet. Er beginnt mit der Einbringung eines Gesetzesvorschlages im Nationalrat. Ein **Gesetzesantrag** kann auf folgende Weise eingebracht werden:

• **Regierungsvorlagen**: Sie sind die Gesetzesvorschläge der Bundesregierung und kommen nur durch einen einstimmigen (!) Beschluss des Ministerrats zu Stande. In der Praxis sind Regierungsvorlagen der häufigste Fall eines Gesetzesantrages. Bevor sie in der Regierung beschlossen werden, findet im Regelfall das so genannte Begutachtungsverfahren statt. In dessen Rahmen haben die Bundesländer, die Interessenvertretungen und andere vom geplanten Gesetz betroffene Stellen das Recht, ihre Meinung dazu zu äußern.

• **Initiativanträge** der Abgeordneten: Mindestens fünf Abgeordnete können Gesetzesanträge im Nationalrat einbringen.

• **Gesetzesanträge des Bundesrats**

• **Volksbegehren**: Es ist dies jene Form eines Gesetzesantrages, wo das Volk selbst die Initiative ergreift (siehe Seite 44).

Die parlamentarische Behandlung von Gesetzesanträgen

Die parlamentarische Diskussion über Gesetzesanträge findet im Plenum in so genannten »**Lesungen**« statt. Für das gesamte Verfahren sind drei Lesungen vorgesehen, von denen die zweite und dritte Lesung regelmäßig stattfinden, die erste Lesung nur in besonderen Fällen.

Erste Lesung: Eine solche findet nur bei Initiativanträgen statt, wenn sie im Antrag verlangt wird. Gesetzesanträge des Bundesrats sowie Regierungsvorlagen und Volksbegehren werden einer ersten Lesung nur dann unterzogen, wenn der Nationalrat einen entsprechenden Beschluss fasst. Wenn keine erste Lesung durchgeführt wird, wird der Antrag einem **vorberatenden Ausschuss** zugewiesen. In diesem Ausschuss findet eine ausführliche Diskussion über den Antrag statt, es können auch Abänderungs- und Zusatzanträge eingebracht werden. Die Einsetzung eines vorberatenden Ausschusses liegt im

Ermessen des Nationalrats. Normalerweise richten sich die vorberatenden Ausschüsse nach den Sachbereichen, die von den einzelnen Bundesministerien besorgt werden.

Derzeit (in der 22. Gesetzgebungsperiode) hat der Nationalrat 25 vorberatende Ausschüsse eingesetzt:

Ausschuss für Arbeit und Soziales; Außenpolitischer Ausschuss; Bautenausschuss; Budgetausschuss; Familienausschuss; Finanzausschuss; Geschäftsordnungsausschuss; Gesundheitsausschuss; Gleichbehandlungsausschuss; Industrieausschuss; Ausschuss für innere Angelegenheiten; Justizausschuss; Kulturausschuss; Landesverteidigungsausschuss; Ausschuss für Land- und Forstwirtschaft; Ausschuss für Menschenrechte; Ausschuss für Petitionen und Bürgerinitiativen; Rechnungshofausschuss; Ausschuss für Sportangelegenheiten; Umweltausschuss; Unterrichtsausschuss; Verfassungsausschuss; Verkehrsausschuss; Wirtschaftsausschuss; Ausschuss für Wissenschaft und Forschung.

Die Beratung in diesen Ausschüssen endet damit, dass der Ausschuss einen Bericht annimmt, in dem eine Gesetzesvorlage angenommen oder abgelehnt wird. Dieser Bericht wird dann im Rahmen der zweiten und dritten Lesung diskutiert.

Zweite Lesung: Hiebei handelt es sich um eine allgemeine Debatte im Plenum des Nationalrats, die die Vorlage als Ganzes (Generaldebatte) betrifft, sowie um eine Beratung über einzelne Teile der Vorlage (Spezialdebatte). Beide Debatten werden meist gemeinsam durchgeführt. Die Diskussion im Plenum endet mit der Abstimmung, durch die der Bericht des Ausschusses angenommen oder abgelehnt wird.

Dritte Lesung: Sie ist eine Abstimmung im Ganzen. Dabei können keine inhaltlichen Änderungen mehr durchgeführt werden, sondern lediglich Widersprüche, Schreib- und Druckfehler sowie sprachliche Mängel behoben werden.

Wenn die drei Lesungen durchgeführt sind, liegt ein **Gesetzesbeschluss** des Nationalrats vor. Dieser Gesetzesbeschluss wird im Regelfall an den Bundesrat weitergeleitet. Keine Behandlung durch den Bundesrat erfolgt bei folgenden Beschlüssen: Budget, Genehmigung des Bundesrechnungsabschlusses, Geschäftsordnung des Nationalrats, Auflösung des Nationalrats, Haftungsübernahmen, Finanzschulden und Verfügungen über Bundesvermögen.

Bei allen anderen Gesetzesbeschlüssen hat der Bundesrat die Möglichkeit, binnen acht Wochen einen mit Gründen versehenen Einspruch zu erheben. Die 8-Wochen-Frist beginnt mit dem Einlangen des Gesetzesbeschlusses beim

Der Weg der Bundesgesetzgebung

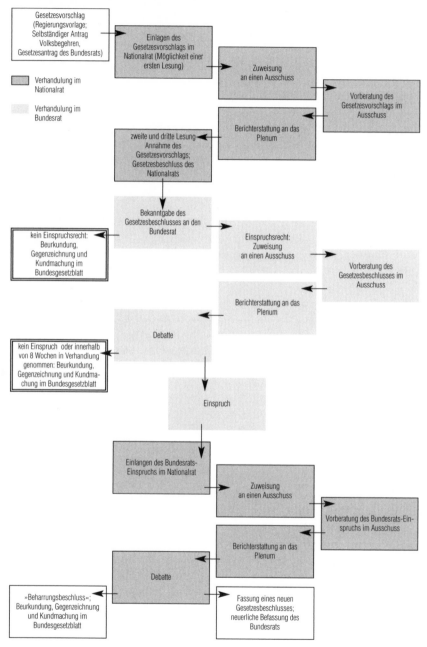

Gesetzesvorschlag
(Regierungsvorlage;
Selbständiger Antrag
Volksbegehren,
Gesetzesantrag des Bundesrats)

Verhandlung im
Nationalrat

Verhandlung im
Bundesrat

Einlagen des
Gesetzesvorschlags im
Nationalrat (Möglichkeit einer
ersten Lesung)

Zuweisung
an einen Ausschuss

Vorberatung des
Gesetzesvorschlags im
Ausschuss

Berichterstattung an das
Plenum

zweite und dritte Lesung
Annahme des
Gesetzesvorschlags;
Gesetzesbeschluss des
Nationalrats

Bekanntgabe des
Gesetzesbeschlusses an den
Bundesrat

kein Einspruchsrecht:
Beurkundung,
Gegenzeichnung und
Kundmachung im
Bundesgesetzblatt

Einspruchsrecht:
Zuweisung
an einen Ausschuss

Vorberatung des
Gesetzesbeschlusses im
Ausschuss

Berichterstattung an das
Plenum

Debatte

kein Einspruch oder innerhalb
von 8 Wochen in Verhandlung
genommen: Beurkundung,
Gegenzeichnung und Kundmachung im Bundesgesetzblatt

Einspruch

Einlangen des Bundesrats-
Einspruchs im Nationalrat

Zuweisung
an einen Ausschuss

Vorberatung des Bundesrats-Ein-
spruchs im Ausschuss

Berichterstattung an das
Plenum

Debatte

»Beharrungsbeschluss«;
Beurkundung, Gegenzeichnung
und Kundmachung im
Bundesgesetzblatt

Fassung eines neuen
Gesetzesbeschlusses;
neuerliche Befassung des
Bundesrats

Quelle: Das österreichische Parlament. Hrsg. von der Parlamentsdirektion, Wien 1989

Bundesrat. Wenn die acht Wochen ablaufen, ohne dass der Bundesrat reagiert hat, gilt dieses Schweigen als Zustimmung. Er kann jedoch auch innerhalb der acht Wochen einen ausdrücklichen Beschluss fassen, dass er keinen Einspruch erhebt.

Für den Fall, dass der Bundesrat einen Einspruch gegen einen Gesetzesbeschluss des Nationalrats erhebt, hat letzterer die Möglichkeit, einen so genannten **Beharrungsbeschluss** zu fassen. Dies bedeutet, dass der Gesetzesbeschluss des Nationalrats trotz des Einspruchs des Bundesrats wirksam wird. Der Bundesrat hat daher im Normalfall lediglich ein so genanntes **suspensives (aufschiebendes) Veto.** In jenen Fällen, wo durch Verfassungsgesetze oder in einfachen Gesetzen enthaltene Verfassungsbestimmungen die Zuständigkeit der Bundesländer in Gesetzgebung oder Vollziehung eingeschränkt wird, hat der Bundesrat ein **absolutes Vetorecht.** Das bedeutet, dass ein solches Gesetz nur wirksam wird, wenn der Bundesrat in Anwesenheit von mindestens der Hälfte der Mitglieder und mit einer Zweidrittelmehrheit die Zustimmung erteilt.

Hat der Bundesrat keinen Einspruch erhoben oder hat der Nationalrat trotz Einspruch einen Beharrungsbeschluss gefasst, geht das Gesetzgebungsverfahren in die letzte Phase. In dieser erfolgt zunächst die **Beurkundung** durch den Bundespräsidenten, dessen Unterschrift das verfassungsmäßige Zustandekommen von Bundesgesetzen bestätigt. Diese Bestätigung bezieht sich lediglich auf das formal richtige Zustandekommen eines Gesetzes, nicht auf inhaltliche Probleme der Verfassungsgemäßheit. Nach der Beurkundung des Gesetzes wird dieses **vom Bundeskanzler gegengezeichnet.** Der letzte Akt eines Gesetzgebungsverfahrens ist die Verlautbarung im **Bundesgesetzblatt** (ein amtliches Verlautbarungsorgan, in dem alle Bundesgesetze und diejenigen Staatsverträge, die vom Nationalrat genehmigt werden müssen, kundzumachen sind). Die **Publizität der Rechtsvorschriften** ist ein wesentlicher Grundsatz des Rechtsstaates. Wenn in einem Gesetz kein anderer Geltungsbeginn festgelegt ist, beginnt die verbindliche Kraft eines Bundesgesetzes nach Ablauf des Tages, an dem das Stück des Bundesgesetzblattes, in dem das Gesetz kundgemacht ist, herausgegeben und versendet wurde.

Die »Budgethoheit« des Nationalrats

Das Recht, den **Staatshaushalt (Budget)** zu bewilligen, gehört zu den traditionellen Befugnissen des Parlaments. Es wird als Budgethoheit bezeichnet und gilt als das »Königsrecht der Parlamente«. Unter dem Budget (Staatshaushaltsplan) wird die regelmäßige und systematische Verfügung über die staatlichen Ausgaben auf Grund der Gegenüberstellung mit den zu erwartenden Einnahmen für einen bestimmten Zeitraum verstanden. Die verbindliche Gegenüberstellung von Einnahmen und Ausgaben ist der Kern des Budgets, das im so genannten **Bundesfinanzgesetz** vom Nationalrat – ohne Mitwirkung des Bundesrats – beschlossen wird.

Diese einfache Beschreibung soll nicht darüber hinwegtäuschen, dass es sich beim Bundeshaushalt – die Länder und Gemeinden beschließen eigene Budgets – um ein kompliziertes Zahlengefüge handelt, das nur schwer erklärbar ist. Dennoch ist er von besonderer politischer Bedeutung. Er wird oft als das »**Schicksalsbuch der Nation**« oder das »**in Zahlen gegossene Regierungsprogramm**« bezeichnet. Obwohl der Begriff »Budgethoheit« auf eine dominierende Rolle des Nationalrats im Prozess, der Budgetentstehung hinweist, ist die Realität anders. Die Regierung legt in Wirklichkeit die Grundzüge der Budgetpolitik fest, sie bestimmt die Einnahmen- und Ausgabenpolitik. Bei der Erstellung des Budgets steht ihr eine mächtige und informierte Bürokratie zur Seite, die die übermächtige Stellung der Regierung unterstreicht. Hunderten Ministerialbeamten stehen einige Dutzend Beamte und Mitarbeiter im Parlamentsbereich gegenüber, das Kräfteverhältnis zwischen Regierung und Parlament ist ungleich.

Die »Budgethoheit« des Nationalrats besteht formell in drei Befugnissen:

1. Beschlussfassung des Bundesfinanzgesetzes nach der Behandlung im Budgetausschuss. Das Budget besteht aus dem Text des **Bundesfinanzgesetzes und den dazugehörigen Plänen** (Stellenplan für das Verwaltungspersonal, Fahrzeugplan, Plan für Datenverarbeitungsanlagen).

2. Abweichungen vom Budget müssen im Regelfall vom Nationalrat genehmigt werden:
Außerplanmäßige Ausgaben (Ausgaben, die ihrer Art nach im Budget nicht vorgesehen sind) und überplanmäßige Ausgaben (Überschreitungen von Ausgabenansätzen im Budget) dürfen nur auf Grund bundesfinanzgesetzlicher Ermächtigungen geleistet werden: durch so genannte **Budgetüberschreitungsgesetze** (Novellen zum Bundesfinanzgesetz).

3. Kontrolle des Budgetvollzugs: In einem Unterausschuss des Budgetausschusses kontrolliert der Nationalrat den laufenden Budgetvollzug. Es sind ihm vierteljährliche Berichte vorzulegen (zum Beispiel über den Stand der Haftungen und Finanzschulden des Bundes).

Nach Ablauf eines Finanzjahres verfasst der Rechnungshof den **Bundesrechnungsabschluss**, der spätestens acht Wochen vor Ablauf des nächst folgenden Finanzjahres dem Nationalrat vorzulegen ist. Der Nationalrat hat ihn in Form eines Bundesgesetzes – ohne Mitwirkung des Bundesrats – zu genehmigen. Diese Genehmigung bedeutet gewissermaßen die »Entlastung« der Bundesregierung.

Für die Erstellung des Bundesbudgets gelten bestimmte verbindliche Grundsätze:
• Grundsatz der **Einjährigkeit** – das Budget wird jeweils nur für ein Jahr beschlossen. Das Finanzjahr ist ident mit dem Kalenderjahr.

- **Einheit** – alle Einnahmen und Ausgaben des Bundes sind in **einem** Bundesvoranschlag zu veranschlagen.
- **Budgetwahrheit** – alle Einnahmen und Ausgaben sind genau zu beziffern, sie sind der Art und der Höhe nach festzulegen. Allgemein wird zwischen Personal- und Sachausgaben unterschieden. Die Ausgaben dürfen nur für den vorgesehenen Zweck in der bewilligten Höhe getätigt werden.
- **Bruttobudget** – Einnahmen und Ausgaben werden gesondert in voller Höhe in das Budget aufgenommen, ein Aufrechnen von vornherein (Saldierung) darf nicht erfolgen.

Wie kommt ein Budget zu Stande?

Die vorbereitenden Arbeiten beginnen bereits im Frühjahr des vorhergehenden Jahres. Die Beamten der einzelnen Ministerien formulieren ihre Wünsche und verhandeln mit den Beamten des Finanzministeriums. Sie erstellen einen ersten Rohentwurf, den so genannten **Beamtenentwurf**. Die entscheidende Phase beginnt mit den Verhandlungen des Finanzministers mit seinen Regierungskollegen. In diesen Gesprächen müssen die Budgetziele – wie etwa beim Sparpaket – beachtet und umgesetzt werden. Nach der Verfassung hat die Bundesregierung spätestens zehn Wochen vor Ablauf des Finanzjahres den Entwurf für das folgende Finanzjahr vorzulegen (**spätester Termin ist daher der 22. Oktober eines Jahres**). Wenn ein solcher Entwurf nicht zeitgerecht eingebracht wird, kann das Budget auch als Initiativantrag von Abgeordneten eingebracht werden. Die parlamentarische Behandlung beginnt mit der **Budgetrede** des Finanzministers und der anschließenden Erörterung im Ausschussverfahren. Nach Abschluss der Ausschussberatungen wird der Vorschlag im Plenum des Nationalrats meist über mehrere Tage hinweg debattiert. Die **Beschlussfassung** erfolgt im Regelfall vor Weihnachten, sodass die Verlautbarung des Budgets im Bundesgesetz mit dem 1. Jänner des neuen Finanzjahres erfolgen kann.

Für den Fall, dass der Nationalrat nicht rechtzeitig – das heißt vor Ablauf des laufenden Finanzjahres – das Budget beschließt, sieht die Verfassung Regelungen über ein so genanntes »Budgetprovisorium« vor.

Der Bundesrat

Der Bundesrat ist die **Länderkammer** in der Bundesgesetzgebung. Er hat bei der Entstehung von Bundesgesetzen und bei der Ausübung von Kontrollbefugnissen die Interessen der österreichischen Bundesländer wahrzunehmen. Sein Charakter als Länderkammer ist in der Zusammensetzung erkennbar.
- Die Mitglieder des Bundesrats werden von den Landtagen der einzelnen

Bundesländer für die Dauer der Gesetzgebungsperiode dieser Landtage gewählt - ihre Wahl erfolgt daher mittelbar durch die Bevölkerung der Bundesländer. Die Wahl erfolgt unter Berücksichtigung des Verhältniswahlrechtes, wobei die Ergebnisse der jeweils letzten Landtagswahl zu Grunde zu legen sind. Allerdings muss zumindest ein Mandat jener Partei zufallen, die die zweithöchste Zahl von Wählerstimmen erhalten hat. Da die einzelnen Landtagswahlen zu verschiedenen Zeitpunkten stattfinden, erfolgt die Erneuerung des Bundesrats immer nur teilweise. Anders ist dies beim Nationalrat, wo durch eine Wahl jeweils das gesamte Gremium erneuert wird.

- Für die Mitglieder des Bundesrats gilt gleichfalls der Grundsatz des freien Mandates. Sie sind bei der Ausübung ihrer Funktion an keinen Auftrag gebunden (→ Klubzwang). Sie können durch den Landtag vor Ablauf der Legislaturperiode nicht abberufen werden.
- Der Landtag wählt für jedes Mitglied des Bundesrats ein Ersatzmitglied, welches in den Bundesrat eintritt, wenn das Mandat des Mitglieds durch Verzicht, Tod oder aus einem anderen Grund erlischt.
- Die Zahl der Mitglieder des Bundesrats, die ein Bundesland zu entsenden hat, hängt von der Bevölkerungszahl ab. Anders als in den Vereinigten Staaten von Amerika, wo jeder Staat ohne Rücksicht auf seine Bevölkerungsgröße je zwei Vertreter in den Senat (das ist die zweite Kammer) entsendet, sind im österreichischen Bundesrat die Bundesländer mit einer unterschiedlichen Zahl von Mandataren vertreten. Das Bundesland mit der größten Bürgerzahl entsendet 12 Mitglieder, jedes andere Bundesland so viele Mitglieder, als das Verhältnis seiner Bürgerzahl zu der des bevölkerungsstärksten Bundeslandes beträgt. Jedes Bundesland hat jedoch eine Vertretung von mindestens drei Mandataren. Mit anderen Worten: Zwischen der Obergrenze von 12 Mitgliedern und einer Untergrenze von drei Mitgliedern wird die Zahl der Vertreter der einzelnen Bundesländer nach dem Verhältnis der Bürgerzahl bestimmt. Da sich dieses Verhältnis durch unterschiedliche Bevölkerungsentwicklungen ändert, kann sich auch die Mitgliederzahl des Bundesrats ändern. Die Zahl der jedem einzelnen Bundesland zukommenden Vertreter wird vom Bundespräsidenten nach jeder allgemeinen Volkszählung - eine solche findet alle zehn Jahre statt - festgelegt. Im Herbst 2004 gehörten dem Bundesrat an:

	Sitze	ÖVP	SPÖ	FPÖ	Grüne
Burgenland	3	1	2	-	-
Kärnten	4	-	2	2	-
Niederösterreich	12	7	4	-	1
Oberösterreich	11	5	5	-	1
Salzburg	4	2	2	-	-
Steiermark	9	5	3	1	
Tirol	5	3	1	-	1
Vorarlberg	3	2	1	-	
Wien	11	2	6	2	1
Gesamt	62	27	26	5	4

- Der Bundesrat kennt – wie bereits erwähnt – nur eine Teilerneuerung, seine Verhandlungen gliedern sich nicht in Gesetzgebungs- oder Tagungsperioden – **er tagt in Permanenz.** Die Bundesländer wechseln halbjährlich in alphabetischer Reihenfolge im Vorsitz des Bundesrats. Der Vorsitzende trägt den Titel Präsident, er wird durch zwei Vizepräsidenten vertreten.
- Mindestens fünf Bundesräte, die derselben Partei angehören, können sich zu einer **Fraktion** zusammenschließen. Auch Bundesräte, die verschiedenen Parteien angehören, können eine Fraktion bilden, doch bedürfen sie dazu der ausdrücklichen Zustimmung des Bundesrats. Die Fraktionen erhalten finanzielle Zuwendungen aus dem Bundesbudget für die Durchführung ihrer Aufgaben.
- Die Aufgaben des Bundesrats umfassen im Wesentlichen zwei Bereiche: Die Länderkammer **wirkt bei der Entstehung von Bundesgesetzen mit.** Bei Gesetzesbeschlüssen des Nationalrats kann sie zustimmen oder einen aufschiebenden Einspruch erheben (→ Einspruchsverfahren). Der Bundesrat hat auch das Recht, die Geschäftsführung der Bundesregierung zu kontrollieren. Dazu stehen ihm die Instrumente der
- mündlichen Frage,
- der schriftlichen Anfrage sowie
- des Resolutionsrechtes zur Verfügung.

Das Recht, Untersuchungsausschüsse einzusetzen oder ein Misstrauensvotum zu beschließen, steht dem Bundesrat nicht zu.

Im Vergleich zu anderen Bundesstaaten (etwa der Schweiz oder den Vereinigten Staaten von Amerika) besitzt der Bundesrat als Länderkammer keine besonders starke Stellung. Er kann im Regelfall das Zustandekommen von Bundesgesetzen lediglich verzögern, aber nicht verhindern. Darüber hinaus ist er in den Fraktionen meist ein Spiegelbild der Diskussionen und Entscheidungen im Nationalrat. Eine seit Jahren im Gang befindliche **Debatte über**

eine Reform des Bundesrats hat bisher kaum Ergebnisse gebracht. Sie hat vor allem folgende Vorschläge zum Inhalt:

- Stärkung des Mitspracherechtes, im Besonderen auch bei der finanziellen Gesetzgebung, soweit sie die Länder betrifft;
- Änderung der Zahl der Mitglieder, die jedes Bundesland entsendet – etwa nach dem Vorbild der Vereinigten Staaten von Amerika;
- Direktwahl der Mitglieder des Bundesrats durch das Landesvolk und nicht durch die Landtage;
- Ausbau der Kontrollrechte des Bundesrats.

Die Bundesversammlung

Der Nationalrat und der Bundesrat treten gemeinsam als Bundesversammlung zusammen. Die Bundesversammlung ist keine gesetzgebende Körperschaft. Sie hat **besondere Aufgaben** der Verfassung wahrzunehmen:

- Angelobung des Bundespräsidenten;
- Verlangen nach Absetzung des Bundespräsidenten durch eine Volksabstimmung; für eine solche Beschlussfassung ist ein entsprechender Antrag des Nationalrats erforderlich. Wenn die Volksabstimmung dem Antrag auf Absetzung des Bundespräsidenten nicht zustimmt, gilt dies als Neuwahl des Bundespräsidenten, der Nationalrat ist damit aufgelöst;
- Beschlussfassung über eine Kriegserklärung: Diese Aufgabe hat heute lediglich theoretische Bedeutung.

Die Rechtsstellung der Abgeordneten

Die Tätigkeit der Parlamentarier kann kaum mit einem Beruf im üblichen Sinn verglichen werden. Sie weist viele Besonderheiten auf und findet unter **spezifischen Rahmenbedingungen** statt. Diese betreffen vor allem rechtliche Garantien für die Freiheit und Unabhängigkeit der parlamentarischen Tätigkeit sowie für die Grundzüge der Entlohnung der Mandatare. Konkret sind es vier Bereiche:

- das freie Mandat
- die Immunität
- Unvereinbarkeitsregelungen
- Politikerbezüge

Das freie Mandat

Der Grundsatz des freien Mandates bedeutet zunächst die Freiheit des Abgeordneten vom Wähler, der Mandatar trifft seine Entscheidungen im Parlament, ohne an den Auftrag der Wähler gebunden zu sein. Diese Freiheit ist verfassungsgesetzlich (Artikel 56 der Bundesverfassung) gewährleistet: »Die Mitglieder des Nationalrats und die Mitglieder des Bundesrats sind bei der Ausübung dieses Berufes an keinen Auftrag gebunden.«

Im modernen Parteienstaat ergeben sich beim freien Mandat verschiedene Probleme durch die starke Bindung der Abgeordneten an die politischen Parteien. Die Abgeordneten werden von den Parteien als Kandidaten aufgestellt, sie sind Angehörige einer Fraktion (Klub), die von ihnen Disziplin verlangt. In der öffentlichen Diskussion spricht man daher oft vom »**Klubzwang**« und meint damit die völlige Bindung des Abgeordneten in seinem Verhalten an die Vorgaben der Partei. Wenn man vom Klubzwang spricht, muss man allerdings berücksichtigen, dass Abgeordnete mit ihrem Bekenntnis zu einer Partei auch deren Programm und deren grundsätzliche Standpunkte akzeptieren. Dennoch ist ein Zwang zur Ausübung eines bestimmten Verhaltens mit den Grundsätzen des freien Mandates unvereinbar. Wenn Abgeordnete sich der **Klubdisziplin** freiwillig unterordnen und vor allem auch die Möglichkeit haben, in einer freien und demokratischen Diskussion ihre Meinung zu äußern und für ihre Meinung zu kämpfen, kann man diese Situation nicht als verfassungswidrig ansehen. Abgesehen davon ist für die Wirksamkeit des freien Mandates immer auch die Persönlichkeit des Abgeordneten entscheidend: Nämlich inwieweit er überzeugend wirken kann und auch das erforderliche Maß an persönlicher Courage besitzt, um für seine Meinung einzutreten und erforderlichenfalls sich auch anders zu verhalten als die Mehrheit seiner Parteikollegen.

Immunität

Die Immunität ist in den Verfassungen der Französischen Revolution entstanden (1789–1795). Sie sollte das Parlament vor allem gegen willkürliche Eingriffe der Exekutive (Regierung) schützen, z. B. gegen das Festhalten von Abgeordneten, um sie an der Ausübung ihrer parlamentarischen Tätigkeit zu hindern. Die Immunität umfasst im modernen Parlament zwei Bereiche:
- Sie gewährleistet die Rede- und Abstimmungsfreiheit = berufliche Immunität.
- Sie schützt den Abgeordneten vor behördlicher Verfolgung wegen einer strafbaren Handlung = außerberufliche Immunität.

Berufliche Immunität bedeutet, dass Abgeordnete wegen ihrer Abstimmungen im Parlament niemals zur Verantwortung gezogen werden können. Sie sind dabei völlig frei; es gibt keine strafrechtliche, zivilrechtliche oder verwaltungsbehördliche Verantwortlichkeit. Wegen der in ihrem Beruf gemachten mündlichen und schriftlichen Äußerungen können sie nur vom Parlament selbst zur Verantwortung gezogen werden. Die Geschäftsordnung des Nationalrats gibt dem Präsidenten disziplinäre Mittel zur Hand. Er hat die Möglichkeit, bei Abschweifung vom Diskussionsthema den »**Ruf zur Sache**« oder bei Anstandsverletzungen und Beleidigungen den »**Ruf zur Ordnung**« zu erteilen. Nach dem dritten »Ruf zur Sache« sowie bei Erteilung eines Ordnungsrufes kann der Präsident dem Redner das Wort entziehen.

Außerberufliche Immunität bedeutet, dass eine behördliche Verfolgung von Abgeordneten wegen einer strafbaren Handlung nicht oder nur mit gewissen Einschränkungen zulässig ist. Sie betrifft vor allem den Schutz vor Verhaftungen und Hausdurchsuchungen. Ein Abgeordneter kann nur mit Zustimmung seines Vertretungskörpers (Parlament) verhaftet werden; ebenso kann eine Hausdurchsuchung nur mit Zustimmung des Parlaments erfolgen. Ausgenommen sind die Fälle, in denen ein Abgeordneter auf frischer Tat bei Verübung eines Verbrechens ertappt wird.

Alle anderen behördlichen Verfolgungshandlungen sind dann ohne Zustimmung des Parlaments zulässig, wenn die strafbare Handlung »offensichtlich in keinem Zusammenhang mit der politischen Tätigkeit des Abgeordneten« steht. Wenn Zweifel bestehen, ob ein solcher Zusammenhang vorliegt, hat die betreffende Behörde eine Entscheidung des Parlaments einzuholen. Durch diese Regelung kann jeder Abgeordnete wegen jeder Gesetzesübertretung, die außerhalb seiner politischen Tätigkeit erfolgt, sofort und ohne Zustimmung des Parlaments verfolgt werden. In der Praxis wurde diese Regelung vor allem für Verkehrsübertretungen geschaffen. Jeder Abgeordnete wird wegen Übertretung der Verkehrsvorschriften bestraft, weil darin offensichtlich kein Zusammenhang mit seiner politischen Tätigkeit gegeben ist.

Unter dem Begriff der **strafbaren Handlungen** versteht man gerichtlich strafbare Handlungen, Verwaltungsdelikte und Disziplinarvergehen.

Die berufliche und die außerberufliche Immunität werden auch unter dem Begriff der persönlichen Immunität zusammengefasst. Dieser **persönlichen Immunität** steht die **sachliche Immunität** gegenüber. Sie bedeutet, dass wahrheitsgetreue Berichte über die Verhandlungen in öffentlichen Sitzungen des Nationalrats und anderer Vertretungskörper von jeder Verantwortung frei bleiben. Das heißt, dass jede Verbreitung solcher Berichte, soferne sie wahrheitsgetreu den Ablauf eines Ereignisses wiedergibt, von jeder Verfolgung und Verantwortung ausgenommen ist.

Unvereinbarkeit (Inkompatibilität)

In der österreichischen Bundesverfassung gibt es eine Reihe von so genannten Unvereinbarkeitsregelungen. Eine Unvereinbarkeit (auch Inkompatibilität genannt) bedeutet das Verbot der Ausübung zweier oder mehrerer Funktionen zur selben Zeit. In Österreich gibt es zwei Bereiche von Unvereinbarkeiten:

• **Unvereinbarkeit von Ämtern.** Das heißt, dass bestimmte Ämter nicht gleichzeitig ausgeübt werden können.

• **Wirtschaftliche Unvereinbarkeit** – der Träger eines öffentlichen Amtes darf gewisse privatwirtschaftliche Tätigkeiten nicht ausüben.

Fälle der **amtlichen Unvereinbarkeit** sind folgende Ämter:

1. die Mitgliedschaft in einem anderen allgemeinen Vertretungskörper sowie im Europäischen Parlament;
2. das Amt des Bundespräsidenten;
3. das Amt des Präsidenten des Rechnungshofes;
4. Mitgliedschaft in einem der Höchstgerichte, im Verwaltungsgerichtshof, Verfassungsgerichtshof und im Obersten Gerichtshof.

Ähnliche Bestimmungen gelten für Regierungsmitglieder. Keine Unvereinbarkeit besteht zwischen einem Mandat und einem Regierungsamt, Mitglieder der Bundesregierung können, müssen aber nicht, dem Nationalrat angehören. Ebenso können auch öffentlich Bedienstete (Beamte) ein Mandat ausüben.

Wirtschaftliche Unvereinbarkeit: Neben der Unvereinbarkeit zwischen öffentlichen Funktionen ist im Unvereinbarkeitsgesetz von 1925 eine Unvereinbarkeit zwischen öffentlichen Ämtern und gewissen privatwirtschaftlichen Tätigkeiten festgelegt. Diese Unvereinbarkeit umfasst schwerpunktmäßig folgende Fälle:

• Mitglieder der Bundesregierung, Staatssekretäre sowie Mitglieder der Landesregierungen dürfen keinen Beruf mit Erwerbsabsicht ausüben. Wenn sie an Unternehmen beteiligt sind, an denen sie zusammen mit dem Ehegatten über 25 % besitzen, dürfen an diese Unternehmen keine Aufträge vom Bund beziehungsweise vom Land oder von einem Unternehmen vergeben werden, das wegen der Beteiligung des Bundes oder des Landes der Kontrolle des Rechnungshofs unterliegt.

• Die obersten Organe der Vollziehung sowie die Bürgermeister, deren Stellvertreter und die Mitglieder der Stadtsenate in den Städten mit eigenem Statut dürfen während ihrer Amtstätigkeit keine leitenden Stellungen in einer Kapitalgesellschaft des Bankwesens, des Handels, der Industrie oder des Verkehrs, einer Sparkasse (ausgenommen Gemeindesparkassen) oder einer Versicherungsanstalt auf Gegenseitigkeit (ausgenommen die Landesversicherungsanstalt) einnehmen. Ausgenommen sind jene Unternehmen, an denen eine Gebietskörperschaft beteiligt ist, wenn die Bundes- bzw. die Landesregierung oder der Stadtsenat erklärt, dass diese Betätigung im Interesse der jeweiligen Gebietskörperschaft gelegen ist. Eine solche Erklärung muss nachträglich vom Nationalrat beziehungsweise vom Landtag genehmigt werden.

Zur Feststellung, ob die Voraussetzungen einer (Un-)Vereinbarkeit gegeben sind, ist der Unvereinbarkeitsausschuss im Nationalrat berufen. Wenn gegen die Bestimmungen des Unvereinbarkeitsgesetzes in gewinnsüchtiger Absicht verstoßen oder ein Beruf trotz Nichtgenehmigung ausgeübt wird, kann beim

Verfassungsgerichtshof der Antrag auf Aberkennung des Mandates gestellt werden.

Bezugsregelungen (»Politikerbezüge«)

Politische Tätigkeit wird heute in vielen Bereichen als Beruf angesehen. Daraus leiten die Politiker den Anspruch ab, für ihre Arbeit regelmäßig bezahlt zu werden. »Politikerbezüge« sind ein häufig diskutiertes Thema in der tagespolitischen Auseinandersetzung. Es geht dabei vor allem um die Höhe der Bezüge, Mehrfachbezüge, nicht gerechtfertigte Einkommen, Abfertigungen und Pensionen usw. Die Bezugsregelungen für öffentliche Funktionen sind verschiedenartig. Bund, Länder und Gemeinden haben eigene Systeme entwickelt. Das Bezugssystem der öffentlichen Amtsträger des Bundes ist in vielen Punkten charakteristisch für die Regelung der Einkommen, die Politiker für ihre politische Tätigkeit erhalten.

Die Bezüge der Politiker sind bundesgesetzlich in der so genannten »**Einkommenspyramide**« geregelt. In ihr sind die Bezüge nach den jeweiligen Verantwortungsebenen gestaffelt. Ausgangspunkt der Berechnung ist der Bezug eines österreichischen Nationalratsabgeordneten (= 100 %). Darauf aufbauend bzw. davon abbauend gliedern sich die österreichischen Politikergehälter in pyramidenartiger Form:

• Bundesräte	50 %
• Landtagsabgeordnete	80 %
• Nationalrats- und EU-Abgeordnete	100 %
• Klubobmänner (Nationalrat)	170 %
• Staatssekretäre/Rechnungshofpräsident	180 %
• Landeshauptleute	200 %
• Bundesminister	200 %
• Nationalratspräsident	210 %
• Vizekanzler (bei der Betreuung mit der Leitung eines Ressorts)	220 %
• Bundeskanzler	250 %
• Bundespräsident	280 %

Das »**Bundesbezügegesetz**« **aus dem Jahre 1997** regelt noch weitere Ansprüche der Politiker. So gebührt dem Bundespräsidenten eine Amtswohnung. Der Bundespräsident hat so wie die Regierungsmitglieder, die Präsidenten der gesetzgebenden Körperschaften (Nationalrat, Bundesrat) und der Rechnungshofpräsident einen Anspruch auf einen Dienstwagen.

Was die so genannten »**Politikerpensionen**« anbelangt, wurden für zukünftige Fälle die Sonderregelungen beseitigt. Es wurde allerdings die Möglichkeit einer freiwilligen Pensionskassenvorsorge eröffnet.

Eine besondere Regelung wurde für jene Mitglieder des Nationalrates und des Bundesrates getroffen, die **öffentliche Bedienstete** sind. Sie können ihre Dienstbezüge weiter beziehen, allerdings nur in dem Ausmaß, in dem sie tatsächliche Arbeitsleistungen erbracht haben. Als absolute Grenze sind 75% ihres Dienstbezuges festgesetzt. Zur Kontrolle dieses Systems wurde beim Parlament eine eigene Kommission eingerichtet, bestehend aus Vertretern der Nationalratspräsidenten, des Bundesrates, der Länder und der Gemeinden sowie einem Mitglied, das früher ein richterliches Amt ausgeübt hat. Die Kommission gibt Stellungnahmen zu Meinungsverschiedenheiten über die Arbeitsausübung des betreffenden Abgeordneten ab. Jedes Mitglied des Nationalrats oder des Bundesrats, das öffentlicher Bediensteter ist, muss der Kommission jährlich mitteilen, wie seine Arbeitsleistung erfolgt und kontrolliert wird. Die Kommission hat jährlich dem Nationalrat bzw. dem Bundesrat einen Bericht zu erstatten, der zu veröffentlichen ist.

Parlament und Öffentlichkeit

Die öffentliche Diskussion und das Artikulieren verschiedener Standpunkte sind zentrale Aufgaben des modernen Parlaments. Die Öffentlichkeit der politischen Auseinandersetzung wird durch die Spielregeln des Parlaments gewährleistet. Diese Spielregeln sind in der Verfassung und im Besonderen in den **Geschäftsordnungen** der Parlamente festgeschrieben. Es gibt Geschäftsordnungen des Nationalrats, des Bundesrats und der einzelnen Landtage.

Die Geschäftsordnung des Nationalrats ist der Form nach ein Bundesgesetz, das der Nationalrat – ohne Befassung des Bundesrats – mit qualifizierter Mehrheit (Hälfte Anwesenheitsquorum, zwei Drittel Konsensquorum) beschließt. Der wesentliche Inhalt dieser Geschäftsordnung besteht in Folgendem:

• Verfahrensregeln für die Behandlung der Verhandlungsgegenstände in Ausschüssen und im Plenum,
• konkrete Bestimmungen über die Ausübung der Kontrollrechte (Fragerecht, Aktuelle Stunde usw.),
• Organisationsbestimmungen (Bildung von Klubs, Präsidialkonferenz),
• Zusammensetzung und Bildung von Ausschüssen,
• Sitzungspolizei und Ordnungsvorschriften,
• Abstimmungsregeln: Soferne nicht eine qualifizierte Mehrheit vorgesehen ist, sind für die Beschlüsse des Nationalrats die Anwesenheit von einem Drittel der Abgeordneten (= 61 Abgeordnete) und die unbedingte Mehrheit (= absolute Mehrheit, d. h. mehr als die Hälfte) der abgegebenen Stimmen erforderlich;
• Rederecht der Abgeordneten: Im Allgemeinen darf ein Abgeordneter nicht länger als 20 Minuten sprechen. Verkürzte Redezeiten sind in einzelnen Fällen (dringliche Anfrage, dringliche Anträge usw.) in der Geschäftsordnung vorgesehen oder können vom Präsidenten nach Beratung in der Präsidial-

konferenz angeordnet oder vom Nationalrat beschlossen werden. Auch die Festlegung von so genannten Blockredezeiten (Gesamtredezeit für Abgeordnete eines Klubs) ist möglich;

- parlamentarische Enqueten und Enquete-Kommissionen (Veranstaltungen zur Information der Abgeordneten);
- Wahlbestimmungen (z. B. für den Präsidenten des Rechnungshofes und die Mitglieder der Volksanwaltschaft);
- Behandlung von parlamentarischen Petitionen und Bürgerinitiativen.

Die **Sitzungen des Nationalrats sind öffentlich zugänglich.** Die Öffentlichkeit kann durch Beschluss des Nationalrats ausgeschlossen werden. **Ausschussberatungen finden im Allgemeinen ohne Öffentlichkeit statt.** Die Ausschüsse können beschließen, die Anhörung von Sachverständigen und Auskunftspersonen öffentlich abzuhalten. In diesem Fall hat die Öffentlichkeit nach Maßgabe der räumlichen Möglichkeiten Zutritt; Medienvertreter werden bei wenig vorhandenem Platz bevorzugt. Bei Untersuchungsausschüssen kann die so genannte Medienöffentlichkeit beschlossen werden: Medienvertretern wird bei der Vernehmung von Zeugen und Sachverständigen Zutritt gewährt, Fernseh- und Hörfunkaufnahmen sowie Film- und Lichtbildaufnahmen sind jedoch untersagt. Bei parlamentarischen Enqueten besteht Medienöffentlichkeit, sofern der Hauptausschuss nicht etwas anderes beschließt.

Parlamentarische Öffentlichkeit bedeutet unter anderem Einsichtsmöglichkeiten in Unterlagen, die das Parlamentsgeschehen dokumentieren. In diesem Zusammenhang sind vor allem **die parlamentarischen Protokolle** zu erwähnen. Über jede Sitzung ist ein amtliches Protokoll von den dazu bestimmten Bediensteten der Parlamentsdirektion zu führen und zur Einsicht für alle Abgeordneten aufzulegen. Der Verlauf jeder öffentlichen Sitzung des Nationalrats kann in den Stenographischen Protokollen nachgelesen werden, die die Verhandlungen vollständig wiedergeben müssen.

Eine besondere Informationsquelle sind die Gesetzesmaterialien: Diese umfassen eine Dokumentation der Texte der Gesetzesentwürfe, die eingebracht wurden (z. B. Regierungsvorlagen), sowie der Ausschussberichte.

Die wichtigsten Vermittler der Öffentlichkeit des parlamentarischen Geschehens sind Rundfunk, Fernsehen und Zeitungen; sie alle sind in unterschiedlicher Weise Faktoren der Parlamentsberichterstattung. Das Parlament selbst hat in der »**Parlamentskorrespondenz**« einen Nachrichtendienst, durch den Informationen an die Öffentlichkeit übermittelt werden.

Nach der derzeitigen Praxis wird von Rundfunk und Fernsehen das gesamte Geschehen im Plenum des Nationalrats aufgenommen und in verschiedenen Sendungen (ZiB 1, ZiB 2, ZiB 3 etc.) auszugsweise gesendet. Aktuelle Stunden und Fragestunden werden regelmäßig live übertragen. Wichtige Debatten werden manchmal live übertragen. Die Sendung »Hohes Haus« ist eine permanente besondere Informationsveranstaltung über das parlamentarische Geschehen.

Schließlich muss noch erwähnt werden, dass die politischen Parteien, die Klubs sowie die einzelnen Abgeordneten Öffentlichkeitsarbeit leisten und in ständigem Kontakt zu den Medien stehen. Presseaussendungen, Pressekonferenzen, Interviews mit einzelnen Abgeordneten – all das gehört zum Medienalltag des Parlaments. In den Wahlkreisen nutzen die Abgeordneten natürlich die Lokalmedien, um mit der Öffentlichkeit bzw. mit ihren Wählern und Wählerinnen zu kommunizieren.

Der Bundespräsident

Zur Idee des Staatsoberhauptes

In jedem Staat gibt es ein Amt, das in besonderer Weise den Staat repräsentiert. Es ist dies das Amt des Staatsoberhauptes. Sein Inhaber wird meist Staatspräsident, in Bundesstaaten häufig Bundespräsident genannt. In manchen Ländern hat das frühere Herrscherhaus die Funktion des Staatsoberhauptes beibehalten (z. B. Belgien, Niederlande, Großbritannien, Schweden, Spanien u. a.).

Das Staatsoberhaupt ist **Repräsentant des Staatsganzen und Symbol der Einheit des Staates.** Es besitzt im Regelfall wenig politische Macht. Traditionell besteht seine Funktion in der Vertretung des Staates nach außen, in Ernennungsbefugnissen und in Ehrungs- und Begnadigungsrechten.

In der österreichischen Bundesverfassung des Jahres 1920 wurde das Amt des Bundespräsidenten geschaffen, wobei ihm gewisse Aufgaben übertragen wurden, die früher dem Kaiser als Staatsoberhaupt zukamen. Der von beiden gesetzgebenden Körperschaften des Bundes (Bundesversammlung) gewählte Bundespräsident hatte viele einzelne Zuständigkeiten, jedoch keine Machtfunktion. Er war mehr Staatszeremoniär als politischer Gestalter.

Dieses Bild wandelte sich durch eine **Verfassungsreform im Jahr 1929** (→ Krise der Ersten Republik). Die Rolle des Bundespräsidenten wurde dadurch gestärkt, dass er das Recht erhielt, die Bundesregierung zu ernennen und zu entlassen (Kabinettsbildungsrecht), den Nationalrat aufzulösen sowie alle hohen Ämter in der Verwaltung und in der Gerichtsbarkeit zu besetzen. Er sollte nicht mehr durch die Bundesversammlung, sondern durch das gesamte Bundesvolk gewählt werden, was allerdings praktisch erst im Jahr 1951 der Fall war.

Man hat die Verfassungsreform des Jahres 1929 und die damit verbundene Stärkung der Position des Bundespräsidenten als Schritt von der parlamentarischen Demokratie zu einer Präsidialdemokratie gedeutet. Unter dem Begriff der Präsidialdemokratie (auch Präsidialrepublik) versteht man eine Verfassung, in der die wesentlichen Regierungsaufgaben einem Präsidenten übertragen werden, der meist unmittelbar durch das Volk gewählt wird und der Volksvertretung gegenüber unabhängig agiert (z. B. Frankreich).

In Österreich finden wir seit 1929 eine **Mischung von Parlamentarismus und Präsidialismus.** Der Bundespräsident ist zu einem Zentrum der demokratischen Republik geworden. Die Wahrnehmung der eigentlichen Regierungsaufgaben obliegt einer Regierung, die er zwar ernennt, die aber immer das Vertrauen des Nationalrats besitzen muss, da sie sonst durch ein Misstrauensvotum aus dem Amt entfernt werden kann. Diese parlamentarische Verantwortlichkeit ist der Kern des parlamentarischen Systems. **Österreich ist daher keine Präsidialrepublik.**

Der »Mann in der Hofburg« ist Staatsoberhaupt im klassischen Sinn, allerdings mit einigen politischen Gestaltungsmöglichkeiten.

Direktwahl durch das Volk

Der Bundespräsident wird direkt vom Volk gewählt. Die Dauer seiner Amtszeit beträgt sechs Jahre. Für die Wahlberechtigung der Wähler gelten dieselben gesetzlichen Voraussetzungen wie bei Nationalratswahlen.

Zum Bundespräsidenten kann nur gewählt werden, wer zum Nationalrat wahlberechtigt ist und vor dem 1. Jänner des Wahljahres das 35. Lebensjahr überschritten hat. Der Kandidat (Wahlwerber) darf nicht durch zwei unmittelbar vorangehende Amtsperioden das Amt bereits ausgeübt haben. Mitglieder regierender Häuser oder solcher Familien, die früher regiert haben, sind von der Wählbarkeit ausgeschlossen. Diese Ausnahme verhindert, dass eine ehemalige Herrscherfamilie zum Zug kommt. Stellt sich nur ein Wahlwerber der Wahl, ist sie in Form einer Abstimmung über den einen Kandidaten durchzuführen.

Zum Bundespräsidenten gewählt ist, wer mehr als die Hälfte aller gültigen Stimmen erhält. Wenn im ersten Wahlgang keiner der Bewerber mehr als die Hälfte der gültigen Stimmen erreicht, gibt es eine **Stichwahl.** Diese hat spätestens am 35. Tag nach dem ersten Wahlgang stattzufinden. Bei der Stichwahl können gültige Stimmen nur für jene beiden Bewerber abgegeben werden, die im ersten Wahlgang die meisten Stimmen erhalten haben.

Das **Wahlergebnis** ist von der Hauptwahlbehörde unverzüglich im Amtsblatt zur Wiener Zeitung zu verlautbaren. Wurde eine Wahlanfechtung nicht eingebracht oder ihr nicht stattgegeben, so ist das Wahlergebnis vom Bundeskanzler amtlich kundzutun. Daraufhin hat der noch amtierende Bundespräsident beziehungsweise dessen Vertreter sofort die Bundesversammlung zur Angelobung einzuberufen. Vor der Bundesversammlung ist bei Antritt des Amtes folgendes **Gelöbnis** zu leisten:

»*Ich gelobe, dass ich die Verfassung und alle Gesetze der Republik getreulich beobachten und meine Pflicht nach bestem Wissen und Gewissen erfüllen werde.*«
Die Beifügung einer religiösen Beteuerung ist zulässig.
Mit dem Ablegen des Gelöbnisses tritt der Bundespräsident sein Amt an und erwirbt alle damit verbundenen Rechte und Pflichten.

Das **Amt des Bundespräsidenten endet** entweder mit dem Ablauf der sechsjährigen Funktionsperiode oder durch Tod, durch Erkenntnis des Verfassungsgerichtshofes, durch Verurteilung wegen bestimmter gerichtlich strafbarer Handlungen, durch Volksabstimmung bzw. durch Rücktritt. Letzterer erfolgt durch eine formlose Erklärung, die dem rechtsstaatlichen Prinzip entsprechend veröffentlicht werden muss. Wenn das Amt endet und noch kein neuer Bundespräsident gewählt ist (z. B. wenn der Bundespräsident zurücktritt), gehen alle Funktionen auf das Kollegium der drei Präsidenten des Nationalrats über. Die Bundesregierung hat die Wahl des neuen Präsidenten anzuordnen. Die drei Nationalratspräsidenten haben nach der Wahl unverzüglich die Bundesversammlung zur Angelobung einzuberufen.

Mitwirken bei den Staatsgewalten

Die **Zuständigkeit** des Bundespräsidenten betrifft die drei klassischen Staatsgewalten: Gesetzgebung, Verwaltung und Gerichtsbarkeit. Der Bundespräsident nimmt eine Schlüsselstellung im System der Verteilung und Verbindung der Staatsgewalten ein. Er wirkt in allen Staatsfunktionen mit, manchmal in Haupt-, manchmal in Nebenfunktionen, gewährleistet ihre Rechtmäßigkeit und führt sie zur Staatseinheit zusammen.

Was die **Gesetzgebung** betrifft, beruft der Bundespräsident den Nationalrat ein, beurkundet das verfassungsmäßige Zustandekommen der Bundesgesetze, ordnet Volksabstimmungen an, kann Nationalrat und Landtage auflösen, schließt Staatsverträge ab und hat ein Notverordnungsrecht.

Im Bereich der **Verwaltung** stehen ihm Berufung und Abberufung der Regierung, Ernennung von höheren Bundesbeamten einschließlich der Offiziere und sonstiger Bundesfunktionäre, Verleihung von Amtstiteln, besondere Befugnisse in Personalangelegenheiten, Oberbefehl und Verfügungsrechte über das Bundesheer zu.

Bei der **Gerichtsbarkeit** ist er für die Ernennung von Richtern, für Begnadigungen und Niederschlagung von Verfahren und für die Durchführung von Erkenntnissen des Verfassungsgerichtshofes zuständig.

Im Großen und Ganzen bleibt der Umfang der Zuständigkeiten des Bundespräsidenten immer gleich. Sie können aber durch Gesetze in bestimmten Bereichen, wie z. B. in Personalangelegenheiten, erweitert werden. Auf der anderen Seite kann er seine **Zuständigkeiten unter bestimmten Voraussetzungen auf die Regierungsorgane übertragen**. Er kann sie allerdings nur dort übertragen, wo das Bundesverfassungsgesetz dies ausdrücklich vorsieht: wie z. B. bei der Ernennung von Bundesbediensteten (meistens ernennt er nur Beamte der höchsten Dienstklassen) und beim Abschluss bestimmter Staatsverträge.

Aufgaben, Pflichten und Rechte

Der Bundespräsident gehört gemeinsam mit der Bundesregierung zum Kreis der obersten Organe der Verwaltung. Bei der Wahrnehmung seiner Aufgaben, Pflichten und Rechte vollzieht er meistens unmittelbar die Verfassung und nicht nur einfache Gesetze. Er ist das **Verfassungsvollzugsorgan** der Verwaltung.

Das Amt des Bundespräsidenten ist unmittelbar von der Verfassung eingerichtet und von dieser mit erschöpfend aufgezählten **Aufgaben und Befugnissen** ausgestattet:

- Vertretung der Republik nach außen
- Abschluss von Staatsverträgen, Anordnung zur Erfüllung bestimmter Staatsverträge im Verordnungsweg
- Gesandtschafts- und Konsularrecht (Empfang und Beglaubigung der Gesandten, Genehmigung der Bestellung der fremden Konsule, Bestellung der konsularischen Vertreter der Republik im Ausland)
- Angelobung der Landeshauptmänner
- Oberbefehl über das Bundesheer
- Durchführung von Erkenntnissen des Verfassungsgerichtshofes
- Begnadigungsrecht
- Niederschlagungsrecht
- Legitimation unehelicher Kinder
- Ernennung der Mitglieder der Bundesregierung und der Staatssekretäre, Angelobung der Mitglieder der Bundesregierung und der Staatssekretäre, Ausfertigung der »Bestallungsurkunden«, Entlassung und Enthebung der Bundesregierung und der Staatssekretäre
- Übertragung der sachlichen Leitung von Agenden des Bundeskanzleramtes an eigene Bundesminister (Kanzleramtsminister)
- Betrauung eines Bundesministers, des beigegebenen Staatssekretärs oder eines höheren Beamten mit der Vertretung eines verhinderten Bundesministers
- Bestellung der einstweiligen Bundesregierung, Bestellung eines einstweiligen Bundesministers, Angelobung, Ausfertigung der »Bestallungsurkunden«
- Verfügungsrechte über das Bundesheer nach dem Wehrgesetz

Befugnisse für den Notstand:
- Verlegung des Sitzes der obersten Bundesorgane von Wien in einen ande-

ren Ort des Bundesgebietes für die Dauer außergewöhnlicher Verhältnisse, Berufung des Nationalrats von Wien in einen anderen Ort für die Dauer außergewöhnlicher Verhältnisse
• Notverordnungsrecht

Ernennungs- und Ehrungsrechte:
• Ernennung der Bundesbeamten, Offiziere, sonstige Bundesfunktionäre
• Verleihung von Amtstiteln an Bundesbeamte, Offiziere, Bundesfunktionäre
• Benachrichtigungsrecht bei Benennung österreichischer Kandidaten für bestimmte EU-Positionen
• Schaffung und Verleihung von Berufstiteln
• Gewährung von Ehrenrechten, außerordentlichen Zuwendungen, Zulagen, Versorgungsgenüssen, Ernennungs- und Bestätigungsrechte, sonstige Befugnisse in Personalangelegenheiten
• Angelobung der Präsidenten des Rechnungshofes, Ernennung der Beamten des Rechnungshofes, Verleihung von Amtstiteln an diese
• Ernennung von Richtern
• Ernennung der Mitglieder des Verwaltungsgerichtshofes, Angelobung des Präsidenten und des Vizepräsidenten
• Ernennung der Mitglieder des Verfassungsgerichtshofes, Angelobung des Präsidenten und des Vizepräsidenten
• Angelobung der Mitglieder der Volksanwaltschaft, Ernennung der Beamten der Volksanwaltschaft, Verleihung von Amtstiteln an diese

Befugnisse gegenüber der Volksvertretung:
• Einberufung des Nationalrats, Beendigung der Tagungen des Nationalrats
• Festsetzen der Anzahl der Bundesratsmitglieder, die pro Bundesland entsendet werden
• Einberufung der Bundesversammlung
• Anordnung von Volksabstimmungen über Gesetzesbeschlüsse
• Beurkundung des verfassungsmäßigen Zustandekommens der Bundesgesetze
• Auflösung des Nationalrats
• Auflösung des Landtages

Die praktische Bedeutung der Befugnisse
Grundsätzlich kann zwischen den
• **normalen, tagespolitischen Befugnissen** (Ernennung von höheren Verwaltungsbeamten, Offizieren und Richtern, Beurkundung der Bundesgesetze, Abschluss von Staatsverträgen, Vertretung der Republik im Ausland, Repräsentation),

- **besonderen** Befugnissen sowie
- **Notstandsbefugnissen** unterschieden werden.

Besondere Befugnisse werden bei politischen Übergängen und in staatlichen Krisenfällen aktuell: Bestellung einer definitiven oder provisorischen Regierung, Entlassung der Regierung, Parlamentsauflösung zum Zweck der Neuwahl, kurz alle Befugnisse, die die Funktionsfähigkeit des Regierungssystems gewährleisten.

Schließlich sind noch die **Befugnisse für den Notstand** zu nennen. Dazu gehören:

- den Sitz oberster Bundesorgane an einen anderen Ort des Bundesgebietes außerhalb Wiens zu verlegen;
- das Recht, Notverordnungen zu erlassen, wenn der Nationalrat durch höhere Gewalt verhindert ist und dadurch ein nicht wiedergutzumachender Schaden für die Allgemeinheit droht.

Durch verfahrensmäßige und inhaltliche Regelungen ist der Einsatz des Notverordnungsrechtes außerordentlich kompliziert.

Die politische Rolle des Bundespräsidenten

Staatspolitisch ist der Bundespräsident vor allem bei der Regierungsbildung wichtig. Er ernennt völlig selbständig und ohne irgendeinen Vorschlag den Bundeskanzler. Die übrigen Bundesminister und Staatssekretäre ernennt er über Vorschlag des Bundeskanzlers.

An diesen Vorschlag ist der Bundespräsident aber nicht gebunden. Sein **Aktionsspielraum bei der Regierungsbildung** ist von der Wahlentscheidung des Volks abhängig. Die Verfassung beschränkt ihn durch den Grundsatz, dass die Regierung vom Vertrauen der Parlamentsmehrheit getragen sein muss. Sie muss aber auch vom Vertrauen des Bundespräsidenten getragen sein. Er kann den Kanzler und die gesamte Regierung jederzeit entlassen. Mehr noch als über das Ernennungsrecht könnte der Bundespräsident über das Entlassungsrecht auf Zusammensetzung und Geschäftsführung der Regierung Einfluss nehmen. Dass die Bundespräsidenten von dieser doppelten Einflussmöglichkeit wenig Gebrauch gemacht haben, hängt mit der Tradition der Amtsführung in der Zweiten Republik zusammen (→ traditionelle Rolle des Bundespräsidenten).

Besteht zwischen Regierung, Parlament und Volk kein Vertrauenszustand mehr, so ist es Pflicht des Bundespräsidenten, für die Funktionsfähigkeit des Regierungssystems zu sorgen. Durch die Befugnisse der Berufung und Abberufung der Regierung und der Parlamentsauflösung auf deren Vorschlag hat er die notwendigen Mittel dazu.

Der Bundespräsident ist für seine Amtsführung **politisch nur dem Volk verantwortlich**. Das Volk kann ihn während seiner Funktionsperiode nach einem genau geregelten Verfahren mittels Volksabstimmung absetzen. Das Ergebnis der Volksabstimmung ist nicht nur ein Votum für oder gegen den Bundespräsidenten, sondern auch ein solches für oder gegen den Nationalrat. Gewinnt der Bundespräsident das Vertrauensvotum, gilt es automatisch als neue Wahl. Gleichzeitig ist diese Abstimmung dann ein Misstrauensvotum gegen den Nationalrat und bewirkt dessen vorzeitige Auflösung.

Rechtlich ist der **Bundespräsident der Bundesversammlung verantwortlich.** Diese Verantwortlichkeit besteht nur für die Verfassungsmäßigkeit seiner Akte: Der Bundespräsident kann nur wegen Verletzung der Bundesverfassung und nur durch Beschluss der Bundesversammlung beim Verfassungsgerichtshof angeklagt werden. Der Beschluss bedarf der Anwesenheit von mehr als der Hälfte der Nationalrats- und Bundesratsmitglieder sowie der Zweidrittelmehrheit aller abgegebenen Stimmen. Die Bundesversammlung muss zu diesem Zweck auf Beschluss des Nationalrats oder des Bundesrats vom Bundeskanzler einberufen werden. Das verurteilende Erkenntnis des Verfassungsgerichtshofes führt zum Amtsverlust.

Die traditionelle Rolle des Bundespräsidenten

Im Laufe der Zweiten Republik hat sich eine bestimmte Rolle des Bundespräsidenten entwickelt, die das parlamentarische System ergänzt und unterstützt. Als wichtigster Teil dieser Rolle ist die Tatsache zu nennen, dass die **Regierungsbildung** im Anschluss an die Nationalratswahl stattfindet (ein Umstand, der in der Verfassung nicht geregelt ist!). Damit setzt die Regierungsbildung die Nationalratswahl gewissermaßen fort. Tradition ist es, dass der Bundespräsident den Spitzenkandidaten der stimmenstärksten Partei mit der Regierungsbildung betraut. Der Bundespräsident akzeptiert in der Regel die vom designierten Kanzler präsentierte Regierungsliste und wirkt bei der Regierungserklärung nicht mit. Er wirkt im Allgemeinen auch nicht auf die Führung der Regierungsgeschäfte ein. Er ist bestrebt zu »kooperieren« und versucht nicht zu »regieren«.

Maßstäbe für das Verhalten des Bundespräsidenten ergeben sich aus der **Einzigartigkeit seines Amtes.** Ihn allein trägt die absolute Mehrheit des Wahlvolkes. Er steht völlig allein an der Spitze des Staates und darf in keinem Gremium Mitglied sein.

Der Bundespräsident repräsentiert im Inneren und nach außen den Staat als Ganzes. Seine vielen Aufgaben in allen Staatsfunktionen zeichnen ihn als den Repräsentanten und Hersteller der Staatseinheit aus. Durch sein Entlassungsrecht ergeben sich Einflussmöglichkeiten auf die Geschäftsführung der Regierungsmitglieder und auf ihre Kontrolle.

Inhalt und Form des Amtes des Bundespräsidenten wurden im Laufe der Zeit von den Inhabern mehr und mehr geprägt, wobei dies stärker in der Zweiten

Republik der Fall war. Heute gibt es viele Präzedenzfälle, Gewohnheiten und Rollenerwartungen. Jeder neue Bundespräsident übernimmt mit seinem Amt ein Schema von Verhaltensmustern. Im rechtlichen Rahmen aber kann sich jeder neue Bundespräsident über Vorgänger und Vorakten hinwegsetzen. Das gilt zunächst für Äußerlichkeiten, Auftreten und Stil. Das gilt aber auch für die Auffassung des Amtes, insbesondere für die Auslegung der Zuständigkeiten.

Verfassungsmäßige Schranken

Abgesehen von der umfassenden Vertretung der Republik nach außen ist der Bundespräsident in keinem Bereich allgemein und allein zuständig. Alle Akte des Bundespräsidenten bedürfen des Vorschlages und der Gegenzeichnung der Regierung oder des zuständigen Bundesministers. Durch diese Bindung ist er ein **unselbständiges Staatsoberhaupt**, das im Laufe der normalen Regierungsgeschäfte nur – von wenigen Ausnahmen abgesehen – auf Vorschlag der Bundesregierung oder des von ihr ermächtigten Bundesministers tätig wird. In Verbindung mit der Gegenzeichnung bedeutet die Bindung an den Vorschlag, dass der Bundespräsident genauso wie die Regierung vom Willen und vom Vertrauen des Nationalrats abhängig ist.

Ausdrücklich ist in der Verfassung festgelegt, dass der Bundespräsident keinen anderen Beruf ausüben darf. Diese **strenge Unvereinbarkeit** hat den Sinn, dass er sich – frei von Rücksichten auf irgendeine andere Beschäftigung – ausschließlich seinen Aufgaben widmen soll.

Der Bundespräsident handelt selbständig und unabhängig. **Weisungsberechtigt** ist er aber – abgesehen vom Oberbefehl über das Bundesheer und bei der Durchführung von Erkenntnissen des Verfassungsgerichtshofes – nur gegenüber den Bediensteten der Präsidentschaftskanzlei.

Die Präsidentschaftskanzlei

Bei der Wahrnehmung seiner Zuständigkeiten und Befugnisse hilft dem Bundespräsidenten die Präsidentschaftskanzlei.

Ein Stab von Mitarbeitern (Kabinettsdirektor, Vizekabinettsdirektor, Pressechef, Adjutant, Sekretariat) unterstützen das Staatsoberhaupt. Sie leiten und lenken die Arbeit der Abteilungen für Sozialangelegenheiten, Bürgerkontakte, Rechts- und Gnadensachen, Verfassungs- und Verwaltungsfragen, Ernennungen im öffentlichen Dienst, Presse- und Informationsdienst, Politische Dokumentation, Österreichische Ehrenzeichenkanzlei, ADV (Automatisierte Datenverarbeitung), Ministerialkanzleidirektion.

Die österreichischen Staatsoberhäupter seit 1918
Von der Bundesversammlung gewählt:
Präsident des Staatsdirektoriums Karl Seitz 1918-1920
Bundespräsident Michael Hainisch 1920-1928
Bundespräsident Wilhelm Miklas 1928-1938
Staatskanzler Dr. h. c. Dr. Karl Renner 1945
Bundespräsident Dr. h. c. Dr. Karl Renner 1945-1950
Vom Volk gewählt:
Bundespräsident General a. D. Dr. h. c. Theodor Körner 1951-1957
Bundespräsident Dr. h. c. Dr. Adolf Schärf 1957-1965
Bundespräsident Dr. h. c. Franz Jonas 1965-1974
Bundespräsident Dr. Rudolf Kirchschläger 1974-1986
Bundespräsident Dr. Kurt Waldheim 1986-1992
Bundespräsident Dkfm. Dr. Thomas Klestil 1992-2004
Bundespräsident Dr. Heinz Fischer ab 2004

Die Bundesregierung

In der klassischen Dreiteilung der Staatsfunktionen - Gesetzgebung, Verwaltung, Gerichtsbarkeit - ist die **Verwaltung** jener Bereich, in dem die Gesetze durch Staatsorgane, die hierarchisch gegliedert und bei der Ausübung ihres Amtes an die Weisungen der übergeordneten Organe gebunden sind, vollzogen werden. Der Bereich der Verwaltung wird auch als »**Exekutive**« bezeichnet.
An der Spitze der Verwaltung steht die Regierung. Die Regierung und ihre Mitglieder sind »**Oberste Verwaltungsorgane**«. Die besondere Stellung der Regierung in der Verwaltungsorganisation besteht darin, dass sie eine leitende und führende Funktion hat.
Regierung leitet sich vom lateinischen Wort regere (= leiten, führen) ab. Im Bereich des Bundes sind die obersten Verwaltungsorgane der Bundespräsident und die Mitglieder der Bundesregierung.

Zusammensetzung
Die Bundesregierung besteht aus dem Bundeskanzler, dem Vizekanzler und den Bundesministern.
Der **Bundeskanzler ist Vorsitzender der Bundesregierung** und besitzt wichtige Koordinationsaufgaben. Er hat kein Weisungsrecht gegenüber den Bundesministern. Seine politische Rolle wird vor allem bei der Regierungsbildung sichtbar. Der **Vizekanzler** vertritt nach der Verfassung den Bundeskanzler. Sind sowohl der Bundeskanzler als auch der Vizekanzler gleichzeitig verhin-

dert, hat der Bundespräsident einen Minister mit der Vertretung des Bundeskanzlers zu betrauen.

Die Aufgabenbereiche der einzelnen Bundesminister sind im so genannten Bundesministeriengesetz geregelt. Die Zahl, die innere Organisation und die jeweiligen Aufgaben der Bundesministerien werden von jeder sich neu konstituierenden Bundesregierung festgelegt und im Anschluss vom Nationalrat mit einfacher Mehrheit beschlossen. Zum gegenwärtigen Zeitpunkt (22. Gesetzgebungsperiode – 20. Dezember 2002 bis längstens – 20. Dezember 2006) gibt es 12 Bundesministerien:

Bundeskanzleramt (www.bka.gv.at)
Staatssekretariat für Kunstangelegenheiten, Staatssekretariat für Sport
Gliederung: 6 Sektionen.
Nachgeordnete Dienststellen des Bundeskanzleramtes: Kommunikationsbehörde Austria, Österreichisches Staatsarchiv, Statistik Österreich, Wiener Zeitung GmbH, Wiener Zeitung Digitale Publikationen GmbH, Bundestheater-Holding GmbH.

Bundesministerium für auswärtige Angelegenheiten (www.bmaa.gv.at)
Gliederung: 1 Generalsekretariat, 7 Sektionen, Personalvertretung, österreichische Vertretungen im Ausland.

Bundesministerium für Bildung, Wissenschaft und Kultur
(www.bmbwk.gv.at)
Gliederung: Kultusamt, Interne Revision, Bereich Protokoll, Raum-Wissenschaft-Kultur, Gentechnik-Tierversuchswesen, Universitätssport, 1 Zentralsektion, 7 Sektionen sowie die »Einrichtungen zur Beratung und Unterstützung der Bundesministerien und zur zusammenfassenden Behandlung von Geschäften, die den Wirkungsbereich mehrerer Sektionen berühren«.
Weiters gehören zu diesem Bundesministerium die Österreichische Nationalbibliothek, das Bundesdenkmalamt, die Bundesmuseen, die Österreichische Akademie der Wissenschaften, die Geologische Bundesanstalt, die Zentralanstalt für Meteorologie und Geodynamik (ZAMG), das Institut für Österreichische Geschichtsforschung und das Österreichische Archäologische Institut.

Bundesministerium für Finanzen (www.bmf.gv.at)
Gliederung: 6 Sektionen, Personalvertretung, Beiräte, Senate und Kommissionen, Bundespensionsamt, Finanzprokuratur, Monopolverwaltung GmbH, Österreichische Bundesfinanzierungsagentur, Bundesrechenzentrum GmbH, Unternehmungen der ÖIAG-Gruppe und bundeseigene Unternehmungen.

Bundesministerium für Gesundheit und Frauen (www.bmgf.gv.at)
Gliederung: Anwaltschaft für Gleichbehandlungsfragen, Gleichbehandlungskommission für die Privatwirtschaft, 3 Sektionen, Sonderbeauftragte des BMGF, Organe der Personalvertretung, Grenztierärzte/Grenztierärztinnen, Agentur für Gesundheit und Ernährungssicherheit.

Bundesministerium für Inneres (www.bmi.gv.at)
Gliederung: 4 Sektionen, Personalvertretung, Kommissionen, Fonds und sonstige Einrichtungen.

Bundesministerium für Justiz (www.bmj.gv.at)
Gliederung: 1 Präsidialsektion, 4 Sektionen, Personalvertretung und Kommissionen.

Bundesministerium für Landesverteidigung (www.bmlv.gv.at)
Gliederung: 2 Sektionen, Generalstab, Kommissionen und Personalvertretung, Militärseelsorge, Akademien und Schulen, sonstige Dienststellen (wie z. B. Heeresspital, Heeresgeschichtliches Museum, ...).

Bundesministerium für Land- und Forstwirtschaft, Umwelt und Wasserwirtschaft (www.lebensministerium.at)
Gliederung: Generalsekretär für Land- und Forstwirtschaft, Umwelt und Wasserwirtschaft, Präsidialsektion, 7 Sektionen, Personalvertretung, Kommissionen und Fonds, Österreichische Bundesforste AG, Nachgeordnete Dienststellen, Kommissionen und Fonds, Personalvertretung, Beiräte, sonstige Einrichtungen.

Bundesministerium für soziale Sicherheit, Generationen und Konsumentenschutz (www.bmsg.gv.at)
Staatssekretariat für Familie, Generationen und Konsumentenschutz
Gliederung: 5 Sektionen, Personalvertretung, Kommissionen, Beiräte, Ausschüsse, Ämter, Bundesamt für Soziales und Behindertenwesen.

Bundesministerium für Verkehr, Innovation und Technologie
(www.bmvit.gv.at)
2 Staatssekretariate für Verkehr, Innovation und Technologie
Gliederung: Generalsekretariat, 3 Sektionen, Wasserstraßendirektion, Oberster Patent- und Markensenat, Österreichisches Patentamt, ARC-Seibersdorf research GmbH, arsenal research – Österreichisches Forschungs- und Prüfzentrum Arsenal GmbH.

Bundesministerium für Wirtschaft und Arbeit (www.bmwa.gv.at)
Gliederung: Bereich Budget und Administration, Bereich Personal und Recht, Bereich IT und Kommunikation, Center 1: Wirtschaftspolitik, Center 2: Außenwirtschaftspolitik und Europäische Integration, 5 Sektionen, Zugeordnete Gesellschaften (Unternehmungen des Verbundkonzerns, ...), Personalvertretung, Kommissionen, Beiräte, Bundesamt für Eich- und Vermessungswesen, Amt der Bundesimmobilien, Burghauptmannschaft Österreich, Schönbrunner Tiergartenamt, Bundesimmobilienverwaltung, Beschussämter Wien und Ferlach

Im Zuge der Regierungsbildung werden bei Bedarf manchen Ministern **Staatssekretäre** beigestellt. Diese werden wie Bundesminister vom Bundespräsidenten ernannt oder entlassen. Staatssekretäre sind keine »obersten Verwaltungsorgane«, sondern sind einem Bundesminister unterstellt und an dessen Weisungen gebunden. Aufgabe eines Staatssekretärs ist es, den Bundesminister in der Geschäftsführung zu unterstützen und ihn im parlamentarischen Bereich (etwa bei Ausschusssitzungen) zu vertreten. Der Bundespräsident kann im Falle der Verhinderung eines Bundesministers den diesem beigegebenen Staatssekretär vorübergehend mit der Vertretung betrauen. Da jeder Staatssekretär einem Bundesminister unterstellt ist, können Staatssekretäre bei Regierungsbeschlüssen nicht mitstimmen. Sie sitzen zwar im Ministerrat und können sich dort zu Wort melden, Stimmrecht besitzen sie jedoch keines.

Regierungsbildung

Der Bundespräsident nimmt bei der Regierungsbildung eine zentrale Rolle ein. Er ernennt den Bundeskanzler, er kann den Bundeskanzler oder die gesamte Bundesregierung entlassen. Die Ernennung oder Entlassung von einzelnen Bundesministern (ebenso von Staatssekretären) kann der Bundespräsident nur auf Vorschlag des Bundeskanzlers vornehmen.

Die österreichische **Verfassung enthält keine nähere Regelung über die Vorgangsweise bei der Regierungsbildung.** Sie gibt den beteiligten Staatsorganen, vor allem dem Bundespräsidenten und dem Bundeskanzler, einen weitreichenden Spielraum. Der Bundespräsident hat lediglich die Aufgabe, eine Regierung zu ernennen, die im Nationalrat die Mehrheit hat; andernfalls könnte eine Regierung durch ein Misstrauensvotum vom Nationalrat jederzeit abberufen werden.

Dass nach Nationalratswahlen regelmäßig eine Neubildung der Regierung stattfindet, ist in der Verfassung nicht vorgeschrieben. Dieser Umstand erklärt sich jedoch aus der politischen Notwendigkeit, eine Regierung - auf Grund des neuen Kräfteverhältnisses im Nationalrat - neu zusammenzusetzen.

Wenn die Regierung aus dem Amt scheidet, hat der Bundespräsident eine einstweilige Bundesregierung zu bestellen. In der Praxis besteht diese aus den Mitgliedern der bisherigen Regierung. Durch diese Regelung soll verhindert werden, dass es eine »regierungslose« Zeit gibt.

Verantwortlichkeit
Man unterscheidet grundsätzlich zwei Arten von Verantwortlichkeit:
• **Politische Verantwortlichkeit:** Diese besteht gegenüber dem Parlament. Der Nationalrat kann einzelnen Mitgliedern der Bundesregierung oder der gesamten Bundesregierung das Misstrauen aussprechen. In diesem Fall sind die Betroffenen unverzüglich des Amtes zu entheben.
• **Rechtliche Verantwortlichkeit:** Die Bundesminister sind für die Einhaltung der Gesetze verantwortlich. Bei Gesetzesverletzung können sie vom Nationalrat beim Verfassungsgerichtshof angeklagt werden (→ Verfassungsgerichtshof).

Besondere Bundesbehörden

Schulbehörden des Bundes
Die Verfassung schreibt für die Schulbehörden des Bundes eine besondere Organisation auf zwei Ebenen – länderweise und bezirksweise – vor. Diese Schulbehörden sind durch zwei besondere Eigenschaften gekennzeichnet:
• Sie sind **Kollegialbehörden**: Landesschulräte für den Landesbereich und Bezirksschulräte für die Bezirk; in Wien gibt es nur eine Schulbehörde: den Stadtschulrat.
• **Zusammensetzung der Kollegialbehörden**: Die Mitglieder dieser Kollegialbehörden sind nach dem Stärkeverhältnis der politischen Parteien im Landtag bzw. im Bezirk zu bestellen. Vorsitzender des Landesschulrats ist der Landeshauptmann oder ein amtsführender Präsident, Vorsitzender des Bezirksschulrats ist der Bezirkshauptmann.

Diese Organe handeln grundsätzlich **weisungsfrei**. In bestimmten Fällen kann ihnen allerdings eine begründete Weisung erteilt werden, die die Schulbehörde beim Verwaltungsgerichtshof anfechten kann (→ Zuständigkeiten des Verwaltungsgerichtshofes).
Zu den Aufgaben der kollegialen Schulbehörden gehört die Erstattung von Dreiervorschlägen für die Besetzung von Schulleitern und Lehrern. Der Unterrichtsminister wählt aus diesem Vorschlag eine Person aus, die er dem Bundespräsidenten zur Ernennung vorschlägt.
Das **Schulverfassungsrecht**, das seinen Inhalt im Jahr 1962 erhielt, zeigt die

Spuren der seinerzeitigen Großen Koalition. Dies sieht man nicht nur an den Vorschriften über die Organisation der Schulbehörden, sondern auch daran, dass für alle wichtigen Schulgesetze eine Zweidrittelmehrheit notwendig ist (wie bei Verfassungsgesetzen).

Sicherheitsbehörden des Bundes

Für die Aufgaben der Sicherheitsverwaltung sind in Österreich eigene Behörden zuständig, die in ihrem Ursprung auf den Ständestaat zurückgehen, von der Zweiten Republik aber übernommen wurden. Die Sicherheitsverwaltung besteht aus der **Sicherheitspolizei** und verschiedenen verwaltungspolizeilichen Aufgaben: Fremdenpolizei, Ein- und Ausreiseüberwachung, Waffen-, Schieß- und Sprengmittelwesen, Pressewesen, Vereins- und Versammlungswesen. Der Begriff »Sicherheitspolizei« hat mit den Beamten, die als »Polizei« und/oder «Gendarmerie« in Erscheinung treten, nur die Bezeichnung gemein. Sicherheitspolizei ist das Tätigwerden staatlicher Organe – also der Sicherheitsbehörden –, denen auf Grund verschiedenster Rechtsvorschriften besondere Aufgaben zugewiesen sind. Der Aufgabenbereich der Sicherheitspolizei umfasst die Abwehr von Gefahren; und zwar die Abwehr und Unterdrückung der allgemeinen Gefahren für Leben, Gesundheit, Sicherheit, öffentliche Ruhe und Ordnung im Inneren.

Die Ordnung der Sicherheitsbehörden weist eine hierarchische Gliederung auf:

- Im Bereich der Bundesregierung ist der Bundesminister für Inneres und sein Ministerium die oberste Stelle. Der Innenminister ist in Österreich Polizeiminister.
- Für jedes Bundesland ist eine Sicherheitsdirektion eingerichtet. Sie hat ihren Sitz in der jeweiligen Landeshauptstadt. An ihrer Spitze steht ein Sicherheitsdirektor. In Wien ist die Polizeidirektion auch Sicherheitsdirektion, der Polizeipräsident gleichzeitig auch Sicherheitsdirektor.
- In unterster Instanz sind die Bezirksverwaltungsbehörden oder eigens eingerichtete Bundespolizeibehörden tätig.

Den exekutiven Dienst für die Sicherheitsbehörden besorgen die Organe des öffentlichen Sicherheitsdienstes, nämlich – wie es im Sicherheitspolizeigesetz (SPG) ausgeführt ist – die Angehörigen der Bundesgendarmerie, des Bundessicherheitswachekorps, des Kriminalbeamtenkorps, der Gemeindewachen sowie des rechtskundigen Dienstes.

Neustrukturierung der Exekutive

Auf Veranlassung des Innenministers wurde das Projekt »team04 – die neue Exekutive« ins Leben gerufen. Wichtigstes Ziel dieses Projektes ist es, die bestmöglichen organisatorischen Voraussetzungen zu schaffen, um den Bürgern unseres Landes höchstmögliche öffentliche Sicherheit zu garantieren. Durch Zusammenführung von Bundessicherheitswache, Bundesgendarmerie, Bundeskriminalbeamtenkorps und von Teilen der Zollwache sowie bestimmten Organen der Schifffahrtspolizei wird ein **österreichweit einheitlicher Wachkörper** geschaffen. Im Zuge dieser Neuordnung werden Kommandostrukturen gestrafft und dadurch die operativen Ebenen der Exekutive gestärkt. Der neue einheitliche Wachkörper erhält den Namen »**Bundespolizei**«.

Das Bundesheer

Mit dem Wiedergewinn der vollen Unabhängigkeit durch den Staatsvertrag im Jahr 1955 bekamen die Österreichische Wehrverfassung und das Wehrrecht wieder eine aktuelle Bedeutung. Das damals bestehende System wurde in den folgenden Jahren weiter entwickelt bzw. verändert und ausgebaut. Im Besonderen geschah dies durch die Einführung des Zivildienstes und durch die Verankerung der Umfassenden Landesverteidigung (ULV) in der Verfassung (1975).

• Der **Zivildienst** ist ein Ersatzdienst für die Erfüllung der Wehrpflicht. Er kann aus Gewissensgründen anstelle des Wehrdienstes geleistet werden. Der Wehrpflichtige kann innerhalb eines Monats nach Abschluss des Stellungsverfahrens eine – widerrufliche – Zivildiensterklärung abgeben. Er wird damit von der Wehrpflicht befreit und zivildienstpflichtig. Der Zivildienst ist durch den Bundesminister für Inneres bescheidmäßig festzustellen. Er ist bei den dafür vorgesehenen Einrichtungen (Krankenpflege, Rettungswesen, Altenbetreuung, Sozial- und Behindertenhilfe, Katastrophenhilfe, Betreuung von Asylwerbern und Flüchtlingen) abzuleisten. Das Recht des Wehrpflichtigen auf Leistung des Zivildienstes als Ersatzdienst ist ein verfassungsmäßig gewährleistetes Recht.

Träger der militärischen Landesverteidigung ist das Österreichische Bundesheer. Es ist weitgehend in den Staatsapparat eingegliedert und ein Teil der Verwaltung. Seine obersten Führungsorgane (Bundespräsident als Oberbefehlshaber, Bundesregierung, Bundesminister für Landesverteidigung) sind demokratisch verantwortlich.

• Das Wehrsystem (= die Art des Aufbaus des Heeres) ist das System der **allgemeinen Wehrpflicht**:
»Jeder männliche österreichische Staatsbürger ist wehrpflichtig. Wer aus Gewissensgründen die Erfüllung der Wehrpflicht verweigert und hievon befreit wird, hat einen Ersatzdienst zu leisten.«
Die allgemeine Wehrpflicht betrifft nur männliche Staatsbürger. Österreichische Staatsbürgerinnen können freiwillig Dienst im Bundesheer als Soldatinnen leisten.

- Die Verfassung schreibt als Organisationsform für das Heer das »**Milizsystem**« vor. Im Gegensatz zum Berufsheer, das jederzeit – auch in Friedenszeiten – voll aktiv ist und nur aus Freiwilligen gebildet wird, die den Soldatenberuf ausüben, tritt das Milizheer in Friedenszeiten nur zu Ausbildungs- und Übungszwecken zusammen.

Als **Aufgaben des Österreichischen Bundesheeres** – über die militärische Landesverteidigung hinausgehend – nennt die Verfassung Folgendes:

- Schutz der verfassungsmäßigen Einrichtungen und ihrer Handlungsfähigkeit sowie der demokratischen Freiheiten der Einwohner,
- Aufrechterhaltung der Ordnung und Sicherheit im Inneren,
- Hilfeleistung bei Elementarereignissen und Unglücksfällen außergewöhnlichen Umfanges.

Eine wichtige Rolle spielt der **Einsatz des Bundesheeres außerhalb der Staatsgrenzen.** Ein besonderes Bundesverfassungsgesetz (Bundesverfassungsgesetz über Kooperation und Solidarität bei der Entsendung von Einheiten und Einzelpersonen in das Ausland) ermächtigt die Bundesregierung im Einvernehmen mit dem Hauptausschuss des Nationalrats, Einheiten und Einzelpersonen zur solidarischen Teilnahme an Maßnahmen der Friedenssicherung im Rahmen einer Internationalen Organisation (etwa UNO, EU) oder zur Teilnahme an Maßnahmen der humanitären Hilfe und der Katastrophenhilfe in das Ausland zu schicken. Entsendet werden können nur Freiwillige (insbesondere Angehörige des Bundesheeres oder der Polizei). Bei der Entsendung können Einheiten gebildet werden, für die ein Vorgesetzter zu bestellen ist. Diese Einheiten können auch unter der Leitung ausländischer Personen oder von Organen Internationaler Organisationen tätig werden.

Österreich hat in den vergangenen Jahrzehnten an einer Reihe von Einsätzen mitgewirkt, die vor allem von den Vereinten Nationen zur Friedenserhaltung beschlossen wurden (z. B. die »Blauhelme« auf den Golanhöhen).

Die **Entscheidungsgewalt über das Österreichische Bundesheer** obliegt mehreren Staatsorganen:

Der **Bundespräsident ist Oberbefehlshaber**, er ist Vorgesetzter aller Bundesheerangehörigen.

Die **Verfügungsberechtigung** betrifft die Entscheidung, ob und wie der Einsatz des Heeres erfolgt. Diese Zuständigkeit ist auf den Bundespräsidenten sowie – im Rahmen einer Ermächtigung der Bundesregierung – auf den Bundesminister für Landesverteidigung verteilt.

Der **Bundesminister für Landesverteidigung** besitzt **unmittelbare Befehlsgewalt** über das Bundesheer. Dadurch hat er eine zentrale Stellung inne.

Das Konzept der Umfassenden Landesverteidigung (ULV)

Dieses Konzept beinhaltet, dass die Verteidigung eines Staates nicht nur eine

Angelegenheit der militärischen Streitkräfte ist. Eine wirkungsvolle Verteidigung verlangt das Zusammenwirken von vielen Stellen, um die Unabhängigkeit Österreichs nach außen sowie die Unverletzbarkeit und Einheit des Staatsgebietes zu bewahren. **Die ULV gliedert sich in vier Bereiche**: die militärische, die geistige, die zivile und die wirtschaftliche Landesverteidigung. Die österreichische Bundesverfassung enthält seit dem Jahr 1975 ein ausdrückliches Bekenntnis zur ULV.

• Militärische Landesverteidigung: Auftrag des Bundesheeres in den verschiedenen Bedrohungsfällen.

• Geistige Landesverteidigung: Verstärkung des Verständnisses der Bevölkerung für alle Bereiche der Umfassenden Landesverteidigung (im Besonderen im Schulunterricht). Sie soll die Verteidigungsbereitschaft und die Selbstbehauptung des Staates als Gesellschaftssystem stärken.

• Zivile Landesverteidigung: Maßnahmen und Einrichtungen zum Schutz der Zivilbevölkerung im Fall von Krisen, Katastrophen und Kriegen; Sicherstellung der Funktionsfähigkeit der Staatsorgane.

• Wirtschaftliche Landesverteidigung: Errichtung eines wirtschaftlichen Krisenmanagements, Bevorratungsplanung (insbesondere Haushaltsbevorratung), Energienotversorgung; Grundversorgung mit Lebensmitteln, Medikamenten etc.

Die konkreten Maßnahmen der ULV sind im **Landesverteidigungsplan** festgeschrieben. Die ULV verlangt eine weit reichende Koordination zwischen den Ministerien des Bundes, aber auch zwischen den Verwaltungen des Bundes, der Länder und der Gemeinden.

Zukunftsperspektiven

Die großen Veränderungen in der europäischen Sicherheitslandschaft während der vergangenen 15 Jahre stellen die österreichische Verteidigungspolitik vor neue Herausforderungen. Seit dem Ende der Konfrontation der Militärblöcke zwischen Ost und West am Beginn der neunziger Jahre des vorigen Jahrhunderts ist die Gefahr einer weltweiten Auseinandersetzung zurückgegangen. Die Europäische Union hat konkrete Versuche unternommen, eine eigene Verteidigungspolitik zu entwickeln. Durch die daraus entstehenden Verpflichtungen für Österreich ist auch dessen **Neutralität relativiert worden**. Die Nachbarn unseres Landes, ausgenommen die Schweiz, im Besonderen aber unsere mitteleuropäischen Anrainerstaaten, sind NATO-Mitglieder. Österreich müsste daher in eine grundsätzliche Debatte darüber einsteigen, welche Rolle in Zukunft die Neutralität spielen soll. Aber auch andere Fragen sind zu diskutieren. Seit langem gibt es eine kritische Auseinandersetzung über das österreichische Wehrsystem. Sie ist von der Tendenz bestimmt, die allgemeine Wehrpflicht durch ein Heer von Berufssoldaten zu ersetzen. Als

Argument für die Einführung eines professionellen Heeres wird angeführt, dass Österreich durch ein gut ausgebildetes Berufsheer seine Verpflichtungen im Rahmen der Europäischen Union wirksamer erfüllen könnte. Dies sei vor allem deshalb bedeutend, weil sich Österreich an der von der Union beschlossenen Schaffung einer Interventionstruppe für Krisenfälle beteiligt. Andererseits ist jedoch zu bedenken, dass die allgemeine Wehrpflicht ein besonderer Ausdruck der demokratischen Strukturen einer Gesellschaft ist, die Isolationstendenzen der bewaffneten Macht verhindern soll. Nicht zuletzt wird auch die immer wieder gestellte Frage zu beantworten sein, mit welchen finanziellen Mitteln Österreich sein Heer ausstatten will und wird.

»Ausgliederung« und »Privatisierung«

Der moderne Staat ist ein Leistungs- und Verwaltungsstaat. Er erbringt eine große Zahl von unterschiedlichen Leistungen. Im Regelfall tut er dies mit seinem eigenen Verwaltungsapparat. Die Aufgabenvermehrung und die damit verbundenen budgetären Belastungen haben dazu geführt, dass im Rahmen der Bemühungen um eine Verwaltungsreform nach neuen Organisationsformen der Aufgabenerfüllung gesucht wird. Zentrales Anliegen ist dabei, eine bessere, kostengünstigere und kundenorientierte Erbringung der Leistungen zu ermöglichen. Schlüsselbegriffe sind in diesem Zusammenhang Modernisierung, Bürgerservice und Verwaltungsmanagement.

In Österreich hat man in den vergangenen 20 Jahren durch eine Reihe von Maßnahmen Aufgaben aus dem staatlichen Verwaltungssystem »ausgegliedert« oder »privatisiert«. Beide Begriffe umfassen ein breites Feld von unterschiedlichen Schritten, die Änderungen der staatlichen Organisation betrafen. Man spricht daher auch öfter von »Organisationsreformen«.

Durch eine **Klassifikation** dieser Maßnahmen wird dieser **Prozess der Aufgabenverlagerung** übersichtlicher. Er umfasst die folgenden konkreten Möglichkeiten:

- Der Staat kann **private Unternehmungen in die Aufgabenerfüllung** einbeziehen: z. B. Reinigung von Amtsgebäuden oder Durchführung der Müllabfuhr durch private Unternehmungen.
- Der Staat kann Einrichtungen mit der Durchführung von Aufgaben betrauen, so genannte **»beliehene« Unternehmungen.** Beispiel: Die Oesterreichische Nationalbank nimmt währungs- und geldpolitische Aufgaben wahr.
- **Vermögensprivatisierung:** Darunter versteht man die Veräußerung bzw. Übertragung staatlichen Eigentums auf Private. Sie betrifft Liegenschaften, vor allem aber Wirtschaftsunternehmen. In Österreich spielt dieses Thema eine besondere Rolle, weil weite Bereiche der Wirtschaft (Kohle,

Stahl, Banken) verstaatlicht waren, somit im Eigentum des Staates standen (Verstaatlichte Industrie). Der Bund trennte sich und trennt sich weiterhin von den Mehrheitsbeteiligungen durch Verkauf an Private. So kam es seit den achtziger Jahren zu Verkäufen von Anteilsrechten an AUA, ÖMV, Verbundgesellschaft, Länderbank, CA, Flughafen Wien AG, Bank Austria AG oder Telekom Austria AG. Vollständig privatisiert wurden beispielsweise die Österreichische Postsparkassen AG und die Österreichische Staatsdruckerei GmbH. Die Anteile der Republik Österreich werden durch die Österreichische Industrie Holding, kurz ÖIAG genannt, verwaltet. Zum ÖIAG-Bereich gehören unter anderem Böhler-Uddeholm, ÖMV, Voest-Alpine AG und VA Tech. Der Verkauf der Anteile verstaatlichter Unternehmungen ist noch immer ein politisch sensibler Bereich. (Beispiel: die Ereignisse um den jüngst erfolgten Verkauf von Anteilen der VA Tech an Siemens.)

- **Umwandlungen öffentlicher Einrichtungen in Kapitalgesellschaften** (so genannte formelle Privatisierung). Beispiele: Bahn, Post; Umwandlung des Bundesamtes für Zivilluftfahrt in die Austro Control GmbH.
- Der Staat zieht sich von der Besorgung einer Aufgabe zurück, diese wird gleichsam dem Markt überlassen (so genannte **materielle Privatisierung oder Aufgabenprivatisierung**). Beispiel: Aufhebung des Salzmonopols sowie des Rundfunkmonopols.

Die bisher durchgeführten Ausgliederungen betrafen **fast alle staatlichen Bereiche**. Einige Beispiele veranschaulichen dies:
- im **Kulturbereich**: Bundestheater, Bundesmuseen, Betrieb des Schlosses Schönbrunn
- im **Verkehrs- und Telekommunikationswesen**: Österreichische Bundesbahnen, Post und Telekom Austria AG
- im **Finanzbereich**: Österreichische Postsparkassen AG
- im **Bereich der Immobilienwirtschaft des Bundes**: Bundesimmobiliengesellschaft mbH (BIG)
- in der **Forstwirtschaft des Bundes**: Österreichische Bundesforste AG

Im Zeitraum von 1978 bis 2001 sind auf Bundesebene rund 50 Ausgliederungen erfolgt. Privatisierungen finden auch auf Landes- und Gemeindeebene statt. Diese Ausgliederungswelle ist auch durch die Europäische Union verursacht, die durch Verringerung protektionistischer Strukturen die Funktionsbedingungen des gemeinsamen Marktes verbessern will (Beispiel: Telekommunikationsbereich).
Welche strukturellen Auswirkungen die Ausgliederung auf die einzelnen Aufgabenbereiche besitzt, soll im Folgenden am Beispiel Bahn und Post verdeut-

licht werden, denen im öffentlichen Leistungssystem eine besondere Rolle zukommt.

Die österreichischen Bundesbahnen

Der Bau und der Betrieb der ersten Eisenbahnen in der ersten Hälfte des 19. Jahrhunderts erfolgten durch private Unternehmen. Um die Jahrhundertmitte wurden erstmals Eisenbahnen in staatlicher Regie erbaut, die aber zum Teil wieder an neu gebildete Aktiengesellschaften abgegeben wurden. Ende der siebziger Jahre des 19. Jahrhunderts begann mit der **Verstaatlichung der Privatbahnen** eine zweite Ära des Staatsbahnensystems. In den achtziger Jahren wurde durch besondere Gesetze eine Reihe von Bahnen verstaatlicht, so die Kaiserin-Elisabeth-Westbahn, die Franz-Josephs-Bahn, die Kaiser-Ferdinand-Nordbahn u. a. Die Verstaatlichung der Privatbahnen wurde konsequent weitergeführt, so dass im Jahr 1938 alle Hauptbahnen mit wenigen Ausnahmen im Eigentum des Bundes standen.

Seit dem Jahr 1923 wurde die Führung des Betriebes der Bahnen dem eigens errichteten **Wirtschaftskörper »Österreichische Bundesbahnen (ÖBB)«** übergeben. Dieser wurde nach der Besetzung Österreichs durch das Deutsche Reich aufgelöst, sein Vermögen wurde von der Deutschen Reichsbahn übernommen. Mit der Befreiung Österreichs im Jahr 1945 wurden die österreichischen Staatsbahnen vom Betrieb der Deutschen Reichsbahn losgelöst und in die unmittelbare Staatsverwaltung eingegliedert. Zuständig war in oberster Instanz die zum Verkehrsministerium gehörende »Generaldirektion der Österreichischen Bundesbahnen«. Die Österreichischen Bundesbahnen wurden jahrelang in der wirtschaftlichen Erscheinungsform einer Staatsbahn und einer Staatsbahnverwaltung geführt. Erst im Jahr **1969** kam es zu einer wesentlichen Änderung. Damals erfolgte eine **Reform**, die eine kaufmännische Geschäftsführung und eine **Neuordnung des Verhältnisses der Bundesbahnen zum Staatsbudget** ermöglichen sollte. Ein weiterer Schritt in Richtung unabhängiger kaufmännischer Führung wurde durch die **ÖBB-Reform im Jahr 1992** getan. Die ÖBB wurden aus der Verwaltung herausgelöst und aus dem Budget ausgegliedert; der Bund bleibt Eigentümer, doch die ÖBB sind in ihrer Wirtschaftsführung unabhängig; sie besitzen Selbständigkeit in der Investitions-, Tarif- und Personalpolitik.

Für die Geschäftsführung der ÖBB sind die »gemeinwirtschaftlichen Leistungen« von besonderer Bedeutung. Es handelt sich dabei um Bereiche, in denen Leistungen im öffentlichen Interesse erbracht werden müssen, die besondere finanzielle Lasten zur Folge haben. Beispiel hierfür sind ermäßigte Tarife für bestimmte Kunden, wie etwa Schüler, Senioren und andere. Für diese Leistungen erhalten die ÖBB besondere Abgeltungen aus den Budgetmitteln.

Die österreichische Eisenbahnpolitik steht zunehmend unter der Notwendigkeit, sich an die Eisenbahnpolitik der Europäischen Union anzupassen. Das betrifft die Unabhängigkeit der Geschäftsführung der Eisenbahnunternehmen, des Weiteren auch die **Trennung der Eisenbahninfrastruktur von den Verkehrsleistungen der Bahn.** In der Praxis bedeutet dies, dass die Investitionen für die Eisenbahninfrastruktur (z. B. Zugtrassen, Streckenbau, Schienen) durch eine eigens gegründete »Schieneninfrastrukturfinanzierungsgesellschaft« finanziert werden (Mindestanteil des Bundes 50 %). Ab dem Jahr 2005 wird eine neue Gesellschaft, die »ÖBB-Infrastruktur Bau AG«, für den Neubau, Ausbau und der Erhaltung der Schieneninfrastruktur zuständig sein.

Die ÖBB hat die Struktur einer Management-Holding, die in die beiden Unternehmensbereiche Absatz und Infrastruktur geteilt ist. Beide Bereiche werden voneinander getrennt geführt. Zum Absatz zählen u. a. der Personenverkehr, der Güterverkehr und die technischen Dienste.

Von der »Post- und Telegraphenverwaltung« zur modernen Post

Der Dienstleistungsbereich der Post war seit jeher ein wesentlicher Teil der staatlichen Verwaltung. Er umfasste traditionellerweise den

- **Postdienst** (einschließlich Paket- und Gelddienst)
- **Postautodienst** (Omnibusdienst)
- **Telekommunikationsdienst** (Fernmeldewesen)

Seit 1945 nahm die Post- und Telegraphenverwaltung die Verwaltung des Post- und Fernmeldewesens wahr. In oberster Instanz war die Generaldirektion für die Post- und Telegraphenverwaltung ein **Teil des Verkehrsministeriums.** In den Bundesländern bestanden Post- und Telegraphendirektionen, die auch die Aufsicht über die Betriebsdienststellen (Postämter) führten.

Die Post- und Telegraphenverwaltung war ein Bundesbetrieb, der nach kaufmännischen Grundsätzen zu führen war, soweit nicht im Interesse öffentlicher Aufgabenerfüllung Abweichungen notwendig waren.

Seit längerer Zeit wurde eine grundlegende Reform des Post- und Fernmeldewesens diskutiert, die im Besonderen eine Modernisierung des Unternehmens zum Inhalt hatte. Post- und Fernmeldewesen wurden von gewaltigen technischen Weiterentwicklungen beeinflusst; die europäische Integration ließ eine Aufrechterhaltung des Post- und Fernmeldemonopols nicht mehr zu. Post- und Telegraphenwesen stehen in einem verstärkten Wettbewerb.

Aus all diesen Überlegungen wurde im Jahr 1996 im Nationalrat ein **Poststrukturgesetz** beschlossen. Dadurch wurde die österreichische Post, die die letzte Europas noch in direkter Verwaltung des Staates war, aus dem Bundesbudget ausgegliedert (»privatisiert«).

Post neu:
Die Aufgaben des Post-, Postauto- und Fernmeldewesens werden von nun an von der »Post und Telekom Austria Aktiengesellschaft« (PTA) wahrgenommen.
Die PTA ist nach kaufmännischen Grundsätzen zu führen, ihr Aufgabengebiet umfasst folgende Leistungen:
- Postdienst
- Telekommunikationsdienst (Fernmeldedienst)
- Paketdienst
- Omnibusdienst im Kraftfahrlinien- und Gelegenheitsverkehr
- Gelddienst
Die PTA hat auch gemeinwirtschaftliche Leistungen zu erbringen, für die sie besondere finanzielle Zuwendungen erhält (z. B. reduzierte Tarife).
Das Unternehmen wird von einem Vorstand geführt, der aus mindestens zwei und höchstens sechs Mitgliedern besteht. Der Vorsitzende ist der Generaldirektor des Unternehmens, er wird vom Generaldirektorstellvertreter vertreten. Die Vorstandsmitglieder werden vom Aufsichtsrat bestellt.
Der Aufsichtsrat besteht aus 18 Mitgliedern (12 werden von der Hauptversammlung gewählt, sechs werden von der betrieblichen Arbeitnehmervertretung entsendet). Der Aufsichtsrat ist das Kontrollorgan des Unternehmens. Er hat den Abschluss und die Änderung von Kollektivverträgen und Betriebsvereinbarungen sowie bestimmte andere Geschäfte zu genehmigen.

Parlament und Regierung in den Bundesländern

Das parlamentarische System in den Bundesländern hat mehrere Gemeinsamkeiten mit dem System des Bundes. Allerdings gibt es auch Unterschiede zwischen dem Bund und den Bundesländern sowie zwischen den einzelnen Bundesländern, weil die Länder durch ihre Verfassungen (= **Landesverfassungen**) auch unterschiedliche Regelungen treffen können.
Gesetzgebende Körperschaft jedes Landes ist der **Landtag**. Dieses Landesparlament wird nach den selben Grundsätzen gewählt, die auch für die Wahl des Nationalrats maßgeblich sind (allgemeines, gleiches, geheimes Wahlrecht usw.).
Die Zahl der Mitglieder der Landtage ist unterschiedlich und nimmt auf die Größe der Bundesländer Bezug:
36 Mitglieder umfassen die Landtage von Vorarlberg, Burgenland, Kärnten, Salzburg und Tirol;
56 Mitglieder die Landtage von Niederösterreich, Oberösterreich und der Steiermark;

100 Mitglieder der Landtag von Wien, der gleichzeitig auch der Gemeinderat ist.

Landesgesetze sind vom Landtag zu beschließen. Wer die Beurkundung und Gegenzeichnung vornimmt, steht in der Landesverfassung. Die Kundmachung der Landesgesetze erfolgt durch den Landeshauptmann im **Landesgesetzblatt**.

Der Bund hat bei Landesgesetzen insofern ein Mitwirkungsrecht, als die Bundesregierung wegen Gefährdung von Bundesinteressen gegen den Gesetzesbeschluss eines Landtags Einspruch erheben kann. Der Landtag kann allerdings in diesem Fall einen Beharrungsbeschluss fassen, sodass das Landesgesetz dennoch zu Stande kommt. Was die Kontrolle der Regierung durch den Landtag anbelangt, sehen die landesrechtlichen Vorschriften, vor allem die Landesverfassungen, nähere Bestimmungen vor. Die Kontrollinstrumente sind zum Teil ähnlich wie im Nationalrat. Der Landtag kann vom Bundespräsidenten aufgelöst werden, wenn ein entsprechender Antrag der Bundesregierung vorliegt und der Bundesrat diesem Antrag mit Zweidrittelmehrheit zustimmt. Diese Bestimmung hatte bisher noch keine praktische Bedeutung.

An der Spitze der Verwaltung steht in jedem Bundesland eine **Landesregierung**. Die Landesregierung setzt sich aus dem Landeshauptmann, dessen Stellvertretern und weiteren Mitgliedern der Landesregierung, die üblicherweise als Landesräte bezeichnet werden, zusammen. Die Landesregierung ist **höchste Verwaltungsinstanz des Landes**, sie wird jedoch nicht wie die Bundesregierung vom Bundespräsidenten ernannt, sondern vom Landtag gewählt.

In einigen Bundesländern besteht das System der so genannten **Proporzregierung**, das heißt, dass sich auch die Landesregierung in demselben Kräfteverhältnis zusammensetzen muss wie der Landtag. In den vergangenen Jahren hat sich die Tendenz verstärkt, die Proporzsysteme im Länderbereich abzuschaffen. In vier Bundesländern (Wien, Vorarlberg, Salzburg und Tirol) besteht das Proporzsystem in den Landesregierungen nicht mehr.

Die Zahl der Mitglieder der Landesregierung wird durch die Landesverfassung festgesetzt. Die Landesregierung entscheidet zum Teil als Kollegialorgan, zum Teil entscheiden die Mitglieder auf Grund einer Geschäftsverteilung, die die Aufgaben der einzelnen Mitglieder regelt, selbständig.

Der administrative Hilfsapparat der Landesregierung und der einzelnen Landesregierungsmitglieder ist das **Amt der Landesregierung**. Dies ist ein Behördenapparat, der unter der Leitung des Landesamtsdirektors tätig ist und in dem die Aufgabengebiete auf verschiedene Verwaltungseinheiten (Abteilungen) verteilt sind.

Die Organisation der Verwaltung

Die Regierungsorgane sind die oberste Spitze der Verwaltung. Ihnen untergeordnet sind Behörden und Verwaltungsdienststellen, die jeweils an die Weisungen der übergeordneten Organe gebunden sind. Die **hierarchische Gliederung** im Verwaltungssystem bedeutet einerseits die Bindung der untergeordneten Organe an die Weisungen der übergeordneten Organe, andererseits ist die Regierung als oberstes Organ für die Verwaltung verantwortlich. Diese Verantwortlichkeit besteht vor allem auch gegenüber dem Parlament.

Aus dem **bundesstaatlichen Aufbau** Österreichs ergibt sich zunächst, dass sowohl der Bund als auch die Länder eigene Verwaltungsorganisationen haben. Natürlich gibt es auch Überschneidungen: dass Verwaltungsbehörden der Länder für den Bund und – was seltener der Fall ist – dass Behörden des Bundes für die Länder tätig werden. Wenn der Bund zur Besorgung seiner Angelegenheiten eigene Organe geschaffen hat, spricht man von der **unmittelbaren Bundesverwaltung** (Beispiel: Finanzverwaltung mit folgenden Behörden: Finanzämter, Finanzlandesdirektionen für jedes einzelne Bundesland und Bundesministerium für Finanzen). Häufig werden die Aufgaben des Bundes auch in der **mittelbaren Bundesverwaltung** erledigt: Das heißt, dass die Verwaltungsbehörden der Länder (in erster Instanz die Bezirksverwaltungsbehörden) tätig werden. Darüber ist in nächster Instanz der Landeshauptmann oder ein Mitglied der Landesregierung zuständig und schließlich in oberster Ebene der betreffende Bundesminister.

Schematisch dargestellt ergibt sich folgende **hierarchische Gliederung**:

Aus diesem Schema wird die besondere Bedeutung der Bezirksverwaltungsbe-hörden ersichtlich. Die Bezirksverwaltungsbehörden werden auch **Bezirks-hauptmannschaften** genannt. Sie sind jene unterste Instanz im Verwaltungs-system, mit der die meisten Bürger im Alltag zu tun haben. Daher spielen sie in der Beziehung zwischen Verwaltung und Bürger eine entscheidende Rolle. An der Spitze der Bezirkshauptmannschaft steht der **Bezirkshauptmann**, der für die gesamte Geschäftsführung verantwortlich ist. Er wird von der Landes-regierung bestellt. Die Bezirkshauptmannschaft selbst besteht aus mehreren Verwaltungseinheiten, die die verschiedensten Sachbereiche besorgen. Für den öffentlichen Sicherheitsdienst steht der Bezirkshauptmannschaft die Gendar-merie (ab 2005: die Bundespolizei) als Wachkörper zur Seite.

Die Gemeinden

Die **unterste territoriale Ebene** in der Verwaltungsorganisation sind die Gemeinden. Die Gemeinden sind bereits seit dem Jahr 1849 Träger von Ver-waltungsaufgaben. Sie sind Ausdruck der Idee der Selbstverwaltung.

Unter **Selbstverwaltung** versteht man die Erledigung von öffentlichen Aufga-ben in autonomer Weise (auch so genannter eigener Wirkungsbereich). Das heißt, dass die Selbstverwaltungsbehörden an keine Weisung der staatlichen Behörden (Bund und Länder) gebunden sind, sie unterstehen allerdings einer staatlichen Aufsicht.

Die Gemeinden haben im österreichischen Verwaltungsaufbau eine zweifache Funktion:

- Sie sind in die Hierarchie der Verwaltungsorgane eingegliedert und besor-gen staatliche Aufgaben für den Bund und die Länder – in diesem Zusam-menhang sind sie weisungsgebunden (übertragener Wirkungsbereich).
- In den Angelegenheiten des eigenen (autonomen) Wirkungsbereichs han-deln sie frei von Weisungen.

Der eigene Wirkungsbereich einer Gemeinde ist Ausdruck der territorialen Selbstverwaltung. Neben der territorialen Selbstverwaltung der Gemeinden gibt es in Österreich auch andere Bereiche der Selbstverwaltung: die Kam-mern (berufliche und wirtschaftliche Selbstverwaltung), die Sozialversiche-rungsträger (soziale Selbstverwaltung) und die Universitäten (kulturelle Selbst-verwaltung).

Die Gemeinden haben auch im Bundesstaat eine besondere Rolle: Sie sind neben dem Bund und den Ländern die dritte Ebene des Bundesstaates.

Die Angelegenheiten im **autonomen Wirkungsbereich** betreffen vor allem folgende Verwaltungsbereiche:

örtliche Sicherheitspolizei

örtliche Veranstaltungspolizei

örtliche Marktpolizei

Sittlichkeitspolizei
örtliche Straßenpolizei
örtliche Baupolizei

Die Gemeinde ist ähnlich wie ein Bundesland eine Art parlamentarisches System, das eigene Organe besitzt:
- Der **Gemeinderat** ist ein allgemeiner Vertretungskörper, der von den Gemeindebürgern nach denselben Grundsätzen wie der Nationalrat und die Landtage gewählt wird. Allerdings können Personen, die sich noch nicht ein Jahr in einer Gemeinde aufhalten und deren Aufenthalt offensichtlich vorübergehend ist, landesgesetzlich vom Wahlrecht ausgeschlossen werden. Das Wahlrecht zum Gemeinderat haben alle Bürger der Europäischen Union.
- Der **Gemeindevorstand** ist quasi eine kollegiale Gemeinderegierung, die vom Gemeinderat nach dem Stärkeverhältnis gewählt wird. In Gemeinden, die den Titel Stadt führen, heißt er Stadtrat, in Statutarstädten (Städten mit eigenem Statut) Stadtsenat.
- Der **Bürgermeister** wird entweder vom Gemeinderat oder in einigen Bundesländern (Tirol, Kärnten, Burgenland, Salzburg) von den Gemeindebürgern unmittelbar gewählt.

Der administrative Hilfsapparat in der Gemeinde ist das **Gemeindeamt** (in Statutarstädten der Magistrat).

Eine besondere Stellung haben die **Statutarstädte**, die Gemeinde und Bezirk in einem sind und daher Aufgaben wie eine Bezirksverwaltungsbehörde wahrzunehmen haben. Statutarstädte sind z. B. Eisenstadt, Graz, Innsbruck, Klagenfurt, Krems, Linz, Rust, Salzburg, St. Pölten, Waidhofen a. d. Ybbs und Wels.

Eine **besondere Regelung** ist in der Bundesverfassung für Wien getroffen. Wien ist sowohl Bundesland als auch Gemeinde und ebenso Stadt mit eigenem Statut (das heißt Träger der Bezirksverwaltung). Daraus ergeben sich verschiedene Doppelfunktionen der Organe. Der Wiener Gemeinderat ist gleichzeitig auch Landtag des Landes Wien. Besondere Regelungen bestehen hinsichtlich des Instanzenzuges in Wien. Behörden in den Bezirken sind die Magistratischen Bezirksämter.

Verwaltungspersonal

Die Aufgaben der Verwaltung werden von Personen wahrgenommen, die in besonderer Weise dafür ausgebildet werden. Die öffentlichen Gebietskörperschaften – das sind der Bund, die Länder und die Gemeinden – sind der größte Dienstgeber in Österreich. Die im öffentlichen Dienst tätigen Personen werden auch öffentlich Bedienstete oder Beamte (in einem weiteren Sinn) genannt.

Sie werden in zwei Kategorien unterteilt: in Beamte (im engeren Sinn) und in Vertragsbedienstete.

- **Beamte** befinden sich in einem öffentlich-rechtlichen Dienstverhältnis. Wenn sie bestimmte Ernennungserfordernisse (mindestens 18 Jahre und höchstens 40 Jahre, österreichische Staatsbürgerschaft, persönliche und fachliche Eignung) erfüllen, können sie nach einer provisorischen Dienstzeit definitiv zu Beamten ernannt werden. Die Ernennung erfolgt durch einen Bescheid und die Verleihung einer Planstelle. Durch die Ernennung sind sie unkündbar geworden. Man nennt diesen Akt auch Pragmatisierung.

- **Vertragsbedienstete** sind in der Verwaltung auf Grund eines Dienstvertrages tätig, den sie mit ihrem Dienstgeber schließen. Der Dienstvertrag kann auf bestimmte oder unbestimmte Zeit geschlossen werden. Ansprüche daraus können beim Arbeitsgericht geltend gemacht werden.

Verschiedentlich wird bezweifelt, ob diese Zweiteilung des Verwaltungspersonals in Beamte und Vertragsbedienstete heute noch sinnvoll ist, da beide Kategorien dieselbe Tätigkeit ausüben. Es besteht die Tendenz, die Pragmatisierung auf wenige Bereiche der öffentlichen Verwaltung zu reduzieren.

Zwischen dem Staat und den einzelnen Beamten besteht ein besonderes Verhältnis von Rechten und Pflichten. Die Bundesbeamten müssen ihre dienstlichen Aufgaben »unter Beachtung der geltenden Rechtsordnung treu, gewissenhaft und unparteiisch besorgen«. Sie müssen in ihrem gesamten Verhalten darauf Bedacht nehmen, dass das Vertrauen der Öffentlichkeit in die sachliche Wahrnehmung ihrer Aufgaben erhalten bleibt. Ähnlich ist auch die Rolle der Landes- und der Gemeindebeamten definiert.

In der österreichischen Verfassung sind für die Verwaltungsorgane und das Verwaltungspersonal einige wichtige Grundsätze verankert:

- **Gegenseitige Hilfeleistungspflicht**: Alle Organe des Bundes, der Länder und der Gemeinden sind im Rahmen ihres gesetzmäßigen Wirkungsbereiches zur wechselseitigen Hilfeleistung verpflichtet.

- **Amtsverschwiegenheit**: Sie bedeutet die Verpflichtung zur Verschwiegenheit über alle den Organen aus ihrer amtlichen Tätigkeit bekannt gewordenen Tatsachen, wenn deren Geheimhaltung im Interesse der Aufrechterhaltung der öffentlichen Ruhe, Ordnung und Sicherheit, der umfassenden Landesverteidigung, der auswärtigen Beziehungen, im wirtschaftlichen Interesse einer Körperschaft des öffentlichen Rechts, zur Vorbereitung einer Entscheidung oder im überwiegenden Interesse der Parteien (das sind Bürger, für die die Verwaltungsorgane tätig sind) geboten erscheint.

- **Allgemeine Auskunftspflicht**: Die Verwaltungsorgane sind verpflichtet, über Angelegenheiten ihres Wirkungsbereiches Auskünfte zu erteilen. Die Verpflichtung zur Auskunftserteilung wird durch die gesetzliche Verschwiegenheitspflicht beschränkt. Ebenso können Auskünfte verweigert werden, wenn das Auskunftsbegehren mutwillig ist oder wenn die Auskunftserteilung die übrigen Aufgaben der Behörde wesentlich beeinträchtigen würde.

• **Amts- und Organhaftung**: Für rechtswidriges und schuldhaftes Verhalten des Verwaltungspersonals haften die Gebietskörperschaften sowie die sonstigen Körperschaften und Anstalten des öffentlichen Rechts (Amtshaftung). Diese »Rechtsträger« haften nach den Bestimmungen des bürgerlichen Rechts. Die Haftung besteht, wenn das rechtswidrige und schuldhafte Verhalten »in Vollziehung der Gesetze« erfolgte. Einige Beispiele dafür, was unter «Vollziehung der Gesetze» zu verstehen ist:
Unterlassung der Überwachung von Anlagen durch die Gewerbebehörde; Aufstellung eines Verkehrszeichens; vorläufige Beschlagnahme von Fleisch durch einen Tierarzt bei einer Fleischbeschau; Verwendung einer Dienstwaffe durch einen Präsenzdiener; Erstattung eines Gutachtens über Weinproben durch die landwirtschaftlich-chemische Bundesanstalt.
Haben die Personen, die den Schaden herbeigeführt haben, vorsätzlich oder grob fahrlässig gehandelt, kann der Rechtsträger ihnen gegenüber einen Rückforderungsanspruch geltend machen. Die Organe der Hoheitsverwaltung und der Gerichte haften dem Rechtsträger gegenüber für jenen Schaden, den sie diesem unmittelbar zugefügt haben (Organhaftung).

• **Disziplinarrechtliche Verantwortung**: Seit jeher war der Beamte für die Einhaltung seiner Dienstpflichten in besonderer Weise verantwortlich. Die Verletzung der Dienstpflichten ist unabhängig von anderen Folgen (wie etwa im Rahmen eines Gerichtsverfahrens) durch eigene Behörden der Verwaltung (Disziplinarbehörden) zu ahnden und zu bestrafen. Disziplinarstrafen können ein Verweis, eine Geldbuße oder eine Geldstrafe, in gravierenden Fällen auch die Entlassung sein.

Die **Bezahlung der Beamten** erfolgt aus dem Budget. Der darin festgesetzte so genannte Personalaufwand enthält alle Mittel, die zur Bezahlung des Verwaltungspersonals erforderlich sind. Im Budget 2004 sind für Personalausgaben 10.430 Millionen Euro (= 16,7 % der Gesamtausgaben) vorgesehen. Die Entwicklung des Verwaltungspersonals kann durch den Stellenplan (hier werden alle Planstellen festgelegt) gesteuert werden. Jeder Beamte wird auf eine Planstelle ernannt. Der Stellenplan ist die Grundlage der Personalplanung der Gebietskörperschaften. Der Stellenplan des Bundes ist Bestandteil des jeweiligen Bundesfinanzgesetzes und legt die zulässige Anzahl der Bundesbediensteten für ein Jahr fest. Man spricht öfter davon, dass Österreich ein Beamtenstaat ist, und meint damit die relativ hohe Zahl von Beamten. Zählt man alle im öffentlichen Bereich tätigen Personen zusammen, so kommt man auf ungefähr 369.400 Beamte und 275.400 Vertragsbeschäftigte in Österreich (Statistik Austria, Arbeitskräfteerhebung 2003). Die Gesamtzahl der unselbständig

Beschäftigten betrug 2003 in Österreich 3.216.000. Daraus ergibt sich, dass jeder fünfte Beschäftigte ein Beamter im weiteren Sinn ist. Österreich steht in der Statistik, was den Anteil der Staatsdiener an der Beschäftigungszahl anbelangt, im EU-weiten Vergleich an fünfter Stelle – hinter Belgien, Dänemark, Luxemburg und Deutschland. Damit ist die starke Rolle der Beamten in unserer Gesellschaft unterstrichen, die Diskussionen um die Reform der öffentlichen Verwaltung betreffen daher im Besonderen auch die Frage möglicher Einsparungen im Personalbereich.

Aus diesen Gründen sieht der Stellenplan des Bundes für die Jahre 2003 bis 2006 einen Personalabbau von 10.000 Personen vor. Dieser Rückbau erfolgt unter anderem durch Ausgliederungen (→ Ausgliederungen). So wurden z. B. mit Beginn des Jahres 2004 die Universitäten selbständige Rechtsträger, wodurch die Anzahl der Planstellen des Bundes um ca. 6.900 gesunken ist.

Die unabhängige Gerichtsbarkeit

Im Gegensatz zur Verwaltung sind die Gerichtsorgane **unabhängige Staatsorgane**. Sie sind bei der Ausübung ihrer richterlichen Tätigkeit an keine Weisungen gebunden. Die Gerichtsbarkeit ist in Österreich Bundessache, es gibt keine Ländergerichtsbarkeit.

Richter werden vom Bundespräsidenten oder auf Grund dessen Ermächtigung vom Justizminister ernannt. Sie sind in Ausübung ihres Amtes
• unabhängig,
• unabsetzbar,
• unversetzbar.

In beschränktem Umfang können auch so genannte **Rechtspfleger**, die nichtrichterliche Bundesbeamte sind, für Geschäfte im Bereich des Zivilrechts eingesetzt werden (Rechtspfleger sind Hilfsorgane der Richter).

Richter sind hauptberuflich tätig. Die Verfassung sieht allerdings vor, dass »das Volk an der Rechtsprechung mitzuwirken hat«. Deshalb gibt es in Österreich auch »**Laienrichter**«, die bei Geschworenen- und Schöffengerichten als Richter mitwirken:
• Die **Geschworenen** entscheiden bei politischen Verbrechen und Vergehen über die Schuld des Angeklagten sowie zusammen mit den Berufsrichtern über das Strafausmaß.
• Die **Schöffen** entscheiden mit den Berufsrichtern über Schuld und Strafe.

Laienrichter gibt es auch in der Handelsgerichtsbarkeit und bei den Arbeits- und Sozialgerichten.

Die genauen Regelungen über die gerichtlichen Verfahren und die Organisation der Gerichtsbarkeit sind in einer Reihe von besonderen Gesetzen enthalten: Jurisdiktionsnorm, Zivilprozessordnung, Gerichtsorganisationsgesetz, Richterdienstgesetz.

Die Bundesverfassung regelt für das Verfahren vor den Gerichten bestimmte **Grundsätze**, die bindend sind:

- Seit dem Jahr 1968 ist in Österreich die Todesstrafe verboten.
- Mündlichkeit: Die Parteien müssen ihren Standpunkt vor Gericht mündlich und unmittelbar darlegen können.
- Verhandlungen sind grundsätzlich öffentlich zu führen.
- Anklageprozess: Dieses Prinzip bedeutet, dass aus Gründen der Sicherung der Objektivität die Rolle des Anklägers und die des Richters eine getrennte ist. Ein Richter kann nicht gleichzeitig als Ankläger tätig sein und umgekehrt. Im gerichtlichen Verfahren nimmt die Rolle des Anklägers der **Staatsanwalt** wahr, der als Verwaltungsbehörde an die Weisungen seiner Vorgesetzten gebunden ist.

Die **Gerichtsorganisation** spiegelt die bundesstaatliche Struktur Österreichs wider. Oberste Instanz in Zivil- und Strafrechtssachen ist der Oberste Gerichtshof. Darunter bestehen Gerichte auf verschiedenen Ebenen (siehe Grafik S. 110).

Innerhalb eines Gerichts werden die einzelnen Fälle nach dem **Grundsatz der festen Geschäftsverteilung** auf die Richter aufgeteilt. Das heißt, dass jeder Richter seinen bestimmten Aufgabenbereich hat. Eine Zuteilung der einzelnen Fälle kann daher nicht willkürlich erfolgen. Der Grundsatz der festen Geschäftsverteilung sichert auch die Rechtsstaatlichkeit und die Unabhängigkeit.

Gerichtsorganisation

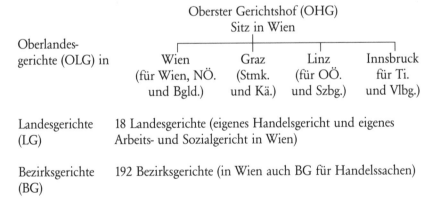

	Oberster Gerichtshof (OHG) Sitz in Wien			
Oberlandes- gerichte (OLG) in	Wien (für Wien, NÖ. und Bgld.)	Graz (Stmk. und Kä.)	Linz (für OÖ. und Szbg.)	Innsbruck für Ti. und Vlbg.)
Landesgerichte (LG)	18 Landesgerichte (eigenes Handelsgericht und eigenes Arbeits- und Sozialgericht in Wien)			
Bezirksgerichte (BG)	192 Bezirksgerichte (in Wien auch BG für Handelssachen)			

Instanzenzug in Zivilrechtssachen

Unter Instanzenzug versteht man das durch ein Rechtsmittel bewirkte Fortschreiten eines Prozesses vom niederen zum höheren Gericht. Der Instanzenzug ist dreistufig:

I. Instanz:	Bezirksgericht	Landesgericht
II. Instanz:	Landesgericht	Oberlandesgericht
III. Instanz:	Oberster Gerichtshof	

4. Wer unsere Republik kontrolliert

Macht braucht Kontrolle

Der Staat besitzt für die Erfüllung seiner Aufgaben Macht. Er kann seine Gesetze und Vorschriften durch Ausübung von Zwang durchsetzen. Seine Macht ist jedoch nicht willkürlich. In einem demokratischen Rechtsstaat muss alle staatliche Gewaltausübung in einem Gesetz begründet sein (→ Legalitätsprinzip). Das Gesetz ermächtigt zur Machtausübung, es beschränkt und begrenzt sie aber auch.

Das gesetzmäßige Verhalten der Staatsorgane ist eine wesentliche Voraussetzung dafür, dass der Bürger **Vertrauen** in seinen Staat hat. Dieses Vertrauen besteht nur dann, wenn man überzeugt ist, **dass jede staatliche Herrschaftsausübung kontrolliert wird**. Kontrolliert, ob sie im Rahmen der Gesetze erfolgt und ob sie die ihr gezogenen Grenzen für den Machtgebrauch nicht überschreitet.

Macht braucht Kontrolle – diese Parole hat auch für die parlamentarische Demokratie Gültigkeit. Die Kontrolleinrichtungen einer Demokratie sind zahlreich und vielfältig. Sie dürfen kein Eigenleben führen, sondern müssen in das System der demokratischen Einrichtungen eingebaut sein.

Wer kontrolliert die Kontrollore? Diese Frage stellt sich auch in der Demokratie. Die Antwort ist das Prinzip einer **wechselseitigen Kontrolle**. Dies gilt auch für das Parlament: Es kontrolliert die Verwaltung, ist selbst aber der Kontrolle des Verfassungsgerichtshofes unterworfen, wenn es um die Frage geht, ob die beschlossenen Gesetze der Verfassung entsprechen.

Arten der Kontrolle

Grundsätzlich können die Kontrollaufgaben in unserem Staat in drei große Bereiche unterteilt werden:
• Politische Kontrolle
• Rechtliche Kontrolle
• Finanzielle Kontrolle

Das Unterscheidungsmerkmal sind die **Kontrollmaßstäbe**, die der jeweiligen Kontrollart zu Grunde liegen. Bei der politischen Kontrolle werden Inhalte und Form der jeweiligen Politik kontrolliert (→ *Volk als höchstes Kontrollorgan,*

Ausübung der Kontrolle durch das Parlament). Bei der rechtlichen Kontrolle wird die Gesetzmäßigkeit staatlichen Handelns kontrolliert (→ *Kontrolle durch den Verfassungsgerichtshof und Verwaltungsgerichtshof, unabhängige Gerichte).* Die finanzielle Kontrolle hat die ordnungsgemäße Verwendung von staatlichen Finanzmitteln zum Gegenstand. Sie prüft nach rechtlichen, vor allem aber wirtschaftlichen Gesichtspunkten (→ *Rechnungshof).*

Die österreichische Demokratie ist eine repräsentative Demokratie. Das heißt, dass das Volk Repräsentanten (Volksvertreter, die Abgeordnete oder Mandatare heißen) wählt, die den politischen Willen des Volkes im Parlament umsetzen. Diese konkrete Umsetzung in der Politik wird vom Volk **alle 4 Jahre mittels Wahlen kontrolliert.**

Staatliche Kontrolle erfolgt nicht nur durch Aufsicht, sondern auch durch ein Zusammenwirken unterschiedlicher politischer Kräfte. Durch Mitregieren und Mitverantworten ist eine Kontrollfunktion gegeben.

In Österreich ist die Kontrolle der Macht grundsätzlich durch die verfassungsmäßig abgesicherte Verteilung der Macht (→ *Gewaltentrennung)* gewährleistet. Die klassischen drei Staatsfunktionen – Gesetzgebung, Verwaltung, Gerichtsbarkeit – stehen zueinander in einem wechselseitigen Kontrollverhältnis:

• Das Parlament kontrolliert die Verwaltung (unmittelbar durch die Abgeordneten, mittelbar durch den Rechnungshof und die Volksanwaltschaft).
• Der Verwaltungsgerichtshof kontrolliert die staatliche Verwaltung.
• Der Verfassungsgerichtshof kontrolliert die Verfassungsmäßigkeit der Gesetzgebung und damit die Arbeit des Parlaments.

Die parlamentarische Kontrolle

Die Kontrolle durch die gesetzgebenden Körperschaften ist von grundsätzlicher Bedeutung: Zum einen ist das Parlament vom Volk gewählt und wird vom Wähler mittels Stimmabgabe kontrolliert. Zum anderen bestimmt es durch von ihm beschlossene Gesetze die Maßstäbe für staatliche Kontrollen jeder Art.

Für den Bundesbereich **üben sowohl der Nationalrat als auch der Bundesrat eine umfassende Kontrolle aus.** Dies betrifft die gesamte Geschäftsführung der Bundesregierung sowie die gesamte Verwaltung des Bundes, das heißt die Tätigkeit der Bundesministerien und der den Ministerien unterstellten Organe.

Artikel 52 Abs. 1 des Bundesverfassungsgesetzes bestimmt:»Der Nationalrat und der Bundesrat sind befugt, die Geschäftsführung der Bundesregierung zu überprüfen, deren Mitglieder über alle Gegenstände der Vollziehung zu befragen und alle einschlägigen Auskünfte zu verlangen sowie ihren Wünschen über die Ausübung der Vollziehung in Entschließungen Ausdruck zu geben.« Mit dieser Verfassungsbestimmung sind zwei klassische Kontrollinstrumente angesprochen: das **Interpellationsrecht und das Resolutionsrecht.**

Das Interpellationsrecht umfasst das mündliche Fragerecht und die schriftliche Anfrage.

Das **mündliche Fragerecht** wird jeweils am Beginn einer Parlamentssitzung in Form einer Fragestunde ausgeübt. Regierungsmitglieder können nicht nur über ihre Tätigkeit in Vergangenheit und Gegenwart, sondern auch über zukünftige Pläne und Maßnahmen befragt werden.

Schriftliche Anfragen müssen von fünf Abgeordneten unterschrieben werden, das befragte Regierungsmitglied hat die Anfrage binnen zwei Monaten schriftlich zu beantworten oder zu begründen, warum die gewünschte Auskunft nicht erteilt werden kann.

Einen besonderen Stellenwert in der parlamentarischen Auseinandersetzung nimmt die so genannte **dringliche Anfrage** ein. Eine in einer Sitzung eingebrachte schriftliche Anfrage ist sofort (dringlich) zu behandeln, wenn fünf Abgeordnete dies schriftlich verlangen. Dadurch wird innerhalb einer Sitzung eine ausführliche Diskussion zur gestellten Anfrage durchgeführt. Die dringliche Anfrage gilt als die schärfste Waffe der Opposition.

Im Unterschied zum Fragerecht, das der Information der Abgeordneten dient, ist das **Recht, Entschließungen zu fassen,** ein Mittel, um Wünsche zum Ausdruck zu bringen. So können etwa die Fraktionen mit Entschließungsanträgen die Unterschiedlichkeit ihrer Standpunkte verdeutlichen. Im Regelfall bringen Entschließungen den Wunsch nach konkretem Handeln der Regierung zum Ausdruck, etwa nach Ausarbeitung einer Regierungsvorlage. In einzelnen Fällen enthalten sie auch grundsätzliche Orientierungen, wie z. B. rasches Handeln gegen massive Menschenrechtsverletzungen sowie Verbrechen gegen die Menschlichkeit in den Darfur-Provinzen (Sudan).

Weiters besteht die Möglichkeit, Entschließungsanträge als **dringliche Anträge** einzubringen und zu behandeln, wenn fünf Abgeordnete dies verlangen. Die Behandlung eines dringlichen Antrags erfolgt in ähnlicher Weise wie bei der dringlichen Anfrage. Am Schluss der Debatte ist über diesen Antrag abzustimmen.

Der Nationalrat - nicht aber der Bundesrat - hat zwei weitere Kontrollmittel zur Verfügung:

- Durch **Untersuchungsausschüsse** kann der Nationalrat bestimmte Vorfälle im Bereich der Verwaltung in umfassender, intensiver und kritischer Weise überprüfen. Die Gerichte und alle anderen Behörden sind verpflichtet, für diesen Ausschuss Beweiserhebungen durchzuführen, die öffentlichen Ämter haben auf Verlangen ihre Akten vorzulegen. Die näheren Verfahrensbestimmungen für Untersuchungsausschüsse sind in einer »Verfahrensordnung« enthalten, die im Besonderen das Beweisverfahren (Vernehmung der Zeugen, Sachverständigen) regelt. Die Ergebnisse der Untersuchung werden in einem Bericht zusammengefasst und im Plenum des Nationalrats diskutiert. Im Unterschied zu gerichtlichen Verfahren findet weder eine Verurteilung noch ein Freispruch statt, es werden lediglich Feststellungen getroffen. Die Einsetzung der Untersuchungsausschüsse erfolgt in der parlamentarischen Praxis eher selten. Sie wird durch einen Mehrheitsbeschluss herbeigeführt, wenn die Mehrheit der Volksvertreter ein Interesse an der Erörterung bestimmter Fragen hat. Obwohl praktisch keine Chancen bestehen, dass die Minderheit (= Opposition) mit Anträgen auf Untersuchungsausschüsse durchkommt, werden solche immer wieder eingebracht, um bestimmte politische Fragen in den Vordergrund zu rücken.

– Das **Misstrauensvotum** ist die schärfste Waffe parlamentarischer Kontrolle. Im Falle eines derartigen Beschlusses ist die Bundesregierung oder der betreffende Bundesminister vom Bundespräsidenten unverzüglich seines Amtes zu entheben.

Ebenso wie bei Untersuchungsausschüssen ist auch bei Misstrauensanträgen die Zustimmung der Mehrheit des Nationalrats erforderlich. Auch hier kann die Opposition allein mit ihren Anträgen nicht durchkommen, sie bringt jedoch immer wieder Misstrauensanträge ein, um Kritik an der Amtsführung eines Regierungsmitgliedes zu üben und in besonderer Weise sichtbar zu machen.

Neben diesen klassischen Kontrollinstrumenten gibt es noch **weitere Kontrollmöglichkeiten** durch den Nationalrat:

- So kann ein Drittel der Abgeordneten (das sind 61) ein Bundesgesetz zur Gänze oder hinsichtlich bestimmter Stellen beim Verfassungsgerichtshof mit der Behauptung der Verfassungswidrigkeit anfechten.
- Die militärischen Nachrichtendienste sowie die Staatspolizei werden durch besondere ständige Unterausschüsse kontrolliert.
- Ebenso können Vorgänge in einer vom Rechnungshof untersuchten Angelegenheit durch einen speziellen ständigen Unterausschuss überprüft werden.
- 20 Abgeordnete können eine besondere Gebarungsprüfung durch den Rechnungshof verlangen.

Kontrollorgane des Nationalrats

Der Nationalrat verfügt über zwei eigene Kontrolleinrichtungen, die selbständig und unabhängig tätig werden: den **Rechnungshof** und die **Volksanwaltschaft**.

Der **Rechnungshof** ist ein Organ des Nationalrats und prüft die Gebarung der Gebietskörperschaften (Bund, Länder, Gemeinden, Sozialversicherungsträger und in eingeschränktem Maß berufliche und wirtschaftliche Interessenvertretungen). Geprüft werden die Gesetzmäßigkeit des Handelns, die Wirtschaftlichkeit, die Zweckmäßigkeit sowie die Sparsamkeit. Die Ergebnisse der Prüfungen werden in Berichten zusammengefasst und dem Nationalrat übermittelt, wo dann eine ausführliche Debatte stattfindet. Der Rechnungshof ist das Zentrum der finanziellen Kontrolle.

Im Jahr 1977 wurde als zusätzliches Kontrollorgan des Nationalrats die **Volksanwaltschaft** eingerichtet. Sie prüft Beschwerden der Bürger, in denen Missstände der Verwaltung behauptet werden, sofern ein Rechtsmittel nicht oder nicht mehr zur Verfügung steht. Das Ergebnis der Prüfungen wird in Berichten zusammengefasst, die dem Nationalrat vorzulegen sind.

Die Volksanwaltschaft ist weder als Gericht noch als Verwaltungsbehörde eingerichtet, sondern als ein dem Parlament zugeordnetes Kontrollorgan. Sie fungiert daher als Ergänzung des bestehenden Rechtsschutzes, um Missstände im Bereich der Verwaltung aufzuzeigen und zu deren Beseitigung beizutragen. Leitidee ist die Unabhängigkeit des Kontrollorgans, die durch uneingeschränkte Möglichkeit zur Prüfung sowie durch volle Akteneinsicht gewährleistet wird. Bundesminister, Landesregierungsmitglieder, Bürgermeister und alle anderen Organe des Bundes, der Länder und der Gemeinden sind der Volksanwaltschaft zur Auskunftserteilung verpflichtet. Damit verfügt sie über ein effektives Instrumentarium im Dienste der Bevölkerung. Die Volksanwaltschaft beschäftigt sich mit der Prüfung von Missständen in der Verwaltung des Bundes. Die Landesverwaltung kontrolliert sie nur in jenen Ländern, die die Volksanwaltschaft dazu ermächtigt haben. Es sind dies alle Bundesländer mit Ausnahme von Tirol und Vorarlberg, die eigene **Landesvolksanwälte** haben. Die Gerichtsbarkeit ist grundsätzlich aus der Zuständigkeit der Volksanwaltschaft ausgenommen, außer wenn eine Beschwerde die Tätigkeit der Justizverwaltung betrifft (z. B. Staatsanwaltschaft, Strafvollzug oder wenn gravierende Verfahrensverzögerungen vorliegen). Die Prüfungsverfahren beinhalten Stellungnahmen der belangten Behörden und Beweisaufnahmen mittels Vernehmung von Zeugen, Auskunftspersonen beziehungsweise Sachverständigengutachten und Ortsaugenschein.

Die Volksanwaltschaft ist als »**personifizierte Verwaltungskontrolle**« konzipiert, die ein möglichst unbürokratisches Hilfsmittel gegen die Ohnmacht des Einzelnen gegenüber dem Staat sein soll. Sie besitzt allerdings schwache rechtliche Befugnisse. Sie hat kein Entscheidungsrecht, lediglich eine Ermächtigung zur Anfechtung von Verordnungen vor dem Verfassungsgerichtshof. Die Volksanwaltschaft kann von jeder Person, die behauptet, von einem Missstand im Bereich der österreichischen Verwaltung betroffen zu sein, kostenlos eingeschaltet werden. Österreich hat das System des direkten Zugangs zum

Volksanwalt, sodass es keiner Zwischenschaltung eines Abgeordneten oder einer sonstigen Person bedarf, um eine Beschwerde einzubringen. Beschwerden können schriftlich an die Volksanwaltschaft gerichtet oder im persönlichen Gespräch vorgebracht werden.

Die Volksanwaltschaft besteht aus drei vom Nationalrat gewählten Mitgliedern, wobei die drei mandatsstärksten Parteien jeweils eine Person namhaft machen. Die gewählten Volksanwälte können nicht abberufen werden. Der Vorsitz in der Volksanwaltschaft wechselt jährlich zwischen den Mitgliedern.

Die Volksanwälte und ihre Geschäftsbereiche

Die Volksanwälte Peter Kostelka, Ewald Stadler und Rosemarie Bauer wurden als Mitglieder der Volksanwaltschaft vom Nationalrat für die Amtsperiode vom 1. Juli 2001–30. Juni 2007 gewählt.

Volksanwalt Dr. Peter Kostelka
Geschäfts- und Zuständigkeitsbereich:
- Bund: Soziales (Kranken-, Pensions- und Unfallversicherung, Behindertenangelegenheiten, Arbeitsmarktverwaltung), Verkehr, Gesundheit, Jugend und Familie
- Länder: Sozial-, Gesundheits- und Jugendwohlfahrtsfragen

Volksanwalt Mag. Ewald Stadler
Geschäfts- und Zuständigkeitsbereich:
- Bund: Handel und Gewerbe, Landesverteidigung, Unterricht und Kultur, Polizei und Gendarmerie, Justizverwaltung
- Länder: Landes- und Gemeindeabgaben sowie Landesagrarangelegenheiten

Volksanwältin Rosemarie Bauer
Geschäfts- und Zuständigkeitsbereich:
- Bund: Steuern, Land- und Forstwirtschaft, Natur- und Umweltschutz, Wissenschaft, Studienförderung
- Länder: Gemeindeangelegenheiten, insbesondere Fragen der Raumordnung, des Baurechtes und des Wohnungswesens

So können Sie die Volksanwälte erreichen:
(01) 515 05-0
Kostenlose Servicenummer: 0800 223 223
Fax: (01) 515 05-150

Briefanschrift: Singerstraße 17
Postfach 20
1015 Wien
E-Mail: post@volksanw.gv.at

Landesvolksanwalt von Vorarlberg
DDr. Felix Dünser
(0 55 74) 470 27
Fax: (0 55 74) 470 28
Briefanschrift: Römerstraße 14
6900 Bregenz
E-Mail: buero@landesvolksanwalt.at

Landesvolksanwalt von Tirol
Dr. Josef Hauser
(0512) 508-3052
0810 00 62 00 (zum Ortstarif)
Fax: (0512) 508-3055
Briefanschrift: Eduard-Wallnöfer-Platz 3
6020 Innsbruck
E-Mail: landesvolksanwalt@tirol.gv.at

Kontrolle in den Bundesländern

Im österreichischen Bundesstaat sind die Kontrollsysteme dezentralisiert. Neben den Kontrollinstrumenten im Bereich des Bundes besitzen die Bundesländer für ihren Bereich eine **selbständige Kontrollgewalt**. Die Länderparlamente (Landtage) kontrollieren die jeweilige Landesverwaltung mit den in den Landesverfassungen vorgesehenen Instrumenten. Sie sind weitgehend selbständig. Nur wenige Regelungen werden von der Bundesverfassung vorgegeben, wie z. B. die Grundsätze des Wahlrechts der Länderparlamente. Trotz dieser Regelungsfreiheit haben sich gewisse Standards entwickelt, die eine gründliche Kontrolle der Landesverwaltungen gewährleisten. Dies gilt vor allem für das Fragerecht, das sich in allen Landesparlamenten durchgesetzt hat. Die Einrichtung von Untersuchungsausschüssen ist nicht in allen Landesverfassungen vorgesehen, doch gibt es in einzelnen Bundesländern besondere Kontrollausschüsse, die ähnliche Funktionen wahrnehmen.

Unabhängige Gerichte

Neben der parlamentarischen Kontrolle ist in einem Rechtsstaat die Kontrolle der Verwaltung durch eine unabhängige Gerichtsbarkeit unverzichtbar. Deshalb gibt es in Österreich zusätzlich zur ordentlichen Gerichtsbarkeit den Verwaltungsgerichtshof, den Verfassungsgerichtshof sowie unabhängige Verwaltungssenate in den Ländern. Als **Kontrollinstanz** für die Verfassungsmäßigkeit von Gesetzen und als Wahrer der Grund- und Freiheitsrechte spielt der Verfassungsgerichtshof eine zentrale Rolle.

Verwaltungsgerichtshof

Die gerichtliche Kontrolle der Verwaltung ist ein Kernelement des rechtsstaatlichen Prinzips. Das zuständige Organ ist der Verwaltungsgerichtshof, der für ganz Österreich zuständig ist (derzeit gibt es noch keine »Länderverwaltungsgerichtsbarkeit«). Seine Mitglieder sind weisungsfrei, unabsetzbar und unversetzbar.

Der Verwaltungsgerichtshof besteht aus einem Präsidenten, einem Vizepräsidenten und sonstigen Mitgliedern. Alle werden vom Bundespräsidenten auf Vorschlag der Bundesregierung ernannt. Die Bundesregierung erstattet ihren Vorschlag zur Ernennung an den Bundespräsidenten – ausgenommen den Präsidenten und den Vizepräsidenten – auf Grund eines Dreiervorschlags aller Richter des Verwaltungsgerichtshofes (Vollversammlung).

Voraussetzung, dass man Richter beim Verwaltungsgerichtshof werden kann, sind der Abschluss eines rechtswissenschaftlichen Studiums und eine zehnjährige einschlägige Berufstätigkeit, für die die Vollendung dieses Studiums vorgeschrieben ist (das bedeutet eine Tätigkeit als Richter oder Verwaltungsbeamter des rechtskundigen Dienstes).

Der Verwaltungsgerichtshof ist »zur Sicherung der Gesetzmäßigkeit der gesamten öffentlichen Verwaltung« berufen. Er kontrolliert Bescheide, die erlassen wurden, auf ihre Rechtmäßigkeit, nicht aber auf ihre Zweckmäßigkeit oder Wirtschaftlichkeit. Beschwerde kann derjenige erheben, an den sich ein Bescheid richtet (**Parteibeschwerde**). Er kann aber auch angerufen werden, wenn die Behörde bei der Erlassung eines Bescheides säumig ist (**Säumnisbeschwerde**).

In bestimmten Fällen kann ein zuständiger Bundesminister gegen einen Bescheid einer Landesbehörde Beschwerde erheben, wenn es um die Rechtmäßigkeit der Vollziehung von Bundesgesetzen durch die Länder geht (**Amtsbeschwerde**).

In Sonderfällen können Beschwerden gegen Weisungen an kollegiale Schulbehörden (Landes- und Bezirksschulräte) vor dem Verwaltungsgerichtshof erhoben werden (→ Schulbehörden des Bundes).

Unabhängige Verwaltungssenate

Zur Entlastung des Verwaltungsgerichtshofes wurden im Jahr 1988 so genannte »Unabhängige Verwaltungssenate (UVS)« geschaffen, die als Kontrollorgan unter der Ebene des Verwaltungsgerichtshofes tätig werden. Sie sind **Verwaltungsbehörden der Länder**, die weisungsfrei handeln. Ihre Mitglieder werden von der jeweiligen Landesregierung auf mindestens sechs Jahre bestellt.

Die UVS sind **Berufungsbehörden** in Verwaltungsstrafsachen. Einzelne Angelegenheiten können ihnen als Berufungsinstanz per Gesetz übertragen werden (z. B. Berufungen gegen den Entzug der Lenkerberechtigung für die Dauer von mindestens fünf Jahren). Sie können auch angerufen werden, wenn jemand behauptet, durch die Ausübung unmittelbar verwaltungsbehördlicher Zwangs- und Befehlsgewalt verletzt worden zu sein. Das heißt, wenn in seine Rechtssphäre auch ohne Bescheid von einer Behörde eingegriffen wurde.

In bestimmten Fällen kann auch eine **Säumnisbeschwerde** erhoben werden (wegen Nichtentscheidung von Verwaltungsbehörden). Gegen die Entscheidung der UVS ist eine Beschwerde an den Verwaltungsgerichtshof oder an den Verfassungsgerichtshof möglich.

Eine besondere Möglichkeit gibt es im Umweltbereich. Bei Umweltverträglichkeitsprüfungen und bei einer bundesgesetzlich vorgesehenen Genehmigung umweltbelastender Anlagen im Bereich der Vollziehung eines Landes kann ein beim Bundesministerium für Umweltschutz eingerichteter **Unabhängiger Umweltsenat** (UUS) angerufen werden. Auch gegen Entscheidungen des UUS kann Beschwerde beim Verwaltungsgerichtshof erhoben werden.

Verfassungsgerichtshof

Der Verfassungsgerichtshof ist das Herzstück rechtsstaatlicher Kontrolle. Er wurde im Jahr 1920 neu geschaffen und diente auch als Vorbild für entsprechende Regelungen in anderen Staaten. Er besitzt eine Reihe unterschiedlicher Zuständigkeiten und ist seinem Wesen nach »**Hüter der Verfassung**«.

Der Verfassungsgerichtshof setzt sich aus einem Präsidenten, einem Vizepräsidenten, zwölf Mitgliedern und sechs Ersatzmitgliedern zusammen. Die Ersatzmitglieder vertreten die Mitglieder, wenn diese verhindert sind. Alle Mitglieder des Verfassungsgerichtshofes werden vom Bundespräsidenten ernannt, die Vorschläge an ihn werden jedoch von verschiedenen Seiten erstattet. Für das Amt des Präsidenten, des Vizepräsidenten sowie für sechs Mitglieder und drei Ersatzmitglieder erstattet die Bundesregierung den Vorschlag, für drei Mitglieder und zwei Ersatzmitglieder hat der Nationalrat ein Vorschlagsrecht, drei Mitglieder und ein Ersatzmitglied werden vom Bundesrat vorgeschlagen.

Das Vorschlagsrecht der gesetzgebenden Körperschaften ist noch ein Rest aus jener Zeit, wo die Mitglieder des Verfassungsgerichtshofes vom Nationalrat und vom Bundesrat gewählt wurden (zwischen 1920 und 1929). Alle Mitglieder müssen das rechtswissenschaftliche Studium abgeschlossen und eine berufliche Stellung bekleidet haben, für die dieses Studium Voraussetzung war. Ein Verfassungsgerichtshofmitglied darf nicht Mitglied einer Regierung oder einer gesetzgebenden Körperschaft sein, ebenso sind Angestellte oder Funktionäre einer politischen Partei von diesem Amt ausgeschlossen.

Die Mitglieder des Verfassungsgerichtshofes sind bei der Ausübung ihrer Tätigkeit unabhängige Richter. Zum Unterschied vom Verwaltungsgerichtshof sind sie aber nicht hauptamtlich tätig, sondern können nebenbei auch einen Beruf ausüben (z. B.: Rechtsanwalt, Universitätsprofessor). Die Bundesverfassung gibt dem Verfassungsgerichtshof im Wesentlichen folgende **Kompetenzen**:

- Beim Verfassungsgerichtshof (**Kausalgerichtshof**) können vermögensrechtliche Ansprüche gegen den Bund, die Länder, Gemeinden oder Gemeindeverbände geltend gemacht werden, sofern es keine andere Möglichkeit gibt, diese Ansprüche geltend zu machen, etwa vor dem ordentlichen Gericht oder im Verwaltungswege.
- Der Verfassungsgerichtshof ist **Kompetenzgerichtshof**, das bedeutet, dass er über Zuständigkeitsstreitigkeiten entscheidet:
  - zwischen Gerichten und Verwaltungsbehörden,
  - zwischen dem Verwaltungsgerichtshof und allen anderen Gerichten,
  - zwischen den Verwaltungsbehörden des Bundes und der Länder oder
  - zwischen den Verwaltungsbehörden verschiedener Länder.

  Wenn es strittig ist, ob ein Akt der Gesetzgebung oder der Vollziehung in die Zuständigkeit des Bundes oder der Länder fällt, entscheidet der Verfassungsgerichtshof über Antrag der Bundesregierung oder einer Landesregierung verbindlich darüber, wer zuständig ist.
- Der Verfassungsgerichtshof ist **Verordnungsprüfungsgericht**: Er entscheidet über die Gesetzmäßigkeit von Verordnungen. In diesem Zusammenhang kann er eine Verordnung als Ganzes oder einzelne Stellen davon aufheben, wenn er sie als gesetzwidrig erkennt. Für ein solches Verordnungsprüfungsverfahren sind etwa die Bundesregierung, Landesregierungen, Volksanwaltschaft und Gerichte antragsberechtigt.

  Auch von einer Verordnung unmittelbar betroffene Personen können Beschwerde erheben (so genannte Individualbeschwerde).
- Der Verfassungsgerichtshof als **Gesetzesprüfungsgericht**: Der Verfassungsgerichtshof prüft Gesetze auf ihre Verfassungsmäßigkeit. Ein entsprechender Antrag kann durch die Bundesregierung bei Landesgesetzen und durch

die Landesregierungen bei Bundesgesetzen gestellt werden. Auch der Oberste Gerichtshof oder ein zur Entscheidung in zweiter Instanz berufenes Gericht sind antragsberechtigt. Ebenso die Unabhängigen Verwaltungssenate (UVS).

Eine amtswegige Prüfung (das heißt ohne Antrag einer anderen Stelle) nimmt der Verfassungsgerichtshof dann vor, wenn er bei einem Beschwerdeverfahren Bedenken hat, ob das Gesetz beziehungsweise die Verordnung, die er anzuwenden hat, der Verfassung beziehungsweise dem zugrundeliegenden Gesetz entspricht.

- Der Verfassungsgerichtshof prüft auch die Rechtmäßigkeit von **Staatsverträgen**.
- Der Verfassungsgerichtshof als **Wahlgerichtshof**: Bei ihm können folgende Wahlen wegen Rechtsverletzung angefochten werden:
  - Bundespräsidentenwahlen,
  - Wahlen zu allgemeinen Vertretungskörpern (Nationalrat, Bundesrat, Landtage, Gemeinderat),
  - Wahlen zum Europäischen Parlament,
  - Wahlen zu den satzungsgebenden Organen der gesetzlich-beruflichen Vertretungen (das sind etwa Wahlen in den Vorstand einer Kammer),
  - Wahlen zu den mit der Vollziehung betrauten Organen einer Gemeinde (Bürgermeister, Gemeindevorstand, Stadtrat, Stadtsenat).

Die Anfechtung kann durch Wählergruppen beantragt werden, die rechtzeitig Wahlvorschläge eingebracht haben, oder durch Wahlwerber, die behaupten, dass ihnen die Wählbarkeit rechtswidrigerweise aberkannt wurde. Ein solcher Antrag ist befristet (spätestens bis vier Wochen nach Beendigung des Wahlverfahrens). Der Verfassungsgerichtshof hebt eine Wahl dann auf, wenn die Rechtswidrigkeit auf das Wahlverfahren von Einfluss war. Er hebt jenen Teil des Wahlverfahrens auf, auf den sich die Rechtswidrigkeit auszuwirken begann. Die Wahl ist in den aufgehobenen Teilen zu wiederholen.

- Der Verfassungsgerichtshof als **Staatsgerichtshof**: Die obersten Staatsorgane können wegen einer in ihrer Amtszeit erfolgten schuldhaften Rechtsverletzung angeklagt werden.

Beispiele:
- Der Bundespräsident kann wegen Verletzung der Bundesverfassung durch einen Beschluss der Bundesversammlung angeklagt werden.

Ebenso können angeklagt werden:
- Mitglieder der Bundesregierung wegen Gesetzesverletzung durch Beschluss des Nationalrats,
- Mitglieder der Landesregierungen durch Beschluss des Landtages,
- österreichische Vertreter im Rat der Europäischen Union durch die Bun-

desregierung oder eine Landesregierung, je nach Zuständigkeit einer Sache,

- Landeshauptmänner wegen Gesetzesverletzung sowie wegen Nichtbefolgung der Verordnungen oder sonstigen Anordnungen (Weisungen des Bundes in Angelegenheiten der mittelbaren Bundesverwaltung).

Eine Verurteilung durch den Verfassungsgerichtshof hat den Verlust des Amtes, unter erschwerenden Umständen auch den Verlust der politischen Rechte (z. B. Wahlrecht) zur Folge. Der Verfassungsgerichtshof kann sich aber auch mit der Feststellung einer Rechtsverletzung begnügen, ohne eine Sanktion zu verhängen.

- Verfassungsgerichtshof als **Sonderverwaltungsgericht**: Damit meint man die Zuständigkeit, über Beschwerden gegen Bescheide der Verwaltungsbehörden zu entscheiden. Anders als der Verwaltungsgerichtshof, der die Gesetzmäßigkeit von Bescheiden überprüft, hat der Verfassungsgerichtshof bei solchen Beschwerden (so genannten Bescheidbeschwerden) zu prüfen, ob der Beschwerdeführer in einem verfassungsgesetzlich gewährleisteten Recht verletzt ist. Im Wesentlichen prüft der Verfassungsgerichtshof hier vor allem, ob der Beschwerdeführer in seinen Grundrechten verletzt ist (→ Grundrechte). Der Verfassungsgerichtshof gewährleistet damit den Grundrechtsschutz für den einzelnen Staatsbürger. Wenn sich jemand gegen einen Bescheid wegen Verletzung verfassungsgesetzlich gewährleisteter Rechte beschweren will, muss er die Beschwerde binnen sechs Wochen nach Zustellung des Bescheides mit der Unterschrift eines Rechtsanwaltes einbringen. Grundsätzlich findet eine mündliche Verhandlung statt, in bestimmten, gesetzlich vorgeschriebenen Fällen kann die Entscheidung auch in nichtöffentlicher Sitzung erfolgen. Wenn der Verfassungsgerichtshof der Auffassung ist, dass verfassungsgesetzlich gewährleistete Rechte verletzt wurden, hebt er den Bescheid auf. Er kann auch aus Anlass einer Bescheidbeschwerde das Verfahren unterbrechen und von Amts wegen die Prüfung eines Gesetzes oder einer Verordnung einleiten, die Grundlage für diesen Bescheid sind.

Der Verfassungsgerichtshof nimmt im System der Kontrolle eine besondere Stellung ein. Er kontrolliert den Gesetzgeber, ob dieser die Verfassung einhält. Er ist **Wahrer der Grundrechte** und entwickelt in seiner Rechtsprechung wichtige Grundsätze für die Gesetzgebung.

5. Was unsere Republik bewegt

An den Hebeln der Macht

In jedem Staat gibt es eine Reihe von **politischen, gesellschaftlichen und wirtschaftlichen Kräften**, die Motor des Geschehens sind. Diese Kräfte sind zum Teil in den Institutionen des Staates tätig, zum Teil beeinflussen sie ihn von außen. Sie sind in ihrer politischen Bedeutung oft genauso wichtig wie die in der Verfassung anerkannten Einrichtungen.

Wir geben im Folgenden einen Überblick über jene Gruppierungen, Institutionen und Einrichtungen, die in unserer Republik Macht beziehungsweise Einfluss besitzen.

Die politischen Parteien und ihre Bedeutung

Der Zusammenschluss der Bürger zu politischen Parteien ist eine **Voraussetzung für das Funktionieren der repräsentativen Demokratie**. Politische Parteien tragen zur Bildung des politischen Willens Wesentliches bei, sie tragen eine wichtige Verantwortung bei der Lösung gesellschaftlicher, wirtschaftlicher und sozialer Probleme.

Man bezeichnet den modernen Staat oft als »**Parteienstaat**« und weist damit auch auf bedenkliche Entwicklungen hin. Politische Parteien neigen dazu, ihren Machtanspruch ständig zu erweitern und in Lebensbereiche hineinzuwirken, die nicht Sache der Politik sein sollten. Es ist daher eine zentrale Aufgabe der modernen Demokratie, den politischen Parteien einerseits einen fairen demokratischen Wettkampf zu garantieren, andererseits aber auch ungerechtfertigte Machtansprüche zurückzuweisen oder zu begrenzen.

Die österreichische Verfassung erwähnt ausdrücklich die Rolle der politischen Parteien im politischen Entscheidungsprozess. Im 1975 beschlossenen **Parteiengesetz** heißt es:

»Die Existenz und Vielfalt politischer Parteien sind wesentliche Bestandteile der demokratischen Ordnung der Republik Österreich ... Zu den Aufgaben der politischen Parteien gehört die Mitwirkung an der politischen Willensbildung.«

Dadurch wird die Freiheit der Bildung und der Tätigkeit politischer Parteien verfassungsgesetzlich geschützt.

Wie gründet man eine Partei?

Die Gründung politischer Parteien ist frei, »soferne bundesverfassungsgesetzlich nichts anderes bestimmt ist«. Es gilt also Gründungsfreiheit. Der Hinweis im Nebensatz (»soferne bundesverfassungsgesetzlich nichts anderes bestimmt ist«) gilt für das **Verbot neonazistischer Organisationen.** Neonazistische Parteien sind verboten, andere Parteienverbote bestehen nicht.

Zur Gründung einer Partei ist zunächst eine Satzung zu beschließen.

Diese **Satzung** ist in einer periodischen Druckschrift zu veröffentlichen und beim Bundesministerium für Inneres zu hinterlegen. Sie muss mindestens Auskunft geben über

- die Organe der Partei,
- die Organe, die nach außen hin vertretungsberechtigt sind,
- die Rechte und Pflichten der Mitglieder.

Außerdem muss aus der Satzung hervorgehen, mit welchem Ziel eine »Mitwirkung an der politischen Willensbildung« stattfinden soll.

Das Gesetz kennt keine besondere Untersagung. Wenn eine politische Gruppierung die genannten Merkmale der Satzung nicht aufweist, erlangt sie keine Rechtspersönlichkeit.

Erfolgt die Hinterlegung einer Satzung im vorhin beschriebenen Sinn, erlangt die betreffende Partei Rechtspersönlichkeit.

Derzeit sind mehr als **770 politische Parteien** beim Bundesministerium für Inneres registriert. Mit der Registrierung als politische Partei erlangt diese unter bestimmten Voraussetzungen einen Anspruch auf **Parteienfinanzierung.** Der Bund gewährt den Parteien Förderungsmittel für Zwecke der Öffentlichkeitsarbeit.

- Parteien, die im Nationalrat vertreten sind, erhalten jährliche Zuwendungen.
- Nicht im Nationalrat vertretene Parteien, die mehr als 1 % der gültigen Stimmen erhalten haben, haben im Wahljahr einen proportionalen Anspruch auf Förderungsmittel.
- Jede politische Partei, die nach der Nationalratswahl im Nationalrat vertreten ist, hat Anspruch auf einen Wahlwerbungskosten-Beitrag, wenn sie spätestens acht Wochen vor dem Wahltag einen Antrag gestellt hat. Gleiches gilt auch für die Wahl zum Europäischen Parlament.

Die Parteien erhalten die Zuwendungen nur dann, wenn sie

- genaue Aufzeichnungen führen,
- einen jährlichen Rechenschaftsbericht über ihre Einnahmen und Ausgaben vorlegen (inklusive Spendenliste, die Spenden über 7.000 Euro enthält); der Bericht wird im Amtsblatt zur Wiener Zeitung veröffentlicht.

Im Jahr 2003 erhielten die Parteien direkte Zuwendungen in der Höhe von mehr als 35 Millionen Euro vom Bund. Da die Bundesländer eigene Parteienfinanzierungssysteme haben, erhielten die Parteien auch auf Landesebene Zuwendungen (2002 fast 100 Millionen Euro).

Vom Begriff der politischen Partei ist die **Wahlpartei** (= wahlwerbende Partei) zu unterscheiden, die einen Klub bilden kann (→ Klubbildung).

Die derzeit im Nationalrat vertretenen Parteien erfüllen alle Voraussetzungen für die verschiedenen Begriffe: Sie sind politische Parteien, Wahlparteien und Klubs.

Im Folgenden wird eine knappe Information über die Ziele und Organisation dieser Parteien gegeben, die im Nationalrat sind bzw. waren.

Die Österreichische Volkspartei

Die Österreichische Volkspartei wurde noch vor **Ende des Zweiten Weltkrieges gegründet**. Sie entstand in den Räumlichkeiten des Wiener Schottenstiftes am 17. April 1945 als Nachfolgepartei der früheren Christlichsozialen Partei. Von dieser unterscheidet sie sich durch ein klares Bekenntnis zur parlamentarischen Demokratie und durch den Verzicht auf ein religiöses Naheverhältnis. Die neugegründete Österreichische Volkspartei verstand sich als soziale Integrationspartei. Ihr erster Parteiobmann war Leopold Kunschak. Bei den ersten Nationalratswahlen der Zweiten Republik am 25. November **1945 wurde sie mit 49,8 % stimmenstärkste Partei** (SPÖ: 44,6 %, KPÖ: 5,41 %). Bis zu den Wahlen im Jahr 1970 konnte sie ihre Vorrangstellung behalten. Historische Leistungen erbrachten die Repräsentanten dieser Partei im Jahr 1955, als Bundeskanzler Julius Raab und Außenminister Leopold Figl maßgeblichen Anteil am Zustandekommen des Österreichischen Staatsvertrages erzielt hatten. Zwischen 1966 und 1970 bildete die Partei unter ihrem Bundesparteiobmann Josef Klaus eine **Alleinregierung**. Von 1970 bis 1986 war sie in Opposition. In den Jahren 1986 bis 1999 war die ÖVP der kleinere **Partner in Koalitionsregierungen** mit der SPÖ. Vom Anteil her büßte die ÖVP bei den Nationalratswahlen 1986, 1990 und 1994 regelmäßig Stimmen ein, sodass sie auf die Größe einer Mittelpartei zurückfiel. Die Trendumkehr erfolgte anlässlich der vorgezogenen Nationalratswahlen 1995, bei der sie erstmals seit über zehn Jahren (leichte) Stimmengewinne verbuchen konnte. Bei den Nationalratswahlen 1999 hielt die ÖVP ihren Mandatsstand, wurde aber nach Stimmen nur drittstärkste Partei hinter SPÖ und FPÖ. ÖVP-Obmann Wolfgang Schüssel brach mit allen bis dahin üblichen Usancen (dass die stimmenstärkste Partei den Kanzler stellt) und wurde im Jahr 2000 Bundeskanzler in einer **ÖVP-FPÖ-Koalition**. Bei den Nationalratswahlen **2002 wurde die ÖVP schließlich stimmenstärkste Partei**.

Organisation:
Die ÖVP ist organisatorisch zweifach strukturiert: einerseits territorial (= Gliederung nach Ländern, politischen Bezirken und Gemeinden) und andererseits bündisch. **Die Bünde** repräsentieren die Interessen breiter Bevölkerungsgruppen: Bauernbund, Arbeiter- und Angestelltenbund, Frauenbewegung, Wirtschaftsbund, Junge ÖVP und Seniorenbund.

Die Sozialdemokratische Partei Österreichs

Die erste Sozialdemokratische Arbeiterpartei wurde in Österreich im Jahr **1874 im burgenländischen Ort Neudörfl gegründet.** Zu ihr gehörten noch nicht alle Strömungen der Arbeiterbewegung. Viktor Adler vereinigte am Parteitag in Hainfeld zum Jahreswechsel 1888/89 alle wichtigen ideologischen Strömungen der Arbeiterbewegung zur Sozialdemokratischen Arbeiterpartei (SDAP). Diese Partei wurde bei den ersten allgemeinen Wahlen zum Abgeordnetenhaus des Reichsrats im Jahr **1907 stimmenstärkste Partei.**
Nach dem Zusammenbruch der Monarchie übernahmen die Sozialdemokraten die führende Rolle beim Aufbau der jungen Republik. Sie bildeten zwischen 1918 und 1920 mit den Christlichsozialen eine Koalitionsregierung. Ab dem Jahr 1920 blieben sie bis zu ihrer Auflösung durch die Regierung im Jahr 1934 in Opposition. Nach dem Bürgerkrieg, der vom 12. bis zum 15. Februar 1934 dauerte, verfügte die Bundesregierung am **16. Februar 1934 die Annullierung der sozialdemokratischen Mandate im Parlament** und ordnete die Beschlagnahme des Vermögens der Sozialdemokratischen Partei an.
Am **13. April 1945** schlossen sich die Sozialdemokraten und die Revolutionären Sozialisten unter Adolf Schärf zur **Sozialistischen Partei Österreichs (SPÖ)** zusammen. Zwischen 1947 und 1966 bildete die SPÖ mit der Österreichischen Volkspartei Koalitionsregierungen. Infolge innerparteilicher Auseinandersetzungen verlor sie die Nationalratswahlen im Frühjahr 1966 und wechselte für vier Jahre in die Opposition. In dieser Zeit gelang ihr eine personelle und inhaltliche Erneuerung. Bei den Nationalratswahlen im März **1970 errang sie unter Führung von Bruno Kreisky die relative Mehrheit.** Nach einer sozialistischen Minderheitsregierung, die etwas mehr als ein Jahr dauerte, konnte sie im Jahr **1971 die absolute Mehrheit** erringen. Diese verteidigte sie unter ihrem Parteivorsitzenden und Bundeskanzler Bruno Kreisky bis zur Nationalratswahl 1983. Danach bildete Kreiskys Nachfolger Fred Sinowatz eine **Koalitionsregierung mit der FPÖ.** Seit den Nationalratswahlen 1986 bildete die SPÖ **mit der ÖVP Koalitionsregierungen,** in denen sie als stärkste Partei mit Franz Vranitzky den Bundeskanzler stellte. 1991 wurde auf dem 32. Ordentlichen Bundesparteitag der SPÖ in Linz die **Namensänderung von Sozialistische Partei in Sozialdemokratische Partei** beschlossen. 1998 wurde ein **neues Programm und Organisationsstatut** beschlossen, das

eine Öffnung der SPÖ in inhaltlichen und organisatorischen Belangen brachte. Bei den Nationalratswahlen 1999 sank der Stimmenanteil der SPÖ auf einen historischen Tiefstand, trotzdem blieb sie stärkste Partei. Mit der Bildung der ÖVP-FPÖ-Koalition im Jahr 2000 wurde die SPÖ nach 30 Jahren von einer Regierungs- zu einer **Oppositionspartei.**

Organisation:
Die innere Organisation der SPÖ ist hierarchisch gegliedert. Die unterste Ebene ist die Ortsorganisation, die aus mehreren Sektionen bestehen kann. Ortsorganisation und Sektionen sind zu Bezirksorganisationen zusammengefasst, die ihrerseits wieder Landesorganisationen bilden. Die Bereiche der Parteiarbeit werden durch eine Reihe von Referaten (Bildungsarbeit, Frauenarbeit, Betriebsarbeit, Jugendarbeit) wahrgenommen. Daneben gibt es vom Bundesparteitag anerkannte **sozialdemokratische Organisationen,** wie etwa den Bund Sozialistischer Akademiker, den Arbeitsbauernbund, den Bund Sozialistischer Freiheitskämpfer und Opfer des Faschismus, den Freien Wirtschaftsverband, den Pensionistenverband Österreichs, den Sozialistischen Lehrerverein Österreichs und den Verband der Sozialistischen Studenten Österreichs.

Die Freiheitliche Partei Österreichs
Der Vorgänger der Freiheitlichen Partei Österreichs war die am 5. Februar 1949 gegründete politische Partei VdU (= Verband der Unabhängigen). Diese Partei kandidierte bei den Nationalratswahlen 1949 und 1953 unter dem Namen WdU (= Wahlpartei der Unabhängigen) und erzielte dabei erhebliche Erfolge. Nach langwierigen Gründungsverhandlungen fand am 3. November **1955 die konstituierende Sitzung der FPÖ** statt, die sich als Nachfolgepartei des VdU etablierte. Bis zum Jahr 1983 war die FPÖ zwar im Nationalrat mit Abgeordneten vertreten, musste sich aber jeweils mit der Oppositionsrolle begnügen. 1983 bildete sie unter ihrem Bundesobmann Norbert Steger **mit der SPÖ eine Koalitionsregierung.** Am 13. September 1986 wurde am 18. FPÖ-Bundesparteitag in Innsbruck in einer dramatischen Kampfabstimmung Jörg Haider mit 57,7 % der Delegiertenstimmen (19,2 % für Norbert Steger) zum neuen Bundesparteiobmann gewählt. Als Reaktion darauf kündigte Bundeskanzler Vranitzky die Koalition mit der FPÖ auf, sodass es zu Neuwahlen kam. Bei den folgenden Wahlen am 23. November 1986 konnte Jörg Haider den Stimmenanteil seiner Partei nahezu verdoppeln. In den folgenden fünfzehn Jahren vergrößerte die FPÖ ihr Wählerpotential auf über 20 Prozent der Stimmen. Bei den Nationalratswahlen **1999 wurde sie sogar zweitstärkste Partei.** Im Jahr 2000 ging sie **mit der ÖVP eine Regierungskoalition** ein. Als Reaktion auf die FPÖ-Regierungsbeteiligung kam es zu »**Sanktionen**« durch die damals vierzehn anderen EU-Länder und einige andere Staaten gegen

Österreich. Sanktionen, die nach einem dreiviertel Jahr auf Grund eines so genannten »Weisenberichts« der EU wieder aufgehoben wurden. Die Führung der Partei ging von Jörg Haider an Vizekanzlerin Susanne Riess-Passer über. Diese trat 2002 infolge eines **innerparteilichen Putsches (»Knittelfeld«)** gemeinsam mit dem damaligen FPÖ-Klubobmann Peter Westenthaler und dem von der FPÖ gestellten Finanzminister Karl-Heinz Grasser zurück. Bei den – in Folge dieser Krise ausgeschriebenen – Neuwahlen zum Nationalrat erlitt die FPÖ empfindliche Stimmenverluste. Nach langwierigen Koalitionsverhandlungen bildete sie unter ihrem neuen Bundesparteiobmann Herbert Haupt **neuerlich eine Koalition mit der ÖVP.** 2004 wurde Herbert Haupt nach zahlreichen Wahlniederlagen in den Ländern sowie bei der Wahl zum Europäischen Parlament von Ursula Haubner an der Spitze der FPÖ abgelöst.

Organisation:
Kleinste Einheit sind die Ortsgruppen, die die Bezirksparteileitungen und die Landesparteileitung wählen. Höchstes Organ ist der Bundesparteitag, der den Bundesparteiobmann, seine Stellvertreter, den Bundesparteivorstand sowie die Bundesparteileitung, das Bundesparteigericht und die Rechnungsprüfer wählt.

Die Grünen

Der erste Parteitag der Partei »Die Grünen« fand am **16. Mai 1981** in Wien statt. Bald darauf, am 16. Jänner 1982, schlossen sich im niederösterreichischen Zwentendorf »Die Grünen«, »Das grüne Forum« sowie die »Österreichische Liga für Umweltschutz« zusammen. Diesem Bündnis schloss sich am nächsten Tag die »Die Arbeitsgemeinschaft österreichischer Bürgerinitiativen« an. Der erste Bundeskongress der »Vereinigten Grünen« fand am 19. und 20. Februar 1983 in Linz statt. Bei den Nationalratswahlen **1986 gelang der »Grün Alternativen Liste« der Einzug in den Nationalrat.** Anfängliche basisdemokratische Prinzipien wie z. B. das Rotationsprinzip wurden allmählich zu Gunsten geordneter Parteistrukturen aufgegeben. Die bei den Nationalratswahlen 1994 erfolgreiche Spitzenkandidatin Madeleine Petrovic wurde zur Bundessprecherin der Partei gewählt. Nach der Wahlniederlage 1995 übernahm Christoph Chorherr die Funktion des Bundessprechers. 1997 wurde er in dieser Position von Alexander Van der Bellen abgelöst, unter dessen Führung »die Grünen« bei den Nationalratswahlen **1999 und 2002 deutlich Stimmengewinne** erzielen konnten. Seit ihrem Wahlerfolg bei der Kärntner Landtagswahl im Jahr 2004 sind »Die Grünen« in den Landtagen aller Bundesländer vertreten.

Organisation:
»Die Grünen« gliedern sich als Partei in Landesorganisationen, die in ihrem Bereich autonom sind. Die Organe werden durch die Statuten der Landesorganisationen festgelegt. Die Organe auf Bundesebene sind der Bundeskongress, die Bundestagung, der Erweiterte Bundesvorstand, der Bundesvorstand, die RechnungsprüferInnen, der Bundesfinanzausschuss sowie das Bundesschiedsgericht/Friedensgericht.

Die Kommunistische Partei Österreichs

Die Kommunistische Partei reicht in ihrer Gründung bis zum November 1918 zurück. Am 3. November **1918 wurde sie als Kommunistische Partei Deutschösterreichs gegründet.** Sie existierte offiziell bis zu ihrem **Verbot am 26. Mai 1933.** Danach existierte sie in der Illegalität weiter und gewann vor allem aus den Reihen des sozialdemokratischen Schutzbundes zahlreiche Mitglieder. Nach der Befreiung Österreichs unterzeichnete der KPÖ-Vorsitzende Johann Koplenig gemeinsam mit den Parteiführern der SPÖ und der ÖVP am 27. April 1945 die Unabhängigkeitserklärung Österreichs. Zwischen 1945 und 1947 nahm die KPÖ an den österreichischen **Allparteienregierungen** teil. Es gab damals kommunistische Minister und Staatssekretäre. 1947 schied sie aus der Regierung aus und betrieb in der Folgezeit eine radikale Oppositionspolitik. Bei den Nationalratswahlen 1959 konnte sie erstmals in der Zweiten Republik nicht mehr genug Stimmen für den Einzug in den Nationalrat gewinnen. Seitdem ist sie aus diesem parlamentarischen Vertretungskörper ausgeschieden.

Organisation:
Die unterste Ebene sind Basisorganisationen in Wohngebieten und Betrieben, die sich in Bezirksorganisationen und Landesorganisationen zusammenschließen. Oberstes Forum ist der Parteitag, der in geheimer Wahl ein Zentralkomitee (ZK) wählt. Das ZK wählt das »Politische Büro«, den Parteivorsitzenden sowie die Sekretäre des ZK.

Das Liberale Forum

Anfang Februar 1993 trat Heide Schmidt, die zu dieser Zeit die Funktion der Dritten Nationalratspräsidentin ausübte, aus der FPÖ aus. Gemeinsam mit vier weiteren Abgeordneten dieser Partei gab sie die Gründung des »Liberalen Forums« (LIF) bekannt. Die fünf Abgeordneten des LIF erhielten im Nationalrat den Status eines Klubs. Bei den Nationalratswahlen 1994 gewann das LIF 6% der Stimmen und war bis 1999 im Nationalrat vertreten. Nach der Wahlniederlage 1999 und dem Ausscheiden des LIF aus dem Parlament trat im Jahr 2000 Heide Schmidt als Bundessprecherin zurück. Bei den Nationalratswahlen im Jahr 2002 misslang der Wiedereinzug ins Parlament.

Die Sozialpartnerschaft

Neben der Verfassung, der Gesetzgebung, der Justiz und der Verwaltung gibt es in Österreich das freiwillige, nicht in der Verfassung verankerte System der Sozialpartnerschaft. Dies ist die Zusammenarbeit der Arbeitgeberverbände (Wirtschaftskammer Österreich (WKO)), der Arbeitnehmerverbände (Bundesarbeitskammer (AK), Österreichischer Gewerkschaftsbund (ÖGB)) sowie der Landwirte (Präsidentenkonferenz der Landwirtschaftskammern (LWK). Kern der Sozialpartnerschaft ist die **Paritätische Kommission**, die 1957 gegründet wurde. In ihr treffen sich die Spitzenfunktionäre der vier Sozialpartnerverbände (BWK, AK, ÖGB, LWK) und der Bundesregierung, um soziale, wirtschaftliche und politische Themen zu besprechen und einen gemeinsamen Standpunkt zu finden. Die Paritätische Kommission hat folgende Unterausschüsse: Beirat für Wirtschafts- und Sozialfragen, Ausschuss für internationale Fragen, Lohnunterausschuss, Wettbewerbs- und Preisunterausschuss.

Die Interessenvertretungen

In jeder Gesellschaft gibt es Gruppen, die unterschiedliche Interessen vertreten. Die verschiedenartigen Interessen werden gegenüber Regierung, Parlament und Öffentlichkeit durch die so genannten Interessenvertretungen wahrgenommen. Typisch für viele Interessenvertretungen ist eine Doppelfunktion ihrer Funktionäre. So sind Kammerfunktionär (= Interessenvertreter) und Abgeordneter (= Volksvertreter) öfter gemeinsam in einer einzigen Person anzutreffen.

In Österreich ist der Einfluss der Interessenvertretungen im gesamten politischen System beachtlich. In manchen Bereichen, wie z. B. in der Wirtschafts- oder Sozialpolitik, ist er außerordentlich stark. Deshalb wird Österreich immer wieder auch als **Kammerstaat** bezeichnet. Wichtige Merkmale aller Interessenvertretungen sind die Selbstverwaltung und die Selbstfinanzierung.

Die gesetzlichen Interessenvertretungen

Wer in Österreich als Arbeiter, Angestellter, Gewerbetreibender oder Unternehmer sein Geld verdient, wird in den meisten Fällen vom Gesetz verpflichtet, Mitglied der für ihn zuständigen Interessenvertretung zu sein. Über dieses System der **Pflichtmitgliedschaft** wurde in den Jahren 1995 und 1996 in den meisten Interessenvertretungen abgestimmt. In allen Kammern sprach sich eine Mehrheit der Mitglieder für die Beibehaltung der Pflichtmitgliedschaft aus. Die vier gesetzlich verankerten Interessenvertretungen sind:

Wirtschaftskammer Österreich

Fachlich ist sie in sechs Bundessektionen (Gewerbe & Handwerk, Industrie, Handel, Geld-Kredit-Versicherungen, Verkehr, Fremdenverkehr) und 136 Fachverbände unterteilt.

Regional gliedert sie sich in neun Landeskammern mit je sechs Landessektionen und 136 Fachgruppen. Sie sind laut Gesetz dazu verpflichtet, die wirtschaftlichen, fachlichen und sozialen Interessen ihrer Mitglieder zu vertreten. Insgesamt gibt es 332.624 Kammermitglieder (Stand: 31. 12. 2003). Mitglieder sind auf Grund des Gesetzes alle selbständigen Betriebe Österreichs.

Die Wahlen zur Wirtschaftskammer Österreich erfolgen alle fünf Jahre, wahlberechtigt sind alle Mitglieder.

Die Aufgaben der Wirtschaftskammer Österreich:

• Kollektivvertragsverhandlungen mit Gewerkschaften;
• Gesetzgebung: Begutachten von Gesetzesentwürfen, Erarbeiten von Gesetzesvorschlägen;
• In der Verwaltung: Begutachten von Verordnungen, Entsenden von Vertretern in staatliche Kommissionen und Beiräte, Lehrlingsausbildung, Abhalten von Meisterprüfungen, Erstellen von Ursprungszeugnissen;
• Bei Gericht: Vorschlagsrecht für Laienrichter bei Arbeits- und Sozialgerichten, Entsenden von Beisitzern für das Kartellgericht;
• Im Bereich der Sozialversicherungen: Entsenden von Vertretern in die Pensions-, Kranken- und Unfallversicherungen;
• Im Außenhandel: Die Wirtschaftskammer Österreich unterhält **71 Außenhandelsstützpunkte** in allen Teilen der Welt. Diese Stützpunkte werden von Handelsdelegierten geleitet, die umfassende Hilfe und Beratung bei Import, Export, Messen, Förderungen, Geschäftsanbahnung etc. bieten.
• Weiterbildung: Die **Wirtschaftsförderungsinstitute (Wifi)** bieten allen ÖsterreicherInnen die Möglichkeit der beruflichen Aus- und Weiterbildung. Unternehmern bieten sie Technologie- und Unternehmensberatung an.

Bundesarbeitskammer

Die Bundesarbeitskammer ist nach Bundesländern in neun Kammern für Arbeiter und Angestellte gegliedert. Sie sind auf Grund des Gesetzes verpflichtet, die sozialen, wirtschaftlichen, beruflichen und kulturellen Interessen ihrer Mitglieder zu vertreten. Die Zahl der Mitglieder beträgt 2.968.240 (Stand: 16. 02. 2004). Mitglieder sind auf Grund des Gesetzes alle Arbeitnehmer, Lehrlinge, Karenzurlauber und Arbeitslose. Ausgenommen sind leitende Angestellte, die die Funktion eines Arbeitgebers wahrnehmen, sowie Gruppen der öffentlich Bediensteten.

Die Wahlen zur Bundesarbeitskammer erfolgen alle fünf Jahre, wahlberechtigt sind alle Mitglieder.

Die Aufgaben der Bundesarbeitskammer:
- Gesetzgebung: Begutachten von Gesetzesentwürfen, Erarbeiten von Gesetzesvorschlägen;
- In der Verwaltung: Begutachten von Verordnungen, Entsenden von Vertretern in staatliche Kommissionen und Beiräte, Kontrolle des Arbeitnehmerschutzes;
- Bei Gericht: Vorschlagsrecht für Laienrichter bei Arbeits- und Sozialgerichten, Entsenden von Beisitzern für das Kartellgericht;
- Im Bereich der Sozialversicherungen: Entsenden von Vertretern in die Pensions-, Kranken- und Unfallversicherungen;
- Weiterbildung: Das **Berufsförderungsinstitut (bfi)** bietet berufliche Aus- und Weiterbildungsmöglichkeiten.

Präsidentenkonferenz der Landwirtschaftskammern Österreichs

Da auf Grund der Verfassungslage Regelungen über die Interessenvertretung der Land- und Forstwirte zum Kompetenzbereich der Bundesländer gehören, ist die Präsidentenkonferenz der Landwirtschaftskammern ein freiwilliger Zusammenschluss (Verein) der neun Landwirtschaftskammern sowie des Österreichischen Raiffeisenverbandes (ÖRV).

Die neun Landwirtschaftskammern haben die gesetzliche Verpflichtung, die wirtschaftlichen, beruflichen und sozialen Interessen ihrer Mitglieder zu vertreten.

Die Anzahl der Mitgliedsbetriebe beträgt 217.508 (Stand: 1999), in diesen Betrieben gibt es rund 630.000 (Stand: 2004) Beschäftigte beziehungsweise Wahlberechtigte. Die Wahlen zu den Landwirtschaftskammern finden alle fünf Jahre statt.

Die Aufgaben der Landwirtschaftskammern:
- Gesetzgebung: Begutachten von Gesetzesentwürfen, Erarbeiten von Gesetzesvorschlägen;
- In der Verwaltung: Begutachten von Verordnungen, Entsenden von Vertretern in staatliche Kommissionen und Beiräte; sie setzen im Auftrag des Landwirtschaftsministeriums viele Bereiche der landwirtschaftlichen Verwaltung um. So werden z. B. alle Agrarförderungen über die Landwirtschaftskammern abgewickelt;
- Im Bereich der Sozialversicherungen: Entsenden von Vertretern in die Pensions-, Kranken- und Unfallversicherungen.

Bundeskomitee Freie Berufe Österreichs

Die Kammern der freien Berufe haben den gesetzlichen Auftrag, die beruflichen Interessen ihrer Mitglieder zu vertreten. Bundesweit gibt es neun verschiedene Kammern für freie Berufe:

Österreichische Apothekerkammer
Österreichische Ärztekammer
Bundeskammer der Architekten und Ingenieurkonsulenten
Österreichische Dentistenkammer
Österreichische Notariatskammer
Österreichische Patentanwaltskammer
Österreichischer Rechtsanwaltskammertag
Österreichische Tierärztekammer
Kammer der Wirtschaftstreuhänder

Das Bundeskomitee Freie Berufe Österreichs ist ein freiwilliger Zusammenschluss (Verein) dieser neun Kammern. Ziel dieses Zusammenschlusses ist es, gemeinsam die Interessen der Freiberufler gegenüber dem Staat und gegenüber den anderen Kammern und Verbänden wirkungsvoll zu vertreten.
Intern sind die einzelnen Kammern nach Bundesländern gegliedert.
Um einen der oben genannten Berufe in Österreich ausüben zu können, muss man Mitglied in der dafür vorgesehenen Kammer werden (Pflichtmitgliedschaft). Die Kammern verfügen über ein eigenes Disziplinarrecht, auf Grund dessen z. B. einem Mitglied die Berufsausübung untersagt werden kann. Die Anzahl der Mitglieder (= Betriebe) beträgt 59.443 (Stand: 31. 12. 2003).

Die freien Verbände

Außer den gesetzlichen Interessenvertretungen gibt es eine Reihe von Verbänden, bei denen die Mitgliedschaft auf Freiwilligkeit beruht. Alle diese Verbände sind durch den Willen ihrer Mitglieder und nicht auf Grund eines gesetzlichen Aktes des Staates entstanden. Im Gegensatz zu den gesetzlichen Interessenvertretungen gibt es keine Pflichtmitgliedschaft, die freien Verbande erfüllen auch keine staatlichen Verwaltungsaufgaben.
Die Größe ihres Einflusses beruht auf ihrer Mitgliederanzahl beziehungsweise auf der wirtschaftlichen Stärke ihrer Mitglieder.
Die beiden einflussreichsten und damit wichtigsten Verbände sind:

Österreichischer Gewerkschaftsbund
Aufgabe und Anliegen des Österreichischen Gewerkschaftsbundes (ÖGB) ist es, die Interessen der Arbeitnehmer gegenüber Arbeitgebern, Parteien, Verbänden und Staat zu vertreten. Der ÖGB umfasst 13 Fachgewerkschaften:
• Gewerkschaft der Privatangestellten
• Gewerkschaft Öffentlicher Dienst
• Gewerkschaft der Gemeindebediensteten, Gewerkschaft Kunst, Medien, Sport, freie Berufe

- Gewerkschaft Bau-Holz
- Gewerkschaft der Chemiearbeiter
- Gewerkschaft der Eisenbahner
- Gewerkschaft Druck, Journalismus, Papier
- Gewerkschaft Handel, Transport, Verkehr
- Gewerkschaft Hotel, Gastgewerbe, Persönlicher Dienst
- Gewerkschaft der Post- und Fernmeldebediensteten
- Gewerkschaft Agrar-Nahrung-Genuss
- Gewerkschaft Metall-Textil
- Gewerkschaftsallianz infra

Mitglied können alle unselbständig Erwerbstätigen, Arbeitslose, Lehrlinge, Schüler, Studenten sowie freiberuflich Tätigen werden.

Die Anzahl der ÖGB-Mitglieder beträgt insgesamt 1.385.200 (Stand: 2004). Hauptaufgabe des ÖGB sind die Kollektivvertragsverhandlungen und das Erarbeiten von sozialrechtlichen Vereinbarungen mit den Arbeitgebern. Als wichtiger Bestandteil der Sozialpartnerschaft ist der ÖGB in deren Gremien sowie in vielen staatlichen Kommissionen und Beiräten vertreten.

Vereinigung Österreichischer Industrieller

Aufgabe und Ziel der Vereinigung Österreichischer Industrieller (VÖI) ist es, die Interessen ihrer Mitglieder in beruflicher, gewerblicher und wirtschaftlicher Hinsicht zu vertreten, industrielle Entwicklungen zu fördern sowie Bestand und Entscheidungsfreiheit des Unternehmertums zu sichern. Die VÖI ist regional in neun Landesgruppen sowie nach Fachgruppen gegliedert. Die VÖI hat 2.041 (Stand: 2004) Firmenmitglieder sowie 1.700 (Stand: 2004) persönliche und außerordentliche Mitglieder. In den Unternehmen der Firmenmitglieder sind insgesamt 433.584 (Stand: 2004) Menschen beschäftigt. Die Wahl des Vorstandes, der Ausschüsse sowie des Präsidiums findet alle drei Jahre statt.

Die VÖI ist gemeinsam mit der Wirtschaftskammer Österreich in allen Gremien der Sozialpartnerschaft vertreten. Weiters wirkt sie in vielen staatlichen Kommissionen und Beiräten sowie bei der Begutachtung von Gesetzen mit.

Überblick der Interessenvertretungen auf Bundesebene (gesetzliche und freiwillige, laut Amtskalender 2004):

A) Selbstverwaltungskörper und deren Zusammenschlüsse:
Bauarbeiter-Urlaubs- und Abfertigungskasse
Bundeskammer der Architekten und Ingenieurkonsulenten
Bundeskammer für Arbeiter und Angestellte (Bundesarbeitskammer)
Bundeskomitee Freie Berufe Österreichs

135

Hauptverband der österreichischen Sozialversicherungsträger
Kammer der Wirtschaftstreuhänder
Österreichische Apothekerkammer
Österreichische Ärztekammer
Österreichische Dentistenkammer
Österreichische HochschülerInnenschaft (ÖH)
Österreichische Notariatskammer
Österreichische Patentanwaltskammer
Österreichische Tierärztekammer
Österreichischer Landarbeiterkammertag
Österreichischer Rechtsanwaltskammertag
Pharmazeutische Gehaltskasse für Österreich
Präsidentenkonferenz der Landwirtschaftskammern Österreichs
Wirtschaftskammer Österreich

B) Sonstige Vereinigungen
Arbeitsgemeinschaft Entwicklungszusammenarbeit (AGEZ)
Ärztliche Kraftfahrervereinigung Österreichs (ÄKVO)
Auslandsösterreicher-Weltbund
Austromed – Vereinigung der Medizinprodukte-Unternehmen, Österreich
Auto, Motor- und Radfahrbund Österreichs (ARBÖ)
Berufsverband österreichischer Psychologinnen und Psychologen (BÖP)
Bund österreichischer Innenarchitekten
Christliche Lehrerschaft Österreichs
Design Austria (DA)
Die Freiheitlichen (FPÖ)
Die Grünen, Die Grüne Alternative
Europäisches Wirtschafts-Institut (EWI)
Fonds zur Unterstützung österreichischer Staatsbürger im Ausland
Grüne Bildungswerkstatt Bund
Handelsverband
Hauptverband der allgemein beeideten gerichtlichen Sachverständigen Öster-
    reichs
Hauptverband der Land- und Forstwirtschaftsbetriebe Österreichs
Hauptverband des österreichischen Buchhandels
Hilfsgemeinschaft der Blinden und Sehschwachen Österreichs
Internationales Institut für angewandte Systemanalyse (IIASA)
International Federation for Systems Research
Juristenverband
Katastrophenhilfe österreichischer Frauen
Katholischer Familienverband Österreichs

Kriegsopfer- und Behindertenverband – Österreich (KOBV-Ö)
Kuratorium für Verkehrssicherheit
Lebenshilfe Österreich
Liberales Forum (LIF)
Malteser Hospitaldienst Austria
Museumsverband
Ökumenischer Jugendrat in Österreich
Organization for International Economic Relations (OIER) – Organisation
    für internationale Wirtschaftsbeziehungen
Ost- und Centraleuropäisches Consularisches Corps (OCECC)
Österreichisch-Amerikanische Erziehungskommission (Fulbright Kommission)
Österreichische Albert Schweitzer Gesellschaft
Österreichische Arbeitsgemeinschaft für Rehabilitation
Österreichische Bergbauern und Bergbäuerinnen Vereinigung
Österreichische Bundesjugendvertretung
Österreichische Caritas-Zentrale
Österreichische Gesellschaft für Außenpolitik und internationale Beziehungen
Österreichische Juristenkommission
Österreichische Krebshilfe
Österreichische Liga für die Vereinten Nationen
Österreichische Liga für Menschenrechte
Oesterreichische Nationalbank
Österreichische Studentenförderungsstiftung
Österreichische Volkspartei (ÖVP)
Österreichischer Austauschdienst
Österreichischer Apothekerverband
Österreichischer Arbeiter- und Angestelltenbund (ÖAAB)
Österreichischer Automobil-, Motorrad- und Touring Club (ÖAMTC)
Österreichischer Bauernbund
Österreichischer Blinden- und Sehbehindertenverband
Österreichischer Bundesfeuerwehrverband
Österreichischer Bundesverband für Psychotherapie (ÖBVP)
Österreichischer Detektiv-Verband (ÖDV)
Österreichischer Drogistenverband
Österreichischer Energiekonsumenten-Verband
Österreichischer Familienbund
Österreichischer Gemeindebund
Österreichischer Genossenschaftsverband (Schulze-Delitzsch)
Österreichischer Gewerbeverein
Österreichischer Gewerkschaftsbund
Österreichischer Heilbäder- und Kurorteverband

Österreichischer Jugendherbergsverband
Österreichischer Motor-Veteranen-Verband (ÖMV)
Österreichischer Raiffeisenverband
Österreichischer Rundfunk (ORF)
Österreichischer Seniorenrat
Österreichischer Seniorenring
Österreichischer Sparkassenverband
Österreichischer Städtebund
Österreichischer Übersetzer- und Dolmetscherverband Universitas
Österreichischer Verband der allgemein beeideten und gerichtlich zertifizierten Dolmetscher
Österreichischer Verband für Angewandte Geographie (ÖVAG)
Österreichischer Verband für Elektrotechnik
Österreichischer Verband gemeinnütziger Bauvereinigungen – Revisionsverband
Österreichischer Versicherungsmaklerring (ÖVM)
Österreichischer Wasser- und Abfallwirtschaftsverband (ÖWAV)
Österreichischer Wirtschaftsbund
Österreichischer Zivil-Invalidenverband (ÖZIV)
Österreichisches Institut für Raumplanung
Österreichisches Institut für Wirtschaftsforschung
Österreichisches Jugendherbergswerk
Österreichisches Jugendrotkreuz
Österreichisches Komitee für Internationalen Studienaustausch
Österreichisches Komitee für UNICEF
Österreichisches Lateinamerika-Institut
Österreichisches Nationalkomitee für Internationale Jugendarbeit
Österreichisches Normungsinstitut (ON)
Österreichisches Olympisches Comité
Österreichisches Ost- und Südosteuropa-Institut
Österreichisches Rotes Kreuz
Österreichisches Schwarzes Kreuz
Österreich Werbung
Pensionistenverband Österreichs
Pharmig, Vereinigung pharmazeutischer Unternehmen
Politische Akademie der ÖVP
Renner Institut
Ring Freiheitlicher Jugend
Ring Freiheitlicher Wirtschaftstreibender (RFW)
Sigmund-Freud-Gesellschaft
Sozialdemokratische Partei Österreichs (SPÖ)

Südwind – Die Agentur für Süd-Nord-Bildungs- und
  Öffentlichkeitsarbeit GmbH
Umweltdachverband
UniversitätslehrerInnenverband
Universitätsprofessorenverband
Verband angestellter Apotheker Österreichs
Verband der Elektrizitätsunternehmen Österreichs
Verband der Versicherungsunternehmen Österreichs
Verband der wissenschaftlichen Gesellschaften Österreichs
Verband für Anschlussbahnunternehmen (VABU)
Verband Österreichischer Banken und Bankiers
Verband Österreichischer Volkshochschulen
Verband Österreichischer Zeitungen
Verband Reisender Kaufleute
Verein der Tarifeure
Vereinigung der fachmännischen Laienrichter Österreichs
Vereinigung der Österreichischen Industrie
Vereinigung der österreichischen Richter
Vereinigung Industrieller Bauunternehmungen Österreichs (VIBÖ)
Vereinigung Österreichischer Bibliothekarinnen und Bibliothekare (VÖB)
Vereinigung Österreichischer Blauhelme
Verkehrsclub Österreich (VCÖ)
Wirtschaftsforum der Führungskräfte
Wirtschaftsverband Österreich (WVO)
Zentralstelle Österreichischer Landesjagdverbände
Zentralverband der Kleingärtner, Siedler und Kleintierzüchter Österreichs

Die Sozialversicherung

Die Einrichtungen der Sozialversicherung sind in besonderer Weise für die
soziale Sicherheit verantwortlich. Für in Österreich erwerbstätige Menschen
ist die **Sozialversicherung gesetzlich verpflichtend vorgeschrieben.** Die
gesetzlichen Sozialversicherungen sind nach den Grundsätzen der **Selbstverwaltung** organisiert, wobei die Organe nicht von den Versicherten (Angehörige der Riskengemeinschaft) bestellt werden; dies geschieht vielmehr durch
Entsendung seitens der gesetzlichen beruflichen Vertretungen der Versicherten.
Für den organisatorischen **Aufbau der österreichischen Sozialversicherung**
sind folgende Gesichtspunkte maßgeblich:
• Gliederung nach den versicherten Risken:

- Krankenversicherung
- Unfallversicherung
- Pensionsversicherung
• Gliederung nach versicherten Personengruppen (Riskengemeinschaften):
Arbeiter
Angestellte
Beamte
Selbständige in der gewerblichen Wirtschaft
Selbständige in der Land- und Forstwirtschaft
Beschäftigte im Bergbau
Beschäftigte der österreichischen Eisenbahnen
Notare
• Gliederung nach Bundesländern oder Betrieben

Die Träger der Sozialversicherung
Sie sind nach Versicherungszweigen strukturiert:
• **Träger der Krankenversicherung** sind die Gebietskrankenkassen für Arbeiter und Angestellte in jedem Bundesland, die Betriebskrankenkassen, die Versicherungsanstalt des österreichischen Bergbaues, die Versicherungsanstalt der österreichischen Eisenbahnen, die Sozialversicherungsanstalt der gewerblichen Wirtschaft, die Sozialversicherungsanstalt der Bauern und die Versicherungsanstalt öffentlich Bediensteter.
• **Träger der Pensionsversicherung** sind die Pensionsversicherungsanstalt der Arbeiter, die Pensionsversicherungsanstalt der Angestellten, die Versicherungsanstalt des österreichischen Bergbaues, die Versicherungsanstalt der österreichischen Eisenbahnen, die Sozialversicherungsanstalt der gewerblichen Wirtschaft, die Sozialversicherungsanstalt der Bauern und die Versicherungsanstalt des österreichischen Notariates.
• **Träger der Unfallversicherung** sind die Allgemeine Unfallversicherungsanstalt, die Sozialversicherungsanstalt der Bauern, die Versicherungsanstalt der österreichischen Eisenbahnen und die Versicherungsanstalt öffentlich Bediensteter.

Es bestehen insgesamt **28 Sozialversicherungsträger**. Die Aufgabe der Sozialversicherungsträger decken alle Bereiche der gesetzlichen Sozialversicherung ab (Unfall-, Kranken- und Pensionsversicherung), die meisten sind jedoch nur für einzelne Bereiche zuständig, sodass man in der Regel bei zwei oder drei gesetzlichen Sozialversicherungen versichert ist.
Alle Sozialversicherungsträger sind zu einem Dachverband, dem **Hauptverband der österreichischen Sozialversicherungsträger**, zusammengefasst. Dieser hat die allgemeinen Interessen der Versicherungsnehmer wahrzuneh-

men und deren Tätigkeit zu koordinieren. Er kann zu diesem Zweck Satzungen und Richtlinien beschließen (etwa für eine wirtschaftlichere Verschreibung von Heilbehelfen). Darüber hinaus führt der Hauptverband die sozialversicherungsrechtlichen Statistiken; er schließt auch die Gesamtverträge mit den Selbstverwaltungskörpern der medizinischen Berufe (z. B. Ärztekammern) ab.

Die Verwaltung der Sozialversicherung

Im Jahr 2002 beschäftigte die österreichische Sozialversicherung rund 27.600 Personen, wovon rund 16.500 in der Verwaltung und Verrechnung sowie 11.100 in den Einrichtungen der Sozialversicherungen (wie z. B. Spitäler und Ambulatorien) tätig waren. Im Jahr 2003 betrug der Verwaltungs- und Verrechnungsaufwand aller Sozialversicherungsträger 2,3 Prozent der Gesamteinnahmen. Aufgegliedert nach den einzelnen Bereichen ergaben sich folgende Anteile:

Krankenversicherung	3,1 %
Pensionsversicherung	1,7 %
Unfallversicherung	7,4 %

Die Pensionsreform

Österreich verfügt über ein **3-Säulen-Altersvorsorge-System**:
• Die erste Säule ist die staatliche Sozialversicherung.
• Die zweite Säule umfasst die betriebliche Altersvorsorge (Pensionsrückstellungen bei Unternehmen, Gründung von Pensionskassen).
• Die dritte Säule betrifft die private Altersvorsorge.
Das **staatliche Pensionssystem wird im Umlageverfahren finanziert**. Das bedeutet, dass die laufenden Beiträge der Erwerbstätigen zur Finanzierung der auszubezahlenden Pensionen verwendet werden. Die Pensionsbeiträge der werktätigen Generationen werden zur Finanzierung der Pensionen der früher werktätig gewesenen Generationen herangezogen (man spricht auch vom **Generationenvertrag**). Das Problem dieses Systems ist, dass sich die generellen Rahmenbedingungen geändert haben: die Menschen werden älter, die Geburtenrate sinkt, die Ausbildungszeiten werden länger. Dadurch sinkt der Anteil der Beitragszahlungen im Vergleich zum Ausmaß der Leistungen. Deshalb muss das staatliche Pensionssystem den neuen Gegebenheiten angepasst werden. Um die Finanzierbarkeit des Systems zu sichern, war eine **Pensionsreform** notwendig, bei der Maßnahmen wie z. B. die Anhebung des Pensionsantrittsalters gesetzt wurden.
Ein weiteres derzeit heftig diskutiertes Problem ist die **Harmonisierung der Pensionssysteme**. Sie orientiert sich an fünf wesentlichen Zielen:
– Schaffung eines gleichen Pensionsrechtes für alle Berufsgruppen,

- generelles Pensionsantrittsalter mit dem 65. Lebensjahr,
- der Beitragssatz zur Pensionsversicherung soll für alle Berufsgruppen (Angestellte, Bauern, Selbständige) einheitlich 22,8 % betragen,
- 15 Versicherungsjahre begründen einen Pensionsanspruch,
- die Pensionshöhe soll 80 Prozent des Aktivbezuges betragen; der Durchrechnungszeitraum für die Pensionsbemessung beträgt 45 Jahre.

Zahlen, Daten, Fakten zu den Sozialversicherungen

Mittel der Sozialversicherung im Vergleich zum Bruttoinlandsprodukt und Bundesbudget

Jahr	Mittel der Sozialversicherung in Mio. €	in % des Bruttoinlandsproduktes	in % des Bundesbudgets
1956	642	7,4	28,4
1961	1.224	9,3	33,7
1966	2.222	11,4	42,3
1971	3.743	12,3	45,8
1976	7.486	13,9	46,4
1981	11.634	14,8	47,2
1986	16.325	15,6	45,1
1991	22.187	15,5	49,3
1996	28.658	16,1	52,2
1999	32.114	16,3	56,1
2000	33.530	16,2	57,6
2001	34.728	16,3	57,5
2002	35.847	16,4	58,0
2003	36.931	16,5	60,2

Berechtigte Personen in der sozialen Krankenversicherung im Jahr 2003
7,9 Millionen Personen bzw. 97,6 % der Bevölkerung

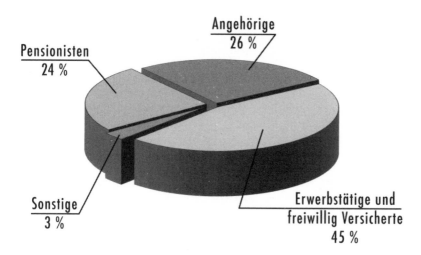

Angehörige
26 %

Pensionisten
24 %

Sonstige
3 %

Erwerbstätige und
freiwillig Versicherte
45 %

Ausgaben der sozialen Krankenversicherung im Jahr 2003
Gesamtausgaben: 11.105 Mio. € bzw. 100 %

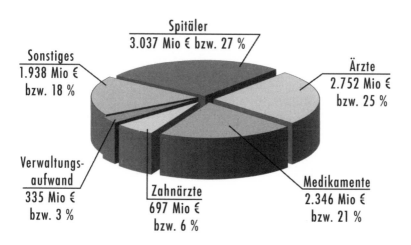

Spitäler
3.037 Mio € bzw. 27 %

Sonstiges
1.938 Mio €
bzw. 18 %

Ärzte
2.752 Mio €
bzw. 25 %

Verwaltungs-
aufwand
335 Mio €
bzw. 3 %

Zahnärzte
697 Mio €
bzw. 6 %

Medikamente
2.346 Mio €
bzw. 21 %

Gegenüberstellung von Pensionsanpassung – Richtsatz für Alleinstehende – Verbraucherpreisindex

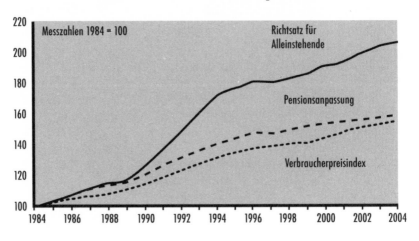

Durchschnittspensionen nach dem Geschlecht in Euro
Dezember 2003

| Pensions-versicherungsträger | Pensionen aus dem Versicherungsfall | | | |
| | des Alters | | der geminderten Arbeitsunfähigkeit | |
	Männer	Frauen	Männer	Frauen
PV insgesamt	**1.219**	**708**	**954**	**514**
PVA-Arbeiter	950	516	869	476
PVA-Angestellte	1.589	925	1.300	716
VA d. öst. Eisenbahnen	1.291	739	967	565
VA d. öst. Bergbaues	1.536	953	1.181	772
SVA d. gew. Wirtschaft	1.307	807	990	536
SVA der Bauern	864	430	786	359

So viele Pensionsbezieher entfallen auf
1.000 Pensionsversicherte

Jahres-durchschnitt	Pensionsversicherung		
	insgesamt	der Unselbständigen	der Selbständigen
1956	345	345	594
1961	354	365	311
1966	435	430	456
1971	488	473	562
1976	510	470	760
1981	531	486	825
1986	591	549	863
1991	585	543	871
1993	586	552	799
1994	593	557	817
1995	601	568	803
1996	616	584	808
1997	620	591	792
1998	619	592	777
1999	617	593	761
2000	619	596	752
2001	621	600	747
2002	624	606	727
2003	624	607	721

Das Verhältnis zwischen Kirche und Staat

In den Verfassungsordnungen der europäischen Demokratien ist die Glaubens- und Gewissensfreiheit als Grundrecht geschützt. Dieses schließt staatlichen Zwang auf religiösen Gebieten aus. Jeder Bewohner des Staatsgebietes hat das Recht, sich sein Religionsbekenntnis frei und unabhängig zu bilden und sich diesem Bekenntnis gemäß in religiöser Hinsicht zu betätigen.
Neben der individuellen Glaubens- und Gewissensfreiheit kennt die österreichische Verfassungsordnung auch die korporative Religionsfreiheit. Sie kommt den gesetzlich anerkannten Kirchen und Religionsgesellschaften zu.

Es besteht nämlich die Möglichkeit, Kirchen und Religionsgesellschaften unmittelbar durch Gesetz oder durch eine kraft Gesetzes erlassene Verordnung des Bundesministers für Unterricht und kulturelle Angelegenheiten (jetzt: Bundesministerium für Bildung, Wissenschaft und Kultur) anzuerkennen. Die solcherart anerkannten Kirchen und Religionsgesellschaften haben einen besonderen Schutz ihrer Autonomie: Sie besitzen das Recht der gemeinsamen öffentlichen Religionsausübung, ordnen und verwalten ihre inneren Angelegenheiten selbständig und bleiben im Besitz und Genuss ihrer für Kultus-, Unterrichts- und Wohltätigkeitszwecke bestimmten Anstalten, Stiftungen und Fonds. Es gelten jedoch auch für sie die »allgemeinen Staatsgesetze«.
Gesetzlich anerkannte Religionsgesellschaften besitzen in Österreich:
• die Stellung als Körperschaft öffentlichen Rechts
• das Recht der Errichtung konfessioneller Privatschulen
• das Recht der Erteilung des Religionsunterrichts an öffentlichen Schulen.

Die anerkannten Kirchen und Religionsgemeinschaften sind folgende:
• Altkatholische Kirche
• Armenisch-Apostolische Kirche in Österreich
• Evangelische Kirche in Österreich: Augsburger Bekenntnis (A. B.) und Helvetisches Bekenntnis (H. B.)
• Griechisch-orientalische Kirche
• Islamische Glaubensgemeinschaft in Österreich
• Israelitische Kultusgemeinde
• Katholische Kirche
• Kirche Jesu Christi der Heiligen der Letzten Tage (Mormonen)
• Methodistenkirche in Österreich
• Neuapostolische Kirche in Österreich
• Österreichische Buddhistische Religionsgesellschaft
• Syrisch-Orthodoxe Kirche in Österreich

Die Medien

Der Einfluss der Medien auf die Öffentlichkeit und auf das politische Geschehen in unserem Land hat in den letzten drei Jahrzehnten stark zugenommen. Die Medien fühlen sich zunehmend als Kontrollorgane unserer Republik. Deshalb werden sie auch als **vierte Macht im Staat** bezeichnet.
Da es den Umfang dieses Kapitels sprengen würde, alle Medien eingehend zu erläutern, beschränken wir uns auf die Darstellung der Medien, die in Österreich zur politischen Information und Willensbildung beitragen: Printmedien, Rundfunk (TV und Hörfunk), Internet und Nachrichtenagenturen.

Allgemeine Entwicklungen

Die österreichische Medienlandschaft hat sich in den letzten zehn Jahren rasant verändert. Neben den bis dahin vorherrschenden »klassischen« Medien (Zeitungen, Magazine, Fernsehen und Radio) wurden die »neuen Medien« immer wichtiger. Binnen kürzester Zeit setzten sich in Österreich Kabel- bzw. Satellitenfernsehen, Internet und Mobiltelefonie durch. Laut einer Umfrage im Oktober 2004 verfügen mittlerweile 77 % der österreichischen Haushalte für ihre TV-Geräte über einen Kabel- oder Satellitenschluss, 81 % über Mobiltelefon, 68 % über einen Computer und 53 % über einen Internetzugang. Neben der fast explosionsartigen Verbreitung und Nutzung der »neuen Medien« sind folgende weitere Trends zu beobachten:

Pressekonzentration

Der Konzentrationsprozess in Österreichs Medienlandschaft wird anhand von drei Beispielen aufgezeigt:
- Mediaprint und Newsgruppe
Die Westdeutsche Allgemeinen Zeitung (WAZ) beteiligte sich sowohl an der Neuen Kronen Zeitung als auch am Kurier (ein zur Raiffeisen-Gruppe gehörendes Medium); um Synergien zu nutzen, wurde die Dachgesellschaft »Mediaprint« etabliert. Im Jahr 2001 schlossen sich mit Billigung des Kartellgerichts die »Kurier-Magazine Verlags GmbH« und die »News GmbH« zusammen – ein im internationalen Vergleich einzigartiger Konzentrationsprozess. In dem solchermaßen entstandenen Medienverbund erscheinen *Kurier, Neue Kronen Zeitung*, die *Wiener Bezirkszeitungen* sowie die Magazine und Illustrierten *News, TV-Media, E-Media, Woman, Format, Profil, Trend, Gusto, X-Express, Auto-Revue, Yacht-Revue, Golf-Revue* und *Bühne*. Weiters gehören zu diesem Medienverbund die privaten Rundfunksender *Krone Hitradio, Antenne Wien* und *Antenne Salzburg* sowie diverse Onlinemedien wie *krone.at, kurier.at, NEWS-Network* etc.
- Styria Medien AG
Der Styria-Verlag wurde 1869 gegründet. Heute vereinigt er unter seinem Dach die österreichischen Tageszeitungen *Kleine Zeitung, Die Presse* und *Wirtschaftsblatt* sowie Zeitungen in Slowenien und Kroatien. Weitere österreichische Styria-Publikationen sind: *Grazer Woche, Kärntner Woche, Murtaler Zeitung, Der Obersteirer, HBZ, Bildpost, Weizer Zeitung, Steirer Monat, Kärntner Monat, Kärntner Regional Medien, Villacher Monatsillustrierte, MCA, tele* und *Die Furche*. Seit Anfang 2004 ist sie an der ET Multimedia AG mit beteiligt, die unter anderem das *Wirtschaftsblatt* sowie die Magazine *Wiener* und *Wienerin* herausgibt. Zur Styria Media AG gehören Druckereien in Graz, St. Veit und Zagreb, der Styria Pichler Verlag, der Verlag Carinthia, der Verlag Ingenium und der Kneippverlag sowie die Morawa & Styria Buchhandlungen. Zur Styria-Grup-

pe zählen auch private Radio- bzw. TV-Sender: *Antenne Steiermark, Antenne Kärnten, Radio Harmonie, Musikradio Mur Mürztal, Radio A1, Sat.1 Österreich, KT1* und *Steiermark 1* sowie diverse Onlinemedien wie *Kleine Zeitung Online, diepresse.com* etc.

– Vorarlberger Medienhaus

Im Westen Österreichs gelang Eugen Ruß, dem Herausgeber und Eigentümer der *Vorarlberger Nachrichten*, eine beachtliche regionale Pressekonzentration: Er kaufte die konkurrierende Vorarlberger Tageszeitung *Die Neue* auf, gibt zweimal wöchentlich die Vorarlberger Gratiszeitung *Wann & Wo* heraus und gründete den Internetprovider *Vorarlberg Online*. Weitere Onlineaktivitäten sind *Vienna Online, Austria.com, Niederösterreich Online, Oberösterreich Online, Austria Online* und *1036hallo*. Zusätzlich ist er am Regionalradio *Antenne Vorarlberg* beteiligt. Eugen Ruß besitzt eine eigene Druckerei in Altach und hat seine Medienaktivitäten in der Dachgesellschaft des Vorarlberger Medienhauses gebündelt.

Ausländische Medienkonzerne suchen Beteiligungen

Neben der WAZ, die an *Krone* und *Kurier* beteiligt ist, hält die *Süddeutsche Zeitung* eine 49 %ige Beteiligung am *Standard*, die Südtiroler Verlagsgruppe Athesia ist zu 50 % an der *Tiroler Tageszeitung* beteiligt und die schwedische Bonnier-Gruppe ist Mitbegründer und Hälfteeigentümer des *Wirtschaftsblatts*. Der Oberösterreichische Landesverlag, in dem die *Oberösterreichische Rundschau* erscheint, befindet sich seit 1991 im Besitz der Verlagsgruppe Passau. An der News-Gruppe hält seit 1998 die Bertelsmann-Tochter Gruner + Jahr 75 % der Anteile.

Niedergang der Parteizeitungen

1954 betrug die Auflage der Parteizeitungen insgesamt 60 % des gesamten Zeitungsmarktes. Das Sterben der Parteizeitungen begann im Jahr 1964, als die *Österreichische Neue Tageszeitung* eingestellt wurde (sie war 1947 als *Wiener Tageszeitung, Zentralorgan der ÖVP* gegründet worden). In den folgenden zwei Jahrzehnten wurde die im Besitz der SPÖ befindliche Boulevardzeitung *Express* an die *Kronen Zeitung* verkauft, die *Kärntner Volkszeitung* der ÖVP ging in Konkurs, das *Salzburger Tagblatt* und die *Neue Zeitung* der SPÖ wurden eingestellt, genauso wie die *Neue Tiroler Zeitung* der ÖVP. Dieses Schicksal erlitt im März 1991 auch die traditionsreiche Parteizeitung der SPÖ, die 1889 von Viktor Adler gegründet *Arbeiterzeitung*. Auch die Parteizeitung der KPÖ, *Österreichische Volksstimme*, konnte nicht überleben; sie wurde als Tageszeitung 1991 eingestellt und bis 1993 unter dem Titel *Salto* als Wochenzeitung fortgeführt. Von 1994 bis zur endgültigen Einstellung 2003 erschien die *Volksstimme* wieder wöchentlich. Die *Neue Zeit* befand sich im Besitz der SPÖ Steiermark, ging danach ins Eigentum der Mitarbeiter über und im Jahr 2001 in Konkurs.

Ende des Rundfunkmonopols

Im Jahr 2001 wurden vom Gesetzgeber neue rechtliche Rahmenbedingungen für das Veranstalten von Hörfunk und Fernsehen in Österreich geschaffen. Dieses neue Gesetz gab einerseits den Betreibern der seit Mitte der neunziger Jahre in Österreich bestehenden Privatradios eine solide Rechtsgrundlage und ermöglichte andererseits erstmals privates terrestrisches Fernsehen in Österreich. Weiters wurde mit diesem Gesetz die Organisationsstruktur der Rundfunkregulierung neu gestaltet.

Die Printmedien

Tageszeitungen

In Österreich erscheinen **16 Tageszeitungen**, die von rund 5 Millionen Menschen täglich gelesen werden; das sind circa 75 % der österreichischen Bevölkerung der Über-14-Jährigen. Die Tageszeitungen kann man nach inhaltlichen Kriterien und auf Grund ihrer Verbreitung in folgende Gruppen unterteilen:
• Boulevardzeitungen
Kurzer, knapper, an der österreichischen Umgangssprache orientierter Stil, Kommentare, Meinungen und Glossen bilden den inhaltlichen Schwerpunkt
• Qualitätszeitungen
Sprachlich und inhaltlich anspruchsvoll, klare Trennung von Berichterstattung und Kommentar
• Regionalzeitungen
• Parteizeitungen
• Special-Interest-Zeitungen
Hier wird von der Berichterstattung nur ein ganz bestimmtes inhaltliches Feld abgedeckt (→ Wirtschaftsblatt)

Die österreichischen Tageszeitungen (gereiht nach ihrer Reichweite laut Media Analyse 2003):
• *Neue Kronen Zeitung*
Boulevardzeitung mit 43,8 % Reichweite und 2.925.000 Lesern. 1959 als *Illustrierte Kronen-Zeitung* gegründet; in Anlehnung an die gleichnamige Tageszeitung, die es in Österreich von 1900 bis 1944 gegeben. Seit 1971 *Neue Kronen Zeitung*, erscheint in 8 regionalen Ausgaben.
• *Kleine Zeitung*
Regional- und Boulevardzeitung mit 12,4 % Reichweite (steirische Ausgabe 8,2 %, Kärntner Ausgabe 4,2 %) und 829.000 Lesern.
Vom Katholischen Presseverein Graz-Seckau 1904 gegründet, im Mai 1945 eingestellt. Neugründung im Jahr 1948.

- *Kurier*

Qualitätszeitung mit 11,2% Reichweite, 745.000 Lesern. Als *Neuer Wiener Kurier* von Ludwig Polsterer gegründet; in Nachfolge des *Wiener Kurier,* der in den Jahren 1945 bis 1954 von der amerikanischen Besatzungsmacht herausgeben wurde.

- *Der Standard*

Qualitätszeitung mit 5,8% Reichweite und 390.000 Lesern. 1988 von Oscar Bronner mit 50%iger Beteiligung des deutschen Springer Verlags gegründet. Seit 1998 halten Oscar Bronner und die Bronner-Privatstiftung 51% sowie der Süddeutsche Verlag 49% der Anteile.

- *Oberösterreichische Nachrichten*

Regionalzeitung mit 5,6% Reichweite und 375.000 Lesern. 1945 von der amerikanischen Besatzungsmacht erstmals herausgegeben, heute im Besitz der Wimmer Medien Gruppe.

- *Tiroler Tageszeitung*

Regionalzeitung mit 5,3% Reichweite und 351.000 Lesern. Erscheint in 7 Bezirksmutationen. 1945 von der amerikanischen Besatzungsmacht gegründet, danach im Besitz von Josef Moser und dessen Erben (Moser Holding AG). 2004 wurden 50% der Holding von der Südtiroler Verlagsgruppe Athesia übernommen.

- *Die Presse*

Qualitätszeitung mit 5,1% Reichweite und 339.000 Lesern. Nachfolgepublikation der 1864 gegründeten »Neuen Freien Presse«, die bis 1939 erschienen ist. 1946 von Ernst Molden neu herausgegeben, gehört sie heute zu 100% dem Styria-Verlag.

- *Salzburger Nachrichten*

Regionalzeitung mit 4,6% Reichweite und 304.000 Lesern. 1945 von der amerikanischen Besatzungsmacht gegründet. Eigentümer und Herausgeber ist Max Dasch.

- *Vorarlberger Nachrichten*

Regional- und Boulevardzeitung mit 3,3% Reichweite und 218.000 Lesern. 1945 gegründet, erscheint im Vorarlberger Medienhaus, das Stiftungen von Eugen Ruß und seiner Schwester Sophie Kempf-Ruß gehört.

- *Wirtschaftsblatt*

Special-Interest-Zeitung mit 1,2% Reichweite und 83.000 Lesern. 1995 gegründet, erscheint fünfmal wöchentlich. Die Wirtschaftsblatt Verlag AG gehört zu 50% der ET Multimedia AG und zu weiteren 50% dem schwedischen Bonnier-Verlag.

- *Neue Kärntner Tageszeitung*

Parteizeitung mit 1,2% Reichweite und 79.000 Lesern. 1945 von der SPÖ als *Die neue Zeit* gegründet, seit 1965 *Neue Kärntner Tageszeitung.* Befindet sich im Besitz der SPÖ.

• *Neue Vorarlberger Tageszeitung*
Regional- und Boulevardzeitung mit 1,0 % Reichweite und 69.000 Lesern. Erscheint seit 1972, von 1979 bis 1990 mehrheitlich im Besitz der Styria Verlagsgruppe, seit 1992 zu 100 % im Besitz der Familie Ruß.
• *Wiener Zeitung*
Qualitätszeitung mit Amtsblatt. 1703 als *Wiennerisches Diarium* gegründet, seit 1780 *Wiener Zeitung*. Im Eigentum der Republik Österreich. Älteste Tageszeitung der Welt!
• *Neues Volksblatt*
Parteizeitung. 1869 als *Linzer Volksblatt* gegründet, 1938 unter dem Titel *Volksstimme* fortgeführt. 1945 von der ÖVP neu gegründet, erscheint seit 1993 in Kooperation mit der *Salzburger Volkszeitung*. Befindet sich im Besitz der ÖVP.
• *Salzburger Volkszeitung*
Parteizeitung. Gegründet 1945, erschien zuerst wöchentlich. Tageszeitung seit 1971. Seit 1993 Kooperation mit dem *Neuen Volksblatt*. Befindet sich im Besitz der ÖVP.
• *Heute*
Gratis-Boulevardzeitung. 2004 gegründet, wird über Selbstbedienungsstände in den Wiener U-Bahn-Stationen vertrieben.

Wochenzeitungen, Magazine und Illustrierte

Die genaue Zahl der in Österreich am Markt befindlichen Publikationen kann nur geschätzt werden: zu den **rund 100 Illustrierten und Magazinen** kommen **circa 2.500 Fachzeitschriften**. Der Verband Österreichischer Zeitungsherausgeber (VÖZ) zählt 59 Wochenzeitungen, Magazine und Illustrierte zu seinen Mitgliedern. Hier ein nach Gruppen gegliederter Überblick (VÖZ-Mitglieder und bekannte Titel):
• **Nachrichtenmagazine und politische Zeitschriften**:
Die FURCHE, Echo, FORMAT, NEWS, Profil
• **Regionalmedien:**
Anzeiger für den Bezirk Bludenz, Badener Rundschau, Badener Zeitung, CITY, Der Ennstaler, Die neue Pinzgauer Post, Die Steirische, Falter, Kärntner Nachrichten, Klosterneuburger Zeitung, Murtaler Zeitung, Neue BVZ, NÖN, Oberösterreichische Rundschau, Obersteirische Zeitung, Osttiroler Bote, Salzburger Woche, Schwarzataler Bezirksbote, Wiener Neustädter Nachrichten
• **Medien von Interessenvertretungen, Vereinen und Verbänden:**
Auto Touring (ÖAMTC), Die Wirtschaft (WKO), Freie Fahrt (ARBÖ), Österreichische BauernZeitung - Neues Land (Steirischer Bauernbund), Österreichische BauernZeitung - Niederösterreich (Niederösterreichischer Bauernbund), Österreichische BauernZeitung - Tirol (Tiroler Bauernbund), RAIFFEISENZEITUNG (Österreichischer Raiffeisenverband), welt der frau (Kath. Frauenbewegung)

- **Special-Interest-Medien:**
Agrar Post, Auto-Revue, Börsen-Kurier, Bühne, Diva, E-Media, GEWINN, Golf-Revue, Gusto, Miss - die junge Wienerin, Skip, Sportmagazin, Sportwoche, Sportzeitung, TAI Tourismuswirtschaft Austria & International, Wiener Sport am Montag, Trend, Wiener, Wienerin, Woman, X-Express, Yacht-Revue
- **Boulevardmedien:**
Bazar, Der neue Samstag, Die ganze Woche, Frauenblatt, ORF Nachlese, PM - Privatmarkt
- **Parteimedien:**
BF - Die Burgenlandwoche (SPÖ Burgenland), Freiheit (Wiener ÖAAB/ÖVP), Neue Freie Zeitung (FPÖ)
- **Kirchenzeitungen:**
Eisenstädter Kirchenzeitung, Kärntner Kirchenzeitung, KIRCHE bunt (Kirchenblatt der Diözese St. Pölten), Kirchenzeitung der Diözese Linz, RUPERTUSBLATT (Erzdiözese Salzburg), Vorarlberger Kirchenblatt, Wiener Kirchenzeitung
- **Österreichausgaben deutscher Illustrierter:**
Brigitte Österreich, Eltern Österreich, GEO Österreich, SCHÖNER WOHNEN Österreich
- **TV-Programm-Zeitschriften:**
Radio- und Fernsehwoche, tele, tv-media

Gratiszeitungen

Gratiszeitungen erscheinen in Österreich – mit zwei Ausnahmen – als **Regionalmedien** und erfreuen sich einer hohen Akzeptanz bei der Leserschaft: Ihre Reichweite beträgt im jeweiligen Verbreitungsgebiet bis zu 85 %! Österreichweit erscheint seit März 2002 *Kauf & Info* mit einer Auflage von 3,1 Millionen Exemplaren. Seit 1998 erscheint auch *Ihr EINKAUF* (Gesamtauflage 1,3 Millionen) überregional. Und zwar im Gebiet Wien, Niederösterreich und Nordburgenland mit 900.000 Exemplaren und in folgenden Gebieten mit weiteren 400.000 Exemplaren: Linz, Wels, Klagenfurt, Villach, Graz und Umgebung und in Salzburg in der Landeshauptstadt und Umgebung. Hier eine Übersicht über die einzelnen Medien und ihre Reichweiten (Quelle: RegioPrint Printmedien-Untersuchung (Fessel-GfK und IFES), gereiht nach den Verbreitungsgebieten:

- Burgenland:
Bezirksblätter Burgenland (75 % Reichweite)
- Kärnten:
Kärntner Woche (72 % Reichweite)
- Niederösterreich:
Bezirksjournal (21 % Reichweite), *Bezirksblätter Nord* (24 % Reichweite)

- Oberösterreich:
Tips (61% Reichweite), *Sonntagsrundschau* (58% Reichweite)
- Salzburg:
Salzburger Bezirksblätter (62% Reichweite), *Korrekt Salzburg* (57% Reichweite)
- Steiermark:
Steiermark Woche (56% Reichweite)
- Tirol:
Tiroler Bezirksblätter (82% Reichweite)
- Vorarlberg:
Wann & Wo/Sonntag (76% Reichweite), *Wann & Wo/Mittwoch* (64% Reichweite), *Mein Einkauf* (52% Reichweite)
- Wien:
Bezirksjournal (48% Reichweite), *Ihr EINKAUF* (38% Reichweite), *VOR-Magazin* (14% Reichweite), *Bezirksblätter* (keine Angaben über die Reichweite), *Heute* (Tageszeitung mit einer Auflage von 130.000 Exemplaren)

Die Presseförderung

Seit 1975 gibt es in Österreich eine staatliche Presseförderung, die bis 1984 allen Tages- und Wochenzeitungen unabhängig von ihrer wirtschaftlichen Situation zukam. Ab 1984 wurde die »**Allgemeine Förderung**« um eine »**Besondere Förderung**« für strukturschwache Tageszeitungen, die eine »besondere Bedeutung für die politische Meinungsbildung haben«, erweitert. 2002 betrug die »Allgemeine Förderung« 3,7 Millionen Euro und die »Besondere Förderung« 7,6 Millionen Euro.

Zusätzlich gibt es in Österreich auch eine »**Publizistikförderung**« für Zeitschriften, die der »staatsbürgerlichen Bildung« dienen. 2002 wurden an 118 Zeitschriften insgesamt 397.000 Euro vergeben.

In dem Anfang 2003 verfassten Regierungsprogramm der derzeitigen ÖVP-FPÖ-Koalition ist eine »Evaluierung der Presseförderung« geplant, die Wettbewerbsverzerrungen ausgleichen, Qualitätsprodukte fördern und regionale Vielfalt sichern helfen soll. Seit 2004 ist für die Presseförderung des Bundes sowie für die »Publizistikförderung« die **Kommunikationsbehörde Austria** (→ KommAustria) zuständig.

Rundfunk (TV und Hörfunk)

Die geschichtliche Entwicklung

Im Jahr 1924 nahm die Radio-Verkehrs-AG **(RAVAG)** erstmals den Hörfunkbetrieb in Österreich auf. Als Österreich 1938 von Deutschland annektiert wurde, gliederte das nationalsozialistische Regime die RAVAG in die »**Reichsdeutsche Rundfunkgesellschaft**« ein.

Nach der Befreiung Österreichs kam es zu einer Vierteilung des Hörfunks: Jede der vier Alliiertenmächte betrieb einen eigenen Sender mit unterschiedlicher programmatischer und ideologischer Ausrichtung. Der amerikanische Sender »Rot-Weiß-Rot« war damals bei der österreichischen Bevölkerung am beliebtesten. Im Jahr **1954 erfolgte die schrittweise Rückgabe der Sender** an die Republik Österreich. Ab 1. August 1955 startete ein Fernsehversuchsprogramm, das **1957** den regelmäßigen Betrieb aufnahm. Im selben Jahr wurde die **Österreichische Rundfunk GesmbH gegründet**, die mit 1. Jänner 1958 Hörfunk und Fernsehen von der Republik Österreich übernahm.

Das 1964 initiierte Rundfunkvolksbegehren bewirkte die Reform des Rundfunkgesetzes im Jahr 1966. Von nun an gab es für den Österreichischen Rundfunk einen gesetzlich festgelegten Programmauftrag. 1974 wurde mit der Reform des Rundfunkgesetzes die Österreichische Rundfunk GesmbH in die **öffentlich-rechtliche Anstalt** namens ORF umgewandelt. Ein **Bundesverfassungsgesetz** verankerte die »Sicherung der Unabhängigkeit des Rundfunks« sowie die »öffentliche Aufgabe« des ORF.

In den 80er Jahren wurde mit den damals neu auftretenden Verbreitungsmöglichkeiten (Kabel und Satellit) der Empfang der unterschiedlichsten Hörfunk- und TV-Programme möglich. Dies führte in den meisten westeuropäischen Staaten relativ rasch zur **Einführung eines dualen Rundfunksystems**, in dem es neben den öffentlich-rechtlichen Sendern auch Privatsender gab. In Österreich trat erst mit Jahresbeginn 1994 das Regionalradiogesetz in Kraft, das die Zuordnung der terrestrischen Frequenzen für sämtliche Betreiber sowie das Zulassungsverfahren, die Zulassungsbehörde und die Rechtsaufsicht regelte. Anfang 1995 erteilte die Regionalradiobehörde 10 privaten Antragstellern die Zulassung. Antragsteller, die nicht zum Zug gekommen waren, klagten; der Verfassungsgerichtshof hob in Folge die Regionalradiogesetz-Bestimmung über die Frequenzplanung als verfassungswidrig auf (September 1995). Nur zwei Lizenzbesitzer einigten sich mit den Klägern und konnten daher den Sendebetrieb aufnehmen (»Antenne Steiermark« und »Radio Melody« in Salzburg).

1997 wurde im Nationalrat eine Novelle zum Regionalradiogesetz beschlossen und am 1. April 1998 konnten 8 regionale und 43 lokale Privatradios »on air« gehen. Da im Jahr 2000 der Verfassungsgerichtshof wieder Teile des Gesetzes als verfassungswidrig erkannte, wurde im Nationalrat am **31. Jänner 2001 das neue Privatradiogesetz** beschlossen, das im April 2001 in Kraft trat. Es normiert die Programmgrundsätze und regelt die Zulassung von Hörfunkbetreibern.

Im August desselben Jahres trat auch das **Privatfernsehgesetz** in Kraft, mit dem es erstmals in Österreich die rechtliche Grundlage für privates, **terrestrisches Fernsehen** (= via Hausantenne empfangbar) gab. Es regelt die Vergabe von bundesweiten, terrestrischen analogen Zulassungen. Weiters ermöglicht es die Zulassung von Privatfernsehen in bestimmten Ballungsräumen (Wien, Linz, Salzburg). Hier wird durch so genanntes Frequenzsplitting auf bisher allein dem ORF zustehenden Frequenzen gesendet.

Das Fernsehen

Seit Beginn der 80er Jahren werden in Österreich regionale und lokale Kabelnetze immer weiter ausgebaut. Zusätzlich boomt der Verkauf von »Satellitenschüsseln«, mit denen man internationale TV-Programme empfangen kann. 1989 verfügten rund 20 % der österreichischen Haushalte, die ein TV-Gerät besaßen, über Kabel- oder Satellitenempfang, zum Jahresanfang 2003 sind es bereits 84 %. Die über Kabel bzw. Satellit empfangenen deutschen Fernsehsender erfreuten sich in Österreich einer immer größeren Beliebtheit. Dies führte schließlich dazu, dass etliche deutsche Sender nicht nur eigene Österreich-Werbeblöcke, sondern auch spezifische österreichische Programmfenster einführten (Pro 7, Kabel 1, Sat 1, Premiere etc.). Seit Juni 2003 ist der erste österreichische Privatfernsehsender »ATV+« im gesamten Bundesgebiet mittels Hausantenne zu empfangen. Seit Juni 2004 hat »PULS TV – Der Wiener Stadtsender« im Wiener Ballungsraum den Sendebetrieb aufgenommen. Weitere Zulassungen sind für die Ballungsräume Salzburg und Linz sowie für die Regionen Bad Ischl, Bad Kleinkirchheim, Weststeiermark und Steyr vergeben worden.

Die beliebtesten TV-Sender Österreichs:
gereiht nach Tagesreichweiten im September 2004 (Quelle: TELETEST/Fessel-GfK) in %

ORF 1	44,2
ORF 2	41,1
RTL	19,8
SAT.1	17,4
PRO 7	17,0
VOX	12,6
RTL 2	12,5
ATV+	9,7
KABEL 1	9,7
Super RTL	7,3

Der Hörfunk

Die Zulassung privater und freier Radiosender Mitte der 90er Jahre konnte der Beliebtheit der vom ORF betriebenen Sender keinen Abbruch tun. So kommen laut Radiotest im ersten Halbjahr 2004 die ORF-Radiosender auf insgesamt 81 % Reichweite. Grundsätzlich kann zwischen vier Gruppen von Radiosendern in Österreich unterschieden werden:

• **ORF Radios**

Ihre Finanzierung erfolgt durch die Einhebung von Gebühren sowie durch Werbeeinnahmen.

Österreich 1, Radio Burgenland, Radio Kärnten, Radio Niederösterreich, Radio Oberösterreich, Radio Salzburg, Radio Steiermark, Radio Tirol, Radio Vorarlberg, Radio Wien, Hitradio Ö3, FM 4

• **Kommerzielle Privatradios**

Sie finanzieren sich durch Werbeeinnahmen und sind »Formatradios«, das heißt, dass sie einen hohen Musik- und einen geringen Wortanteil haben. Die kommerziellen Privatradios laut Rundfunk und Telekom Regulierungs-GmbH in Österreich (Stand November 2004):

Burgenland: *Krone Hit Burgenland, Hit FM Burgenland*

Kärnten: *Radio Harmonie, Radio Uno, Antenne Kärnten, Radio Harmonie, Krone Hit Villach, Krone Hit Unterkärnten, Radio Real, Radio Starlet*

Niederösterreich: *Hit FM Waldviertel, Hit FM St. Pölten, Hit FM Mostviertel, Party FM, Krone Hit Wien/Niederösterreich, Radio Maria, Radio Arabella Tulln 99,4*

Oberösterreich: *LIFE Radio, Krone Hit Salzkammergut, Krone Hit Linz, Welle 1 Steyr, Krone Hit Innviertel, Radius 106,6, Antenne Wels 98,3*

Salzburg: *Welle 1 Salzburg, Krone Hit Pinzgau/Pongau, Krone Hit Hallein, RADIO-SALZACHTAL Krone Hit Salzburg, Antenne Salzburg*

Steiermark: *Antenne Steiermark, Soundportal Graz, Krone Hit Steiermark, Soundportal Hartberg (Hartberg 102,2 MHz), Radio West, Radio Grün Weiß, A 1, Radio Nostalgie, 89,6 Das Musikradio, Radio Harmonie*

Tirol: *Radio Arabella Innsbruck, Antenne Tirol, Außerferner Welle, U1 Radio Unterland, Krone Hit Innsbruck, Oberländer WELLE, 106 FM, Radio Arabella Unterland, Radio Osttirol, Krone Hit Kitzbühel*

Vorarlberg: *Antenne Vorarlberg, Radio Arabella Bregenz*

Wien: *Rock Radio (Kabelnetz der Telekabel Wien GmbH), 88,6 Der Supermix für Wien, Radio Stephansdom, Radio Energy, Radio Arabella Wien 92,9, Antenne Wien 102,5*

• **Freie Radios**

Diese Radios sind werbefrei. Man nennt sie auch nichtkommerzielle Radios, offene Kanäle bzw. Bürgerradios. Ihre Finanzierung erfolgt durch Förderung von Gebietskörperschaften und durch Zuwendungen Dritter. Mitglieder des »Verbandes Freier Radios Österreich« sind:

Burgenland: *Mora 106,3* (Großwarasdorf)

Kärnten: *Radio dva / Radio Agora* (Klagenfurt)

Niederösterreich: *Campusradio 94,4* (St. Pölten), *Gym Radio* (Hollabrunn), *Radio Aufdraht* (Gobelsburg)

Oberösterreich: *Radio FRO* (Linz), *Freies Radio Salzkammergut* (Bad Ischl)
Salzburg: *Radiofabrik 94,0* (Salzburg)
Steiermark: *Radio Helsinki* (Graz), *freequENNS 100,8* (Liezen)
Tirol: *Freirad* (Innsbruck)
Vorarlberg: *PRO-TON* (Hohenems)
Wien: *Radio Orange*
- **Internetradio**
Via Internet sind sowohl ORF-Radios als auch Privatradios empfangbar. Folgende Radios senden nur via Internet:
Radio uton - Das Wiener Universitätsradio, Radio TNC, AIR-Abele Internet Radio, UniRadio Salzburg, Radio offenes Österreich u. a.

Der ORF

Von 1957 bis 1974 war der Österreichische Rundfunk eine GmbH, danach war er eine öffentlich-rechtliche Anstalt. Mit 5. Juli 2001 wurde der ORF durch eine Novelle des Rundfunkgesetzes in eine Stiftung mit eigener Rechtspersönlichkeit umgewandelt. Der Generaldirektor des ORF wird vom Stiftungsrat gewählt. Dem **Stiftungsrat** des ORF gehören 35 Mitglieder an, deren Funktionsperiode vier Jahre dauert. Die Mitglieder des Stiftungsrats werden laut Rundfunkgesetz folgendermaßen bestellt:
Sechs Mitglieder werden von der Bundesregierung unter Berücksichtigung des Stärkeverhältnisses der politischen Parteien im Nationalrat entsendet, wobei jede im Hauptausschuss des Nationalrats vertretene Partei durch mindestens ein Mitglied im Stiftungsrat vertreten sein muss.
Neun Mitglieder bestellen die Länder, wobei jedem Land das Recht auf Bestellung eines Mitgliedes zukommt.
Neun Mitglieder nominiert die Bundesregierung.
Fünf Mitglieder werden vom Zentralbetriebsrat bestellt.
Sechs Mitglieder kommen aus dem Publikumsrat, von denen drei je ein Mitglied aus den Bereichen der gesetzlich anerkannten Religionsgesellschaften, der Hochschulen und der Kunst sein müssen.
Ergänzend zum Stiftungsrat gib es den **Publikumsrat**, der ebenfalls 35 Mitglieder hat und dessen Funktionsperiode vier Jahre dauert. Die Mitglieder des Publikumsrats sind Vertreter gesellschaftlich relevanter Gruppen. Der Publikumsrat verfügt über sechs Arbeitsausschüsse, die sich jeweils mit spezifischen Themenschwerpunkten befassen. Über die Sitzungsergebnisse wird im Plenum berichtet, in den Ausschüssen vorbereitete Empfehlungen an die Geschäftsführung des ORF sind dem Plenum zur Beschlussfassung vorzulegen.

Das **Programmangebot** des ORF umfasst laut gesetzlichem Versorgungsauftrag: zwei Fernseh- und vier Hörfunkprogramme sowie einen Online-Dienst (ORF ON). Zum Programm-Portfolio gehört auch der via Satelliten und Kabel empfangbare Spartenkanal *TW1* sowie der *ORF Teletext*. Zusätzlich arbeitet der ORF mit den deutschsprachigen Sendern *3sat*, *BR-alpha* und dem *ZDF-Theaterkanal* sowie mit dem deutsch-französischen Kulturkanal *ARTE* zusammen.

Das Tochterunternehmen **ORF Enterprise** vermarktet die Werbung in allen Medien des ORF, entwickelt innovative Cross-Media-Konzepte, ist Ansprechpartner für Veranstaltungen mit ORF-STARS, steht für Special-Advertising-Möglichkeiten zur Verfügung und vermarktet sowohl die Lizenzrechte der ORF-Sendungen als auch das Radio Symphonie Orchester Wien.

Die **Finanzierung** des ORF erfolgt sowohl aus Programmentgelten (Teil der Rundfunkgebühren) als auch aus dem Verkauf von Werbezeiten.

Geprüft wird der ORF von einer dreiköpfigen **Prüfungskommission**. Sie kontrolliert nicht nur die Richtigkeit der Buchführung, sondern die gesamte Geschäftsgebarung in Bezug auf Sparsamkeit, Wirtschaftlichkeit und Zweckmäßigkeit in Übereinstimmung mit den gesetzlichen Vorschriften. Neben dieser freiwilligen Selbstkontrolle wird der ORF auch vom **Rechnungshof geprüft**.

Rundfunkbehörden und Rundfunkaufsicht

Die **Kommunikationsbehörde Austria (KommAustria)** wurde per Gesetz mit 1. April 2001 eingerichtet. Sie ist eine eigenständige Behörde – ressortmäßig eine nachgeordnete Dienststelle des Bundeskanzleramtes. Die KommAustria fungiert für private Rundfunkveranstalter als:
• Zulassungsbehörde
• Rechtsaufsichtsbehörde
• Verwaltungsstrafbehörde
Weitere Aufgaben der KommAustria sind:
• Verwaltungsbehörde für alle Rundfunkfrequenzen (auch die des ORF!)
• Vergabe der Presseförderung des Bundes sowie der »Publizistikförderung«
Die **Telekom-Control-Kommission** ist eine weisungsfreie Kollegialbehörde mit richterlichem Einschlag. Ihre Aufgabe ist es, Entscheidungen in Streitverfahren und in dem Bereich des Zivilrechts fallende Angelegenheiten wahrzunehmen. Die Mitglieder sind in Ausübung ihres Amtes unabhängig und weisungsfrei. Ihre Entscheidungen beruhen unmittelbar auf dem Gesetz und können im Verwaltungsweg weder abgeändert noch aufgehoben werden. Eine Beschwerde an den Verwaltungsgerichtshof ist jedoch möglich; er kann den Bescheid der Kommission aufheben, nicht aber in der Sache selbst entscheiden.

Als Geschäftsstelle für alle administrativen Belange der KommAustria sowie der Telekom-Control-Kommission wurde die **Rundfunk und Telekom Regulierungs-GmbH (RTR)** gegründet. Die RTR-GmbH ist seit 2004 auch für Förderungen zuständig, und zwar für den **Digitalisierungsfonds** sowie für den **Fernsehfilmförderungsfonds.**
Gegen die Bescheide der KommAustria kann Berufung an den **Bundeskommunikationssenat** (besteht aus drei Richtern und zwei weiteren juristischen Experten, die von der Bundesregierung vorgeschlagen werden) bzw. in Verwaltungsstrafsachen an den Unabhängigen Verwaltungssenat in Wien erhoben werden.

Internet
Laut Austrian Internet Monitor hatten im 2. Quartal 2004 63% aller ÖsterreicherInnen ab 14 Jahren Zugang zum Internet (4,2 Millionen Menschen). Von 2003 bis 2004 stieg die Verbreitung des Internets in Österreich um drei Prozentpunkte. 53% verfügen zu Hause über einen Internetzugang, 27% im Büro. 39% der Haushalte haben mittlerweile einen **Breitbandanschluss** (ADSL oder Kabel). Weitere 2% gelangen **über Funk** ins Internet.
Deutliche Steigerungsraten gibt es bei der Intensivnutzung:
• 47% oder 3,15 Millionen ÖsterreicherInnen surfen »täglich bzw. mehrmals pro Woche« im Internet.
• 44% greifen regelmäßig auf Nachschlagewerke bzw. wissenschaftliche Studien zu.
• 41% haben im letzten Monat die aktuelle Ausgabe einer Zeitung/Zeitschrift online gelesen.
• 53% sind regelmäßige Internet-User, die dieses Medium zumindest ein paarmal pro Monat nutzen.
Eine der am häufigsten wahrgenommenen Funktionen des Internets ist das Versenden bzw. Empfangen von E-Mails (78% der Internet-User haben E-Mails privat, 53% beruflich genutzt). Auch das Versenden von SMS via Internet (37%) ist sehr verbreitet.
Die meistbesuchten Websites Österreichs pro Monat (Quelle: Austrian Internet Radar / Fessel-GfK):
ORF.at: 63% der regelmäßigen Internetnutzer besuchten zumindest eine der 27 abgefragten ORF-Sites
Telekom Austria: 44% besuchten die fünf Telekom-Sites
krone.at: 31% schauten in die Onlineausgabe der Kronen Zeitung
News Mediengruppe: 30% nutzten die neun Websites dieser Mediengruppe

nic.at
Die »nic.at GmbH« wurde Mitte 1998 – vorerst als Verein – gegründet und befindet sich heute zu 100% im Besitz der **Internet Privatstiftung Austria.**

Die Abkürzung »nic« steht für Network Information Center. Die »nic.at GmbH« ist die offizielle Registrierungsstelle für alle Domains mit der Endung .at (dazu gehören auch die Subdomains .co.at und .or.at). Als Service werden die Domain-Daten für öffentliche Abfragen zur Verfügung gestellt; dies ist die aktuellste und zuverlässigste Quelle von Who-is-Daten der ».at-Zone«. »nic.at« versteht sich auch als Kompetenzzentrum rund um Domains: Es ist der Ansprechpartner für alle Fragen rund um Domains, zusätzlich werden auch Neuigkeiten aus der Domain-Welt publiziert. Bis November 2004 verzeichnete »nic.at« insgesamt 374.110 Domain-Registrierungen (.at, .co.at und .or.at).

»nic.at« und die Internet Privatstiftung Austria vertreten die Interessen der österreichischen Internet Community in verschiedenen Gremien: ICANN (Internet Corporation for Assigned Numbers and Names), CENTR (Council of European National Top-Level Domain Registries), RIPE (Réseaux Internet Protocol Européens). Sie sind auch in ständigem Kontakt zu relevanten Stellen wie dem österreichischen Domain-Beirat, der Europäischen Kommission, technischen Gremien (z. B. IETF) und diversen Universitäten.

Nachrichtenagenturen

Die **APA** ist die nationale österreichische Nachrichtenagentur. Sie ist eine private Genossenschaft, deren Mitglieder die österreichischen Tageszeitungen und der ORF sind. Die APA hat das Ziel, einen »unabhängigen Nachrichtendienst für österreichische Zeitungen, gleichgültig welcher politischen oder weltanschaulichen Tendenz« zu gewährleisten. Die APA hat 4 Tochterunternehmen:

• APA OTS Originaltext-Service GmbH
Geschäftsbereich: Aussenden von Originaltexten
• APA-DeFacto Datenbank & Contentmanagement GmbH
Geschäftsbereich: Datenbanken und Profildienste
• APA-IT Informationstechnologie GmbH
Geschäftsbereich: Technik
• APA-Wissenschafts-Online
Geschäftsbereich: Bildungs-Informationssystem
Zusätzlich zur APA und internationalen Presseagenturen wie Reuters, Associated Press, Deutsche Presse Agentur, Agence France Press etc. bieten auch eine Reihe von österreichischen Institutionen und kommerziellen Anbietern spezielle Nachrichtendienste (wie z. B. Auer's Graphik-Archiv, Grazer Rathaus-Korrespondenz, Institut für Publizistik- und Kommunikationswissenschaft der Universität Wien, Kathpress, Metropolix Media Austria, The Austrian Media Pages, Viennaslide online, Wiener Rathaus-Korrespondenz, Wirtschaftsuniversität Wien – Medienzentrum).

6. Wie unsere Republik den Bürgern hilft

Die Republik Österreich hat eine Reihe von Service- und Hilfseinrichtungen sowie Auskunftsstellen, an die sich die BürgerInnen bei Bedarf wenden können. Weiters gibt es in unserem Land eine Fülle von privaten beziehungsweise gemeinnützigen Hilfs- und Rettungsdiensten, die von staatlicher Seite gefördert werden. Sinn dieses Kapitels ist es, einen Überblick über die wichtigsten Service- und Hilfsdienste in unserem Land zu geben. Im letzten Abschnitt dieses Kapitels ist eine aktuelle Übersicht der österreichischen Botschaften im Ausland angeführt. Als Service für alle ÖsterreicherInnen, die im Ausland die Hilfe oder Unterstützung unserer Republik benötigen.

Bürgerservice und Auskunftsstellen der Bundesministerien

Bundeskanzleramt
Zentrale Auskunftsstelle
1014 Wien, Ballhausplatz 2
(01) 531 15/2443
Zusammenfassende Behandlung von Auskunftsbegehren gemäß Auskunftspflichtgesetz

Bundesministerium für auswärtige Angelegenheiten
Bürgerservice, Abteilung IV/5
1014 Wien, Minoritenplatz 9
0802 426 22 (zum Ortstarif)
Zentrale Auskunftsstelle in Konsularfragen; Hilfeleistung für im Ausland in Not geratene Österreicher (finanzielle Notlage, Krankheit, Heimsendungen, Ableben); Schutzmaßnahmen in Krisengebieten; Unterhaltszahlungen; Urkundenbeschaffung; Staatsbürgerschaftsangelegenheiten; Beglaubigungswesen

Bereitschaftsdienst (außerhalb der Bürozeiten):
1014 Wien, Ballhausplatz 2
(01) 531 15/3326, 3360

Bundesministerium für Bildung, Wissenschaft und Kultur
Schulinfo des Bundesministeriums für Bildung, Wissenschaft und Kultur:
Post: 1014 Wien, Postfach 65
Beratung: 1010 Wien, Freyung 1
(01) 531 20/2592, 0810 20 52 20 (zum Ortstarif)
Fax: 531 20/2579
E-Mail: bildung@bmbwk.gv.at

Schulservicestellen bei den Landesschulräten:
Burgenland
7000 Eisenstadt, Kernausteig 3
(0 26 82) 710/155
E-Mail: edda.fuezi-prionke@lsr-bgld.gv.at
Mo–Do 7.30–16.00 Uhr, Freitag 7.30–13.00 Uhr

Schulberatungsstelle für AusländerInnen/MigrantInnen:
7001 Eisenstadt, Kernausteig 3/Zimmer 112
(0 26 82) 710/121
E-Mail: gerhard.vitorelli@lsr-bgld.gv.at
Mo–Do 8.00–12.00 Uhr und 13.00–15.00 Uhr, Fr 8.00–13.00 Uhr

Kärnten
9010 Klagenfurt, 10.-Oktober-Straße 24, Postfach 607
(0 463) 58 12/213
E-Mail: roland.arko@lsr-ktn.gv.at
Mo–Fr 8.00–12.00 Uhr

Schulberatungsstelle für AusländerInnen/MigrantInnen:
9010 Klagenfurt, 10.-Oktober-Straße 24, Postfach 607
(0 463) 58 12/414
E-Mail: thomas.ogris@lsr-ktn.gv.at
Mo 8.00–12.00 Uhr und nach Vereinbarung

Niederösterreich
3109 St. Pölten, Rennbahnstraße 29
(0 27 42) 280/4800
E-Mail: office@lsr-noe.gv.at
Mo–Fr 8.00–15.00 Uhr

Schulberatungsstelle für AusländerInnen/MigrantInnen:
3109 St. Pölten, Rennbahnstraße 29
(0 27 42) 280/4812
E-Mail: ernst.figl@lsr-noe.gv.at
Mo–Fr 8.00–16.00 Uhr

Oberösterreich
4040 Linz, Sonnensteinstraße 20
(0 732) 70 71/9121, 9122
E-Mail: schulservice@lsr-ooe.gv.at
Mo, Di, Do 8.00–12.30 und 13.30–16.30 Uhr, Mi, Fr 8.00–12.30 Uhr

Schulberatungsstelle für AusländerInnen/MigrantInnen:
4020 Linz, Pfarrgasse 7
(0 732) 70 70/1437
E-Mail: selcuk.herguevenc@lsr-ooe.gv.at
Mo 8.00–12.00 und 14.00–18.00 Uhr, Mi 8.00–12.00 Uhr, Do 8.00–13.00 Uhr,
Fr 8.00–12.00 Uhr

Salzburg
5010 Salzburg, Mozartplatz 8–10, Postfach 530
(0 662) 80 42/2071
E-Mail: nina.behrendt@lsr-salzburg.gv.at
Mo–Fr 8.00–15.30 Uhr

Schulberatungsstellen für AusländerInnen:
5010 Salzburg, Mozartplatz 8–10/3. Stock/Zimmer 306
(0 662) 80 42/3013
Mo–Fr 7.30–15.30 Uhr und nach Vereinbarung

Steiermark
8015 Graz, Körblergasse 23
(0 316) 345/450
E-Mail: monika.lackner@lsr-stmk.gv.at
Mo–Do 7.00–15.00 Uhr, Fr 8.00–15.00 Uhr

Schulberatungsstelle für AusländerInnen/MigrantInnen:
8011 Graz, Körblergasse 23/5. Stock/Zimmer 507, Postfach 663
(0 316) 345/198
E-Mail: gottfried.kerschbaumer@lsr-stmk.gv.at
Di, Mi 8.00–13.30 Uhr, Do 8.00–13.30 Uhr und 14.00–19.00 Uhr, Fr 8.00–
13.30 Uhr

Tirol
6010 Innsbruck, Innrain 1
(0 512) 520 33/113
E-Mail: i.moritz@lsr-t.gv.at
Mo–Do 8.00–17.00 Uhr, Fr 8.00–12.00 Uhr

Schulberatungsstelle für AusländerInnen:
6020 Innsbruck, Innrain 1/1. Stock/Zimmer 114 und 115
(0 512) 520 33/114 oder 115
E-Mail: n.marosevac@lsr-t.gv.at, a.zaman@lsr-t.gv.at
Mo–Do 8.00–16.00 Uhr, Fr 8.00–12.00 Uhr

Vorarlberg
6901 Bregenz, Bahnhofstraße 12
(0 55 74) 49 60/69
E-Mail: schulservice@lsr-vbg.gv.at
Mo–Do 8.00–16.00 Uhr, Fr 8.00–12.00 Uhr

Schulberatungsstelle für AusländerInnen/MigrantInnen:
6900 Bregenz, Bahnhofstraße 12/4. Stock/Zimmer 413
(0 55 74) 49 60/612
E-Mail: sevki.eker@lsr-vbg.gv.at
Mo–Mi 8.00–12.00 Uhr, Do 7.30–15.30 Uhr

Wien
Schulinfo beim Stadtschulrat für Wien
1010 Wien, Wipplingerstraße 28
(01) 525 25/7700
E-Mail: schulinfo@ssr-wien.gv.at
Mo, Mi–Fr 8.00–15.00 Uhr, Di 8.00–17.00 Uhr

Schulberatungsstelle für MigrantInnen:
1010 Wien, Postgasse 11
(01) 512 69 06/11-16
E-Mail: sbm@wif.wien.at
Mo, Mi, Fr 9.00–15.00 Uhr, Di, Do 13.00–19.00 Uhr

Geschäftsbereich Wissenschaft und Forschung:
Bürgerservice, Abteilung IV/7/Öffentlichkeitsarbeit
1010 Wien, Bankgasse 1
Postanschrift: 1014 Wien, Minoritenplatz 5

(01) 531 20/5151, 0800 21 65 95 (zum Ortstarif)
Fax: 531 20/5155
E-Mail: wissenschaft@bmbwk.gv.at

Bundesministerium für Finanzen
1015 Wien, Himmelpfortgasse 8
Die Bürgerservicestelle ist telefonisch an Werktagen zwischen 8.00 und 17.00
Uhr unter folgender Telefonnummer erreichbar:
0810 00 12 28 (zum Ortstarif)
E-Mail: post@bmf.gv.at

Bundesministerium für Gesundheit und Frauen
1030 Wien, Radetzkystraße 2
(01) 711 00-0
Fax: 711 00/14300
E-Mail: buergerservice@bmgf.gv.at

Bundesministerium für Inneres
Bürgerdienst und Auskunftsstelle, Beratung, Information
1014 Wien, Minoritenplatz 9
(01) 531 26/3100, 0810 00 (zum Ortstarif)
Fax: 531 26/2125

Landespolizeikommanden (Landesgendarmeriekommanden):
Burgenland
7000 Eisenstadt, Neusiedler Straße 84
(0 26 82) 616 16/1100
Fax: 616 16/5009

Kärnten
9201 Krumpendorf, Hauptstraße 193
(0 42 29) 35 33/1100
Fax: 35 33/1109

Niederösterreich
1120 Wien, Ruckergasse 62
(01) 811 05/1100
Fax: 811 05/1119

Oberösterreich
4010 Linz, Gruberstraße 35

(0 732) 76 00/1100
Fax: 76 00/1009

Salzburg
5010 Salzburg, Franz-Hinterholzer-Kai 4
(0 662) 63 81/1100
Fax: 63 81/1009

Steiermark
8052 Graz, Straßganger Straße 280
(0 316) 259/1100
Fax: 259/1109

Tirol
6020 Innsbruck, Innrain 34
(0 512) 53 30/701100
Fax: 53 30/701009

Vorarlberg
6901 Bregenz, Bahnhofstraße 45
(0 55 74) 411/1100
Fax: 411/1009

Einsatzkommando Cobra
2700 Wiener Neustadt, Straße der Gendarmerie 5
(0 26 22) 333-0
Fax: 333/1009

Kommando der Gendarmeriezentralschule
2514 Traiskirchen, Akademiestraße 3
(0 22 52) 20 30
Fax: 20 30/9009

Bundesministerium für Justiz
Zentrale Auskunftsstelle:
1070 Wien, Museumstraße 7
0800 99 99 99 (zum Ortstarif)
(01) 526 36 86
Fax: 521 52/2727

Bundesministerium für Landesverteidigung
Zentrale Auskunfts- und Bürgerservicestelle:
1070 Wien, Mariahilfer Straße 24
(01) 52 00/21160
0810 20 01 06 (zum Ortstarif)
Fax: 52 00/17111
E-Mail: buergerservice@bmlv.gv.at

Bundesministerium für Land- und Forstwirtschaft, Umwelt und Wasserwirtschaft
Bürgerservice, Ombudsmann, Öffentlichkeitsarbeit
1012 Wien, Stubenring 1/3. Stock/Zimmer 52
(01) 711 00/6958
0660 52 40 (zum Ortstarif)
Fax: 711 00/2127, 711 00/6953 oder 2075

Umweltservice/Informationsstelle
1010 Wien, Stubenbastei 5
0800 240 26-0 (zum Ortstarif)

Bundesministerium für soziale Sicherheit, Generationen und Konsumentenschutz
Bürgerservice – SozialTelefon
1030 Wien, Radetzkystraße 2/Zimmer 1 K 13
0800 20 16 11 (zum Nulltarif)
Fax (01) 711 00/14266
E-Mail: sozialtelefon@bmsg.gv.at

Pflegetelefon – Beratung für Pflegende
1010 Wien, Stubenring 1
0800 20 16 22 (zum Nulltarif)
Fax: 0800 22 04 90
E-Mail: pflegetelefon@bmsg.gv.at

Auskunftsstelle und Poststelle
1010 Wien, Stubenring 1
(01) 712 63 49
E-Mail: einlaufstelle@bmsg.gv.at

Broschürentelefon
1010 Wien, Stubenring 1
0800 20 20 74
E-Mail: gisela.kirchler@bmsg.gv.at

Familienservice
Abteilung V/4
(01) 711 00/3200,
0800 24 02 62 (zum Nulltarif)
Fax: 711 00/3339
E-Mail: familienservice@bmsg.gv.at

Kinder- und Jugendanwaltschaft des Bundes
0800 24 02 64 (zum Nulltarif)
Fax (01) 535 03 22
E-Mail: martina.staffe@bmsg.gv.at

Jugendinfo
0800 24 02 66 (zum Nulltarif)
(01) 533 70 30
Fax: 711 00/3344 und 533 70 40
E-Mail: ministerium@jugendinfo.at

Bundesministerium für Verkehr, Innovation und Technologie
Bürgerservice-Telefon
(01) 711 62/7411
0800 21 53 59
Fax: 711 62/7498
E-Mail: info@bmvit.gv.at

Bundesministerium für Wirtschaft und Arbeit
Bürgerservice
1010 Wien, Stubenring 1
(01) 711 00/5555
Fax: 714 27 24

Gründerservice
1010 Wien, Stubenring 1
(01) 711 00/5810
Fax: 711 00/2207
E-Mail: start@bmwa.gv.at

Wettbewerbsservice
1030 Wien, Dampfschiffstraße 4
0810 01 35 73
Fax: (01) 587 42 00
E-Mail: wettbewerb@bmwa.gv.at

Binnenmarktservice/Koordinierungsstelle für den Binnenmarkt
1010 Wien, Stubenring 1
(01) 711 00/2084
Fax: 714 27 22
E-Mail: martin.fagerer@bmwa.gv.at

Tourismusservice
1010 Wien, Stubenring 1
0810 01 35 74
Fax: (01) 712 14 42
E-Mail: tourism@bmwa.gv.at

Außenhandelsservice
1010 Wien, Stubenring 1
0810 01 35 75
Fax: (01) 715 96 51
E-Mail: wolfgang.natich@bmwa.gv.at

Telefonnummern österreichischer Informations-, Hilfs- und Rettungsdienste

ARBÖ Pannendienst und Reisenotruf	123
Ärzte-Bereitschaftsdienst	141
Bankomatkarten-Sperrnotruf (Mo–Fr 15.00–8.00 Uhr, Sa, So und Feiertag 0–24 Uhr)	0800 204 88 00
Bergrettung, Alpinnotruf	140
Euro-Notruf	112
Feuerwehr	122
ÖAMTC Pannenhilfe und Abschleppdienst	120
ÖBB Fahrplan- und Preisinfos	05 17 17
Österreichische Höhlenrettung Zentralnotruf	(0 26 22) 144
Polizei	133
Rettung	144
Rettungshundebrigade Zentralnotruf	288 98

Telefonseelsorge	142
Vergiftungsinformationszentrale	(01) 406 43 43-0

Österreichische Botschaften

Das entsandte Personal für die Diplomatischen Missionen (= Botschaften), Konsularischen Vertretungsbehörden und Kulturinstitute (nunmehr Kulturforen genannt) wird vom Außenminister für unterschiedlich lange Zeiträume ernannt. Einer Diplomatischen Mission steht der Botschafter vor, einem Konsulat der Konsul. Konsulate sind regionale Vertretungen des Botschafters im jeweiligen Land. Die Republik Österreich verfügt derzeit über 79 Botschaften.

Land	auch zuständig für	Sitz	Telefon	E-Mail
Ägypten	Sudan	Kairo	(0020/2) 570 29 75	kairo-ob@bmaa.gv.at
Albanien		Tirana	(0355/4) 233144	
Algerien	Algier		(00213/21) 69 10 86	obalgier@mail.com
Argentinien	Paraguay, Uruguay	Buenos Aires	(0054/11) 4802 1400	buenos-aires-ob@bmaa.gv.at
Äthiopien	Eritrea, Dschibuti, Somalia	Addis Abeba	(00251/1) 71 21 44	austrian.emb@telecom.net.et
Australien		Canberra	(0061/2) 62 95 13 76	austria@bigpond.net.au
	Fidschi, Kiribati, Marshall-Inseln, Mikronesien, Nauru, Neuseeland, Palau, Papua-Neuginea, Salomonen, Samoa, Tuvalu, Tonga, Vanuatu			
Belgien		Brüssel	(0032/2) 289 07 00	bruessel-ob@bmaa.gv.at
Bosnien und Herzegowina		Sarajewo	(00387/33) 279 400	sarajewo-ob@bmaa.gv.at
Brasilien		Brasilia	(0055/61) 443.3111	emb.austria@zaz.com.br
Bulgarien		Sofia	(00359/2) 950 50 60	sofia-ob@bmaa.gv.at
Chile		Santiago de Chile	(0056/2) 22 34 774	santiago-de-chile@bmaa.gv.at
China	Demokratische Volksrepublik Korea, Mongolei	Peking	(0086/10) 653 22 061/63	peking-ob@bmaa.gv.at
Côte d´Ivoire	Burkina-Faso, Niger,Togo, Benin, Ghana,Sierra Leone, Liberia	Abidjan	(00225) 20 30 01 20	autriche@afnet.net
Dänemark	Island	Kopenhagen	(0045) 39 29 41 41	kopenhagen-ob@bmaa.gv.at
Deutschland		Berlin	(0049/30) 202 87-0	berlin-ob@bmaa.gv.at
Estland		Tallinn	(00372) 627 87 40	tallinn-ob@bmaa.gv.at
Finnland		Helsinki	(00358/9) 17 13 22	helsinki-ob@bmaa.gv.at
Frankreich	Monaco	Paris	(0033) 140 63 30 63	paris-ob@bmaa.gv.at
Griechenland	Zypern	Athen	(0030/210) 82 57 243	athen-ob@bmaa.gv.at
Großbritannien	Nordirland und abhängige Territorien	London	(0044/20) 7235-3731	london-ob@bmaa.gv.at

Land	Mitbetreute Länder	Stadt	Telefon	E-Mail
Guatemala	Costa Rica, El Salvador, Honduras, Nicaragua	Guatemala	(00502) 368 11 34	
Heiliger Stuhl	San Marino	Rom	(0039/06) 841 62 62	oebvat@rmnet.it
Indien	Sri Lanka, Nepal, Bhutan, Malediven, Bangladesch	New Delhi	(0091/11) 26 88 90 50	new-delhi-ob@bmaa.gv.at
Indonesien	Singapur, Osttimor	Jakarta	(0062/21) 33 81 01	jakarta-ob@bmaa.gv.at
Irak	Bagdad		(00964/1) 776 11 64	
Iran		Teheran	(0098/21) 871 07 53	teheran-ob@bmaa.gv.at
Irland		Dublin	(00353/1) 269 45 77	dublin-ob@bmaa.gv.at
Israel		Tel Aviv	(00972/3) 612 0924	tel-aviv-ob@bmaa.gv.at
Italien	Malta	Rom	(0039) 06 844 01 41	rom-ob@bmaa.gv.at
Japan		Tokio	(0081/3) 34 51 82 81	tokio-ob@bmaa.gv.at
Jordanien	Unrwa	Amman	(00962/6) 460 11 01	amman-ob@bmaa.gv.at
Kanada	Jamaika	Ottawa	(001/613) 789 14 44	ottawa-ob@bmaa.gv.at
Kenia	Tansania, Uganda, Seychellen, Komoren, Burundi, Ruanda, Demokratische Republik Kongo, Unep, UN Habitat	Nairobi	(00254/2) 31 90 76	nairobi-ob@bmaa.gv.at
Kolumbien	Ecuador, Panama	Bogota	(0057/1) 317 76 41	
Korea		Seoul	(0082/2) 73 29 071	seoul-ob@bmaa.gv.at
Kroatien		Agram	(00385/1) 488 10 50	agram-ob@bmaa.gv.at
Kuba		Havanna	(0053/7) 204 23 94	austria@ceniai.inf.cu
Kuwait	Katar, Bahrein	Kuwait	(00965) 25 52 532	kuwait-ob@bmaa.gv.at
Lettland		Riga	(0037/1) 721 61 25	riga-ob@bmaa.gv.at
Libanon		Beirut	(00961/1) 21 73 60	beirut-ob@bmaa.gv.at
Libyen		Tripolis	(00218/21) 44 43 379	tripolis-ob@bmaa.gv.at
Litauen		Wilna	(00370/5)266 05 80	wilna-ob@bmaa.gv.at
Luxemburg		Luxemburg	(00352) 47 11 88-1	luxemburg-ob@bmaa.gv.at
Malaysia	Brunei	Kuala Lumpur	(0060/3) 21 48 42 77	kuala-lumpur-ob@bmaa.gv.at
Marokko	Mauretanien	Rabat	(00212/37) 76 40 03	rabat-ob@bmaa.gv.at
Mazedonien		Skopje	(00389/2)310 95 50	skopje-ob@bmaa.gv.at
Mexiko	Belize	Mexiko	(0052/55) 52 51 97 92	mexiko-ob@bmaa.gv.at
Niederlande	niederländische Überseegebiete	Den Haag	(0031/70) 324 54 70	den-haag-ob@bmaa.gv.at
Nigeria	Äquatorial-Guinea, Kongo, Kamerun, Gabun, Tschad, Zentralafrikanische Republik, Sao Tome, Principe	Lagos	(00234/1) 261 62 86	austroamb@hyperia.com
Norwegen		Oslo	(0047) 22 55 23 48	oslo-ob@bmaa.gv.at
Oman	Jemen	Maskat	(00968) 79 31 35	maskat-ob@bmaa.gv.at
Pakistan	Afghanistan	Islamabad	(0092/51) 227 92 37	islamabad-ob@bmaa.gv.at
Peru	Bolivien	Lima	(0051/1) 442 05 03	austria@terra.com.pe
Philippinen		Manila	(0063/2) 817 91 91	manila-ob@bmaa.gv.at
Polen		Warschau	(0048/22) 841 00 81-84	warschau-ob@bmaa.gv.at
Portugal		Lissabon	(00351/21) 395 82 20 - 22	lissabon-ob@bmaa.gv.at
Rumänien	Moldau	Bukarest	(0040/21) 210 09 39	bukarest-ob@bmaa.gv.at
Russische Föderation	Belarus	Moskau	(0070/95) 502 95 12	moskau-ob@bmaa.gv.at
Saudi-Arabien	Vereinigte Arabische Emirate	Riyadh	(00966/1) 480 12 17	riyadh-ob@bmaa.gv.at
Schweden		Stockholm	(0046/8) 66 51 770	stockholm-ob@bmaa.gv.at
Schweiz		Bern	(0041/31) 3565 252	bern-ob@bmaa.gv.at
Senegal	Gambia, Guinea, Guinea-Bissau, Mali, Kap Verde	Dakar	(00221) 849 40 00	dakar-ob@bmaa.gv.at

Serbien und Montenegro		Belgrad	(00381/11) 30 31 956	belgrad-ob@bmaa.gv.at
Simbabwe	Mosambik, Angola, Malawi, Sambia	Harare	(00263/4) 70 29 21	austriae@earth.co.zw
Slowakei		Pressburg	(00421/2) 59 30 15 00	pressburg-ob@bmaa.gv.at
Slowenien		Laibach	(00386/1) 479 07-00	laibach-ob@bmaa.gv.at
Spanien	Andorra	Madrid	(0034)91-55 65 315	madrid-ob@bmaa.gv.at
Südafrika	Namibia, Botsuana, Lesotho, Swasiland, Mauritius, Madagaskar	Pretoria	(0027/12) 45 29 155	pretoria-ob@bmaa.gv.at
Syrien		Damaskus	(00963/11) 611 6 730	damaskus-ob@bmaa.gv.at
Thailand	Myanmar, Laos, Kambodscha	Bangkok	(0066/2) 287 39 70	bangkok-ob@bmaa.gv.at
Tschechische Republik		Prag	(00420/2) 57 09 05 11	prag-ob@bmaa.gv.at
Tunesien		Tunis	(00216/71) 75 10 91	tunis-ob@bmaa.gv.at
Türkei		Ankara	(0090/312) 419 04 31	ankara-ob@bmaa.gv.at
Ukraine		Kiew	(00380/44) 220 57 59	kiew-ob@bmaa.gv.at
Ungarn		Budapest	(0036/1) 351 67 00	budapest-ob@bmaa.gv.at
Venezuela	Dominikanische Republik, Trinidad, Tobago, Barbados, Grenada, Suriname, Dominica, St. Lucia, St. Vincent, Grenadinen, Guyana, Antigua, Barbuda, St. Kitts, Nevis, Haiti	Caracas	(0058/212) 991 38 63	eaustria@cantv.net
Vereinigte Arabische Emirate		Abu Dhabi	(00971/2) 62 67 755	abudhabi@ahst.abudhabi.wk.or.at
Vereinigte Staaten	Bahamas	Washington	(001/202) 895 67 00	washington-ob@bmaa.gv.at
Vietnam		Hanoi	(0084/4) 943 3050	hanoi-ob@bmaa.gv.at

7. Was unsere Republik kennzeichnet

Wappen, Fahnen, Hymnen, Feiertage, Landespatrone, Orden und Ehrenzeichen sind zur Stiftung und Bewahrung des staatlichen Selbstbewusstseins notwendig. Weiters sind für das alltägliche Funktionieren eines Staatswesens Ausweise, Dienstmarken, Autokennzeichen sowie die Kennzeichnung und Benennung der Rangordnungen staatlicher Strukturen und Einrichtungen unverzichtbar.

Fahnen und Wappen, Bundeshymne, Schutzpatron und gesetzliche Feiertage

Die rot-weiß-rote **Fahne der Republik Österreich** geht mit großer Wahrscheinlichkeit auf den Babenberger Herzog Leopold V. (1157–1194) zurück. Mit Gründung der Ersten Republik wurde die rot-weiß-rote Fahne im Gesetz vom 21. Oktober 1919 erstmals als österreichische Nationalflagge beschrieben: »Die Flagge der
Republik besteht aus drei gleich breiten, waagrechten Streifen, von denen der mittlere weiß, der obere und der untere rot ist.«

Die **Dienstflagge der Republik Österreich** ist wie die Fahne der Republik Österreichs rot-weiß-rot und weist in der Mitte das Bundeswappen auf, das gleichmäßig in die beiden roten Streifen hineinreicht. Das Verhältnis der Höhe zur Länge ist zwei zu drei.

Die **Seeflagge** der Republik Österreich ist rot-weiß-rot im Verhältnis der Höhe zur Länge von zwei zu drei. Diese Flagge darf nur von österreichischen Seeschiffen geführt werden. Neben der österreichischen Seeflagge ist das Führen der Seeflagge eines anderen Staates unzulässig.

Der einköpfige Bundesadler als **Wappen der Republik Österreich** wurde ebenfalls 1919 eingeführt (»Der Adler war das Symbol der römischen Repu-

173

blik. Er versinnbildlicht die Souveränität des Staates ...«). Nach dem Zusammenbruch des Dritten Reiches wurden am 1. Mai 1945 die rot-weiß-rote Fahne und der Bundesadler von der Provisorischen Staatsregierung per Gesetz als Zeichen der Zweiten Republik wiedereingeführt. Arbeiterschaft, Bauern und Bürgertum werden durch Hammer, Sichel und Mauerkrone im Staatswappen versinnbildlicht. Die gesprengte Eisenkette ist das Symbol für die Wiedererringung der Freiheit Österreichs und den Wiederaufbau unseres Staates im Jahr 1945.

Nunmehr sind im Artikel 8a der österreichischen Bundesverfassung in den ersten beiden Absätzen Flagge und Wappen wie folgt beschrieben:

»(1) Die Farben der Republik Österreich sind rot-weiß-rot. Die Flagge besteht aus drei gleich breiten waagrechten Streifen, von denen der mittlere weiß, der obere und der untere rot sind.

(2) Das Wappen der Republik Österreich (Bundeswappen) besteht aus einem frei schwebenden, einköpfigen, schwarzen, golden gewaffneten und rot bezungten Adler, dessen Brust mit einem roten, von einem silbernen Querbalken durchzogenen Schild belegt ist. Der Adler trägt auf seinem Haupt eine goldene Mauerkrone mit drei sichtbaren Zinnen. Die beiden Fänge umschließt eine gesprengte Eisenkette. Er trägt im rechten Fang eine goldene Sichel mit einwärts gekehrter Schneide, im linken Fang einen goldenen Hammer.«

Die ersten eineinhalb Jahre nach Gründung der Zweiten Republik hatte Österreich keine offizielle **Bundeshymne**. Bei offiziellen Anlässen wurde während dieser Zeit der Donauwalzer als Hymnen-Ersatz gespielt. In Form eines österreichweiten Wettbewerbs wurde die heutige Bundeshymne ermittelt. Die Melodie zu »Brüder reicht die Hand zum Bunde« ist mit großer Wahrscheinlichkeit auf eine Komposition Johann Holzers, eines Zeitgenossen Mozarts, zurückzuführen. Der Text stammt von der österreichischen Dichterin Paula von Preradović. Durch einen Ministerratsbeschluss am 25. Februar 1947 wurden Melodie und Text zur österreichischen Bundeshymne erklärt. Der **Schutzpatron Österreichs** ist Markgraf Leopold III., der Heilige (* um 1075, † 1136), aus dem Geschlecht der Babenberger. Tag des Schutzpatrons ist der 15. November (kein gesetzlicher Feiertag!).

Österreichische Bundeshymne

Ausgabe für
gemischten Chor

Worte von Paula Preradović

Chorsatz von Viktor Keldorfer

Feierlich, doch nicht zu langsam

Sopran Alt

1. Land der Ber-ge, Land am Stro-me, Land der Äk-ker, Land der
2. Heiß um-feh-det, wild um-strit-ten, liegst dem Erd-teil du in-
3. Mu-tig in die neu-en Zei-ten, frei und gläu-big sieh uns

Tenor Baß

1. Do-me, Land der Häm-mer, zu-kunfts-reich! Hei-mat bist du
2. mit-ten ei-nem star-ken Her-zen gleich. Hast seit frü-hen
3. schrei-ten, ar-beits-froh und hoff-nungs-reich. Ei-nig laß in

1. gro-ßer Söh-ne, Volk, be-gna-det für das Schö-ne, viel-ge-
2. Ah-nen-ta-gen ho-her Sen-dung Last ge-tra-gen. viel-ge-
3. Brü-der-chö-ren, Va-ter-land, dir Treu-e schwö-ren, viel-ge-

1. rühm-tes Ö - ster-reich. Viel - ge-rühm-tes Ö - ster-reich.
2. prüf-tes Ö - ster-reich. Viel - ge-prüf-tes Ö - ster-reich.
3. lieb-tes Ö - ster-reich: Viel - ge-lieb-tes Ö - ster-reich.

175

Gesetzliche Feiertage sind in Österreich laut Feiertagsruhegesetz vom 28. Juni 1967:

1. Jänner (Neujahr), 6. Jänner (Heilige Drei Könige), Ostermontag, 1. Mai (Staatsfeiertag), Christi Himmelfahrt, Pfingstmontag, Fronleichnam, 15. August (Mariä Himmelfahrt), 26. Oktober (Nationalfeiertag), 1. November (Allerheiligen), 8. Dezember (Mariä Empfängnis), 25. Dezember (Weihnachten), 26. Dezember (Stephanitag).

Landeswappen, Landeshymnen, Landespatrone

Burgenland

Das **Burgenland** hat die Landesfarben Rot und Gold. Das Landeswappen zeigt einen roten Adler mit goldener Krone und roter Zunge auf goldenem Schild. Das Landessie-

Worte: Ernst Görlich
Weise: Peter Zauner

Mit Schwung

1. Mein Hei - mat - volk! Mein Hei - mat - land, mit Ö - ster-reich ver - bun - den! Auf dir ruht Got - tes Va - ter-hand, du hast sie oft emp - fun - den. Du bist ge-stählt in har - tem Streit zu Treu - e, Fleiß und Red - lich - keit. Am Bett der Raab, am Hei - de-rand: Du bist mein teu - res Bur - gen - land!

2. Rotgold flammt dir das Fahnentuch, Rotgold sind deine Farben! /
Rot war der heißen Herzen Spruch, die für die Heimat starben! / Gold
ist der Zukunft Sonnenlicht, das strahlend auf dich niederbricht! / Stolz
trägt das Volk dein Wappenband. Du bist mein teures Burgenland!

3. Mein Heimatvolk! Mein Heimatland! Mit Öst'reichs Länderbunde /
hält dich verknüpft das Bruderband schon manche gute Stunde! / An
Kraft und Treue allen gleich, du jüngstes Kind von Österreich! / Zu dir
steh' ich mit Herz und Hand. Du bleibst mein teures Burgenland!

Der Wiederholungsteil am Strophenende kann drei- oder vierstimmig, entsprechend dem Begleitsatz im Spielbuch, gesungen werden.

gel zeigt das Landeswappen mit der Umschrift »Land Burgenland«. Das Lied
»Mein Heimatvolk, mein Heimatland« wurde mit 22. Mai 1936 als Landeshymne eingeführt. Die Melodie stammt von Peter Zauner, der Text von Ernst
Görlich.
Landespatron des Burgenlandes ist der in Szombathely (Steinamanger) geborene heilige Martin (* um 316, † 397), der später Bischof von Tours wurde.

Kärnten

Kärnten hat Gelb, Rot und Weiß als Landesfarben. Das
Landeswappen zeigt einen gespaltenen Schild. In der linken Hälfte befinden sich auf goldenem Grund untereinander drei schwarze Löwen mit roten Zungen. Die rechte rote Hälfte teilt ein silberner Querbalken. Gekrönt

wird der Schild von einem Turnierhelm mit zwei goldenen Büffelhörnern
und goldenen Stäbchen, von denen rote Lindenblätter hängen. Dieses Wappen ist in unveränderter Form seit dem Jahr 1363 als Landeswappen in Verwendung. Das Landessiegel zeigt das Landeswappen mit der Umschrift »Land
Kärnten«.
Die Kärntner Landeshymne »Dort wo Tirol an Salzburg grenzt« wurde 1911
offiziell eingeführt. Die Melodie stammt von Josef Rainer, der Text von
Johann Thaurer von Gallenstein und Maria Millonig (4. Strophe).

Landespatron ist der heilige Josef, der Nährvater von Jesus. Gesetzlicher und
damit arbeitsfreier Landesfeiertag ist (seit 1. Oktober 1992) der Jahrestag der
Kärntner Volksabstimmung, der 10. Oktober.

Des Kärntners Heimatlied / Landeshymne

Worte: Joh. Thaurer v. Gallenstein, 1817
4. Strophe: Maria Millonig, 1928
Weise: Josef v. Rainer, 1835

Ruhig, feierlich

1. Dort wo Ti - rol an Salz-burg grenzt, des Glock-ners Eis - ge - fil - de glänzt, wo aus dem Kranz, der es — um - schließt, der Lei-ter rei - ne Quel-le fließt, laut to - send, längs der Ber-ge Rand be-ginnt mein teu - res Hei-mat - land.

2. Wo durch der Matten herrlich Grün des Draustroms rasche Fluten ziehn; / vom Eisenhut, wo schneebedeckt sich Nordgau's Alpenkette streckt / |: bis zur Karawanken Felsenwand dehnt sich mein freundlich Heimatland. :|

3. Wo von der Alpenluft umweht, Pomonens schönster Tempel steht, / wo durch die Ufer, reich umblüht, der Lavant Welle rauschend zieht, / |: im grünen Kleid ein Silberband, schließt sich mein liebes Heimatland. :|

4. Wo Mannesmut und Frauentreu' die Heimat sich erstritt auf's neu', / wo man mit Blut die Grenze schrieb und frei in Not und Tod verblieb; / |: hell jubelnd klingt's zur Bergeswand: das ist mein herrlich Heimatland. :| /

Niederösterreich

Niederösterreich hat die Landesfarben Blau und Gelb. Das Landeswappen besteht aus einem blauen Schild mit fünf goldenen Adlern und einer goldenen Mauerkrone. Das Landessiegel zeigt das Landeswappen mit der Umschrift »Land Niederösterreich«.
Am 15. November 1965 wurde vom niederösterreichischen Landtag beschlossen, »O Heimat, dich zu lieben« als Landeshymne einzuführen. Die Melodie stammt von Ludwig van Beethoven, der Text von Franz Karl Ginzkey. Niederösterreichs Landespatron ist der Babenberger Leopold III., der Heilige (→ Schutzpatron Österreichs).

O Heimat, dich zu lieben / Landeshymne

Nicht zu langsam

Weise: Ludwig van Beethoven (1770-1827)
Worte: Franz Karl Ginzkey (1871-1963)

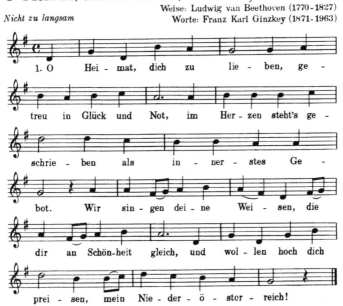

1. O Hei - mat, dich zu lie - ben, ge -
treu in Glück und Not, im Her - zen steht's ge -
schrie - ben als in - ner - stes Ge -
bot. Wir sin - gen dei - ne Wei - sen, die
dir an Schön-heit gleich, und wol - len hoch dich
prei - sen, mein Nie - der - ö - ster - reich!

2. Im Rauschen deiner Wälder, in deiner Berge Glanz, im Wogen deiner Felder gehören wir dir ganz. Im Dröhnen der Maschinen, im Arbeitsfleiß zugleich, |: wir müh'n uns dir zu dienen, mein Niederösterreich! :|

3. Getreu dem Geist der Ahnen wir schaffen uns das Brot und halten hoch die Fahnen blau-gold und rot-weiß-rot. Wenn sie im Winde wehen, an ernster Mahnung reich, |: gilt es zu dir zu stehen, mein Niederösterreich! :|

Landesfeiertag ist der 15. November, an dem Niederösterreichs Schulkinder und Landesbeamte schul- bzw. arbeitsfrei haben.

Oberösterreich

Die Farben des Landes **Oberösterreich** sind Weiß und Rot. Das Landeswappen hat einen gespaltenen Schild, der links einen goldenen Adler auf schwarzem Grund trägt. Rechts sind jeweils zwei senkrechte Streifen in Silber und Rot. Gekrönt wird der Schild von einem Herzogshut. In dieser Form ist das Landeswappen seit Mitte des 15. Jahr-

's Hoamat - Gsång / Landeshymne

Langsam, nicht schleppend   Worte: Franz Stelzhamer (1802—1874)
Weise: Hans Schnopfhagen (1845—1908)

1. Hoa-mat-lånd, Hoa-mat-lånd, di hån i so gern! Wia r-a Kin-derl sein Muat-ter, a Hün-derl sein Herrn,wia r-a Kin-derl sein Muat-ter, a Hün-derl sein Herrn.

2. Duri's[1] Tål bin i g'laffn, af'n Höcherl[2] bin i glegn, / und dein Sunn håt mit trückat[3], wånn mi gnetzt håt dein Regn, / und dein Sunn håt mi trückat, wånn mi gnetzt håt dein Regn.

3. Deine Bam, deine Staudna san groß worn mit mir, / und sie bliahn schen und trågn und sågn: Måchts a wia mir, / und sie bliahn schen und trågn und sågn: Måchts a wia mir.

4. Am schönern[4] måcht's Bacherl, laft allweil tålå, / åber's Herz, vo wo's aua[5]rinnt, 's Herz, des låßts då, / åber's Herz, vo wo's auarinnt, 's Herz, des låßts då.

5. Und i und die Båchquelln san Vetter und Moahm[6], / treibts mi, wo da wöll, umma, mein Herz is dahoam, / treibts mi, wo da wöll, umma, mein Herz is dahoam.

6. Dahoam is dahoam, wånnst net fort muaßt, so bleib, / denn die Hoamat is ehnta da zweit' Muatterleib, / denn die Hoamat is ehnta da zweit' Muatterleib.

[1] durchs [2] Hügel [3] getrocknet [4] am schönsten [5] heraus [6] Muhme, Base
Begleitsatz: Spielbuch Nr. 13

hunderts in Verwendung. Das Landessiegel zeigt das Landeswappen mit der Umschrift »Land Oberösterreich«.

Vom oberösterreichischen Landtag wurde am 28. November 1952 beschlossen, das Lied »Hoamatland, Hoamatland« als Landeshymne einzuführen. Die Melodie stammt von Hans Schnopfhagen, der Text von Franz Stelzhamer.

Oberösterreichs Landespatron ist seit Mai 2004 der Heilige Florian († 304). Landesfeiertag ist der 4. Mai, an dem Oberösterreichs Schulkinder schulfrei haben.

Salzburg

Salzburg hat als Landesfarben Rot und Weiß. Das Landeswappen besteht aus einem gekrönten, gespaltenen Schild, der links einen aufgerichteten schwarzen Löwen auf goldenem Grund zeigt. Rechts ist ein silberner Querbalken auf Rot. In dieser Form ist das Wappen seit Beginn des 18. Jahrhunderts in Verwendung. Das Landessiegel zeigt das Landeswappen mit der Umschrift »Land Salzburg«.

Am 24. Mai 1928 beschloss der Salzburger Landtag, »Land uns'rer Väter« zur offiziellen Landeshymne zu erklären. Die Melodie stammt von Ernst Sompek, der Text von Anton Pichler.

Salzburger Landeshymne

Ob an der Es - se die Häm - mer sich re - gen

o - der am Pflu - ge die ner - vi - ge Hand,

Land un - s'rer Vä - ter, dir jauchzt es ent - ge - gen:

Salz-burg, o Salz-burg, du Hei- mat-land! Hei - mat-land!

2. Wie aus des Ringes goldenem Reifen funkelt der Demant, der Wunderstein, / grüßt aus der Hügel grünendem Streifen Salzburg, die Feste im Morgenschein. / Und wenn die Glocken den Reigen beginnen rings von den Türmen vergangener Zeit, / |: schreitet durch einsamer Straßen Sinnen Mozart und seine Unsterblichkeit. :|

3. Sollten die Länder der Welt wir durchwallen, keins kann, o Heimat, dir werden gleich. / Mutter und Wiege bist du nur uns allen, Salzburg, du Kleinod von Österreich, / Scholle der Väter, hör an, wir geloben, treu dich zu hüten den Kindern zum Pfand! / |: Du, der in ewigen Höhen da droben, breite die Hände und schirme das Land! :|

Salzburger Landespatron ist der heilige Ruprecht (* um 650, † 718), der Ende des 7. Jahrhunderts als Missionar nach Salzburg kam.
Landesfeiertag ist der 24. September (»Herbstruperti«), an dem Salzburgs Schulkinder und Landesbeamte schul- beziehungsweise arbeitsfrei haben. Manche Geschäfte halten geschlossen.

Steiermark

Die **Steiermark** hat die Landesfarben Weiß und Grün. Der grüne Schild des Landeswappens zeigt einen rotgehörnten silbernen Panter. Auf dem Wappenschild befindet sich ein Herzogshut. Das steirische Landeswappen ist in dieser Form seit mehr als 750 Jahren in Verwendung. Das Landessiegel zeigt das Landeswappen mit der Umschrift »Land Steiermark Republik Österreich«.

Der steirische Landtag erklärte am 3. Juli 1929 das Lied »Hoch vom Dachstein an« zur offiziellen Landeshymne. Die Melodie stammt von Ludwig Karl Seydler, der Text von Jakob Dirnböck.

Der steiermärkische Landespatron ist der heilige Josef, der Nährvater Jesu.

Hoch vom Dachstein an / Landeshymne

Weise: Ludwig Karl Seydler, 1844
Worte: Jakob Dirnböck, 1844

1. Hoch vom Dach-stein an, wo der Aar noch haust, bis zum
Wen-den-land am Bett der Sav' und vom Alp-tal an, das die
Mürz durch-braust, bis ins Re-ben-land im Tal der
Drau: 1.-4. Die-ses schö-ne Land ist der Stei-rer Land, ist mein

lie - bes, teu-res Hei-mat-land, dieses schö-ne Land ist der

Stei- rer Land, ist mein lie - bes, teu - res Hei-mat- land!

2. Wo die Gemse keck von der Felswand springt und der Jäger kühn
sein Leben wagt; / wo die Sennerin frohe Jodler singt am Gebirg, das
hoch in Wolken ragt: / Dieses schöne Land . . . . . .

3. Wo die Kohlenglut und des Hammers Kraft, starker Hände Fleiß
das Eisen zeugt; / wo noch Eichen stehn, voll und grün von Saft, die
kein Sturmwind je noch hat gebeugt: / Dieses schöne Land . . . . . .

4. Wo sich lieblich groß eine Stadt erhebt hart am Atlasband der grünen
Mur, / wo ein Geist der Kunst und des Wissens lebt, dort im hehren
Tempel der Natur: / Dieses schöne Land . . . . . .

Tirol

Die Farben des Bundeslandes **Tirol** sind Weiß und Rot.
Das Landeswappen zeigt auf silbernem Schild einen roten
Adler mit goldener Krone, goldenen Flügelspannen und
grünem Kranz hinter dem Kopf. Die älteste überlieferte
farbliche Darstellung des roten Wappenadlers stammt aus
dem Jahr 1340. Das Landessiegel zeigt das Landeswappen mit der Umschrift
»Land Tirol«.
Zur offiziellen Tiroler Landeshymne wurde das Andreas-Hofer-Lied »Zu Mantua in Banden« am 2. Juni 1948 vom Landtag erklärt. Die Melodie stammt
von Leopold Knebelsberger, der Text von Julius Mosen.

Der Tiroler Landespatron ist der heilige Josef, der Nährvater Jesu. Patronats-
tag ist der 19. März, ein kirchlicher Feiertag in Tirol, Schüler, Gemeinde- und
Landesbedienstete haben an diesem Tag frei. Die Banken haben geschlossen.
Der 19. März ist jedoch kein »offizieller« Landesfeiertag.

Andreas Hofer - Lied / Landeshymne

Worte: Julius Mosen, 1832

Weise: Leopold Knebelsberger, 1844

Feierlich

1. Zu Man-tu-a in Ban-den der treu-e Ho-fer war, in Man-tu-a zum To-de führt ihn der Feinde Schar. Es blu-te-te der Brü-der Herz, ganz Deutsch-land, ach, in Schmach und Schmerz, mit ihm das Land Ti - rol, ___ mit ihm das Land Ti - rol, mit ihm das Land Ti - rol, ___ mit ihm das Land Ti - rol.

2. Die Hände auf dem Rücken der Sandwirt Hofer ging / mit ruhig festen Schritten, ihm schien der Tod gering, / der Tod, den er so manchesmal vom Iselberg geschickt ins Tal, / im heil'gen Land Tirol.

3. Doch als aus Kerkergittern im festen Mantua / die treuen Waffen- brüder die Händ' er strecken sah, / da rief er laut: „Gott sei mit euch, mit dem verrat'nen deutschen Reich / und mit dem Land Tirol!"

4. Dem Tambour will der Wirbel nicht unterm Schlegel vor, / als nun der Sandwirt Hofer schritt durch das finst're Tor. / Der Sandwirt, noch in Banden frei, dort stand er fest auf der Bastei, / der Mann vom Land Tirol.

5. Dort soll er niederknien. Er sprach: "Das tu ich nit! / Will sterben, wie ich stehe, will sterben, wie ich stritt, / so, wie ich steh auf dieser Schanz. Es leb mein guter Kaiser Franz, / mit ihm das Land Tirol!"

6. Und von der Hand die Binde nimmt ihm der Korporal, / und Sandwirt Hofer betet allhier zum letztenmal. / Dann ruft er: "Nun, so trefft mich recht. Gebt Feuer! — Ach, wie schießt ihr schlecht! / Ade, mein Land Tirol!"

Vorarlberg

Vorarlberg hat Rot und Weiß als Landesfarben. Das Landeswappen ist das Banner der Grafen Montfort auf silbernem Schild. In dieser Form wurde es 1923 als Landeswappen festgelegt. Das Landessiegel zeigt das Landeswappen mit der Umschrift »Land Vorarlberg«.

Mit dem Landesgesetz vom 10. Mai 1949 wurde das Lied »'s Ländle, meine Heimat« zur Landeshymne erklärt. Melodie und Text stammen von Anton Schmutzer.

Landespatron Vorarlbergs ist der heilige Gebhard (* vermutlich 949, † 995), jüngster Sohn des Grafen Ulrich VI. von Bregenz.

's Ländle, meine Heimat   Landeshymne

Blu-men blühn so e - del weiß und gol-den glü-hen stei-le Ber - ge, be -

rausch vom harz'gen Tan-nen-duft. 1.-3. O Vor - arl - berg, will treu dir

blei - ben bis mich der lie - be Herr-gott ruft! O Vor-

arl - berg, will treu dir blei-ben bis mich der lie - be Herr-gott ruft!

2. Du Ländle, meine teure Heimat, wo längst ein rührig Völklein weilt, /
wo Vater Rhein, noch jung an Jahren, gar kühn das grüne Tal durcheilt;/
hier hält man treu zum Vaterlande und rot-weiß weht es durch die Luft. /
,,O Vorarlberg, ...

3. Du Ländle, meine teure Heimat, wie könnt ich je vergessen dein, /
es waren doch die schönsten Jahre beim lieben, guten Mütterlein; / drum
muß ich immer wieder kommen und trennte mich die größte Kluft. /
,,O Vorarlberg, ...

Wien

Die Farben Wiens sind Weiß und Rot. Das Wappen der Bundeshauptstadt **Wien** ist ein weißes Kreuz auf rotem Feld. Es wurde 1925 festgelegt und 1946 erneuert. Das Landessiegel zeigt das Wappen auf der Brust eines einköpfigen Adlers, der ungekrönt nach rechts schaut. Das Siegel hat die Umschrift »Bundeshauptstadt Wien«. Wappen und Siegel der Bundeshauptstadt sind zugleich auch Wappen und Siegel des Bundeslandes Wien. Wien hat keine eigene Landeshymne.

Wiens Landespatron ist Klemens Maria Hofbauer, der Apostel Wiens. Landesfeiertag ist der 15. November, an dem Wiens Schulkinder schulfrei haben.

Ausweise und Dienstmarken

Folgende Pässe werden von der Republik Österreich ausgestellt:
- Reisepass (rot).
- Dienstpass der Republik Österreich (blau). Diesen erhalten jene österreichischen Staatsbürger, die für die Republik Österreich offiziell im Ausland tätig sind (Politiker, Wirtschaftstreibende, Journalisten etc.).
- Diplomatenpass (rot). Er gilt für Österreicher, die im diplomatischen Dienst im Ausland die Republik offiziell vertreten.
- Fremdenpass; ihn erhalten staatenlose Ausländer, denen Österreich Asyl gewährt.

Die wichtigsten Ausweise
- Personalausweis (blau). Bei Ein- und Ausreise in EU-Länder gilt er als Reisepassersatz.
- Beamte und Vertreter der Exekutive, des Zolls, der Bundesbahnen und der Post sowie die Mitglieder des National- und Bundesrats, der Landesregierungen und Landtage, Beamte des Rechnungshofes, der Gerichtshöfe und der Ministerien erhalten Legitimationen in Form von Ausweisen und Dienstmarken.
- Der Parlamentsausweis eines Abgeordneten ist grundsätzlich nur auf die Dauer der Ausübung seines Mandates gültig. Angestellte und Mitarbeiter des Parlaments erhalten von der Parlamentsdirektion der jeweiligen Funktion entsprechend getrennte Ansteckausweise, die sichtbar getragen werden müssen. Vertreter der Medien (permanente Berichterstattung aus dem Parlament, z. B. ORF) erhalten auf Antrag des Arbeitgebers ebenfalls eine solche Legitimation.

Orden und Ehrenzeichen seit 1945

Für besondere Verdienste und/oder Tätigkeiten werden von der Republik
Österreich sowie von den einzelnen Bundesländern Orden und Ehrenzeichen
als Auszeichnungen vergeben. Das gesamte Ordenswesen der Zweiten Republik
beruht auf dem Bundesgesetz vom 2. April 1952. In den Jahren 1954 und
1956 folgten zwei Verordnungen, die die genaue Abstufung der Orden und
Ehrenzeichen regelten.

Ehrenzeichen für Verdienste um die Republik Österreich
Großstern des Ehrenzeichens
Großes Goldenes Ehrenzeichen am Bande
Großes Silbernes Ehrenzeichen am Bande
Großes Goldenes Ehrenzeichen mit dem Stern
Großes Silbernes Ehrenzeichen mit dem Stern
Großes Goldenes Ehrenzeichen
Großes Silbernes Ehrenzeichen
Großes Ehrenzeichen
Goldenes Ehrenzeichen
Silbernes Ehrenzeichen
Goldenes Verdienstzeichen der Republik Österreich
Silbernes Verdienstzeichen der Republik Österreich
Goldene Medaille
Silberne Medaille
Bronzene Medaille
Goldene Medaille am roten Bande (Lebensrettungsmedaille, ab 1968)
Silberne Medaille am roten Bande (bis 1968)

Ehrenzeichen und Ehrenkreuz für Wissenschaft und Kunst
Ehrenzeichen für Wissenschaft und Kunst
Ehrenkreuz für Wissenschaft und Kunst I. Klasse
Ehrenkreuz für Wissenschaft und Kunst

Sonstige Ehrenzeichen
Ehrenzeichen für Verdienste um die Befreiung Österreichs
Militärverdienstzeichen
Wehrdienstzeichen 1., 2., 3. Klasse
Wehrdienstmedaille in Gold
Wehrdienstmedaille in Silber
Wehrdienstmedaille in Bronze
Wehrdiensterinnerungsmedaille

Einsatzmedaille (Auszeichnung d. BM f. Landesverteidigung)
Goldenes Strahlenschutzverdienstzeichen
Silbernes Strahlenschutzverdienstzeichen
Bronzenes Strahlenschutzverdienstzeichen
Verwundetenmedaille
Exekutivdienstzeichen
Österreichische Olympiamedaille
Grubenwehrehrenzeichen

Dekorationen, die außer jeder Reihenfolge stehen
Orden vom Goldenen Vlies-Ritter
Österreichisches Bundesfeuerwehrverdienstzeichen
Verdienstkreuz I. Klasse des Österreichischen Roten Kreuzes
Verdienstkreuz des Österreichischen Roten Kreuzes
Goldene Verdienstmedaille des Österreichischen Roten Kreuzes
Silberne Verdienstmedaille des Österreichischen Roten Kreuzes
Bronzene Verdienstmedaille des Österreichischen Roten Kreuzes
Verdienstmedaille für Katastropheneinsätze des Österreichischen Roten Kreuzes
Radetzky-Orden der Militärklasse Großstern
Radetzky-Orden der Militärklasse Großkreuz
Radetzky-Orden der Militärklasse Großes Komturkreuz mit dem Stern
Radetzky-Orden der Militärklasse Großes Komturkreuz
Radetzky-Orden der Militärklasse Komturkreuz
Radetzky-Orden der Militärklasse Großes Ehrenkreuz
Radetzky-Orden der Militärklasse Ehrenkreuz
Radetzky-Orden der Verdienstklasse Großstern
Radetzky-Orden der Verdienstklasse Großkreuz
Radetzky-Orden der Verdienstklasse Großes Komturkreuz mit dem Stern
Radetzky-Orden der Verdienstklasse Großes Komturkreuz
Radetzky-Orden der Verdienstklasse Komturkreuz
Radetzky-Orden der Verdienstklasse Großes Ehrenkreuz
Radetzky-Orden der Verdienstklasse Ehrenkreuz
Radetzky-Verdienstmedaille in Gold
Radetzky-Verdienstmedaille in Silber
Radetzky-Verdienstmedaille in Bronze
Radetzky-Erinnerungsmedaille

Dekorationen, Ehren- und Erinnerungszeichen der Bundesländer

Burgenland
Komturkreuz mit dem Stern des Landes Burgenland
Komturkreuz des Landes Burgenland
Großes Ehrenzeichen des Landes Burgenland
Ehrenzeichen des Landes Burgenland
Verdienstkreuz des Landes Burgenland
Goldene Medaille des Landes Burgenland
Silberne Medaille des Landes Burgenland
Erinnerungsmedaille an den Anschluss des Burgenlandes 1921
Ehrenmedaille für vieljährige Tätigkeit auf dem Gebiete des Feuerwehr- und
    Rettungswesens in Bronze
Ehrenmedaille für vieljährige Tätigkeit auf dem Gebiete des Feuerwehr- und
    Rettungswesens in Silber
Feuerwehrverdienstzeichen des Landes Burgenland in Gold
Feuerwehrverdienstzeichen des Landes Burgenland in Silber
Feuerwehrverdienstzeichen des Landes Burgenland in Bronze
Rettungsmedaille des Landes Burgenland
Sportehrenzeichen in Gold des Landes Burgenland
Sportehrenzeichen in Silber des Landes Burgenland
Sportehrenzeichen in Bronze des Landes Burgenland

Kärnten
Landesorden in Gold für besondere Verdienste um das Bundesland Kärnten
Landesorden in Silber für besondere Verdienste um das Bundesland Kärnten
Großes Goldenes Ehrenzeichen für Verdienste um das Bundesland Kärnten
Großes Ehrenzeichen für Verdienste um das Bundesland Kärnten
Ehrenzeichen für Verdienste um das Bundesland Kärnten
Kärntner Ehrenkreuz für besondere Leistungen auf dem Gebiete des Feuer-
    wehr- und Rettungswesens
Kärntner Kreuz für Lebensretter
Kärntner Medaille für Verdienste im Feuerwehr- und Rettungswesen in Silber
Kärntner Medaille für Verdienste im Feuerwehr- und Rettungswesen in Bronze
Kärntner Erinnerungsmedaille für Katastropheneinsatz
Ehrenkreuz des Landes Kärnten für den Grenzsicherungseinsatz 1991
Sportehrenzeichen in Gold
Sportehrenzeichen in Silber

Niederösterreich

Goldenes Komturkreuz mit dem Stern des Ehrenzeichens für Verdienste um das Bundesland Niederösterreich

Silbernes Komturkreuz mit dem Stern des Ehrenzeichens für Verdienste um das Bundesland Niederösterreich

Goldenes Komturkreuz des Ehrenzeichens für Verdienste um das Bundesland Niederösterreich

Silbernes Komturkreuz des Ehrenzeichens für Verdienste um das Bundesland Niederösterreich

Großes Goldenes Ehrenzeichen für Verdienste um das Bundesland Niederösterreich

Großes Ehrenzeichen für Verdienste um das Bundesland Niederösterreich

Goldenes Ehrenzeichen für Verdienste um das Bundesland Niederösterreich

Silbernes Ehrenzeichen für Verdienste um das Bundesland Niederösterreich

Verdienstzeichen des Bundeslandes Niederösterreich

Goldene Medaille des Ehrenzeichens für Verdienste um das Bundesland Niederösterreich

Silberne Medaille des Ehrenzeichens für Verdienste um das Bundesland Niederösterreich

Bronzene Medaille des Ehrenzeichens für Verdienste um das Bundesland Niederösterreich

Rettungsmedaille des Bundeslandes Niederösterreich

Ehrenmedaille für vieljährige Tätigkeit auf dem Gebiete des Feuerwehr- und Rettungswesens in Silber

Ehrenmedaille für vieljährige Tätigkeit auf dem Gebiete des Feuerwehr- und Rettungswesens in Bronze

Medaille des Land Niederösterreich für den Katastropheneinsatz

Feuerwehrverdienstzeichen des Bundeslandes Niederösterreich

Sportehrenzeichen in Gold

Sportehrenzeichen in Silber

Sportehrenzeichen in Bronze

Sportehrenzeichen für verdienstvolle ehrenamtliche Tätigkeit in Gold

Sportehrenzeichen für verdienstvolle ehrenamtliche Tätigkeit in Silber

Sportehrenzeichen für verdienstvolle ehrenamtliche Tätigkeit in Bronze

Ehrenzeichen für die Förderung des überörtlichen Sports

Oberösterreich

Großes Goldenes Ehrenzeichen des Landes Oberösterreich

Großes Ehrenzeichen des Landes Oberösterreich

Goldenes Ehrenzeichen des Landes Oberösterreich

Silbernes Ehrenzeichen des Landes Oberösterreich

Goldenes Verdienstzeichen des Landes Oberösterreich
Silbernes Verdienstzeichen des Landes Oberösterreich
Verdienstmedaille des Landes Oberösterreich
Oberösterreichische Rettungsmedaille in Silber
Oberösterreichische Rettungsmedaille in Bronze
Oberösterreichische Erinnerungsmedaille an den Hochwassereinsatz 1954
Oberösterreichische Erinnerungsmedaille für Katastropheneinsatz
Oberösterreichische Feuerwehrdienst-Medaille in Gold
Oberösterreichische Feuerwehrdienst-Medaille in Silber
Oberösterreichische Feuerwehrdienst-Medaille in Bronze
Oberösterreichisches Feuerwehr-Verdienstkreuz in Gold
Oberösterreichisches Feuerwehr-Verdienstkreuz in Silber
Oberösterreichisches Feuerwehr-Verdienstkreuz in Bronze
Oberösterreichische Rettungsdienstmedaille in Gold
Oberösterreichische Rettungsdienstmedaille in Silber
Oberösterreichische Rettungsdienstmedaille in Bronze
Oberösterreichisches Sportehrenzeichen in Gold
Oberösterreichisches Sportehrenzeichen in Silber
Oberösterreichisches Sportehrenzeichen in Bronze
Kulturmedaille des Landes Oberösterreich
Ehrenzeichen des Landes Oberösterreich für Verdienste in der Jugendarbeit

Salzburg
Großkreuz des Ehrenzeichens des Landes Salzburg
Großes Ehrenzeichen des Landes Salzburg
Goldenes Ehrenzeichen des Landes Salzburg
Silbernes Ehrenzeichen des Landes Salzburg
Goldenes Verdienstzeichen des Landes Salzburg
Silbernes Verdienstzeichen des Landes Salzburg
Verdienstmedaille des Landes Salzburg
Ring des Landes Salzburg
Lebensrettungsmedaille des Landes Salzburg
Ehrenzeichen für eifrige und ersprießliche Tätigkeit auf dem Gebiete des Feu-
  erwehr- und Rettungswesens in Silber
Ehrenzeichen für eifrige und ersprießliche Tätigkeit auf dem Gebiete des Feu-
  erwehr- und Rettungswesens in Bronze
Feuerwehrverdienstzeichen des Landes Salzburg
Medaille des Landes Salzburg für den Katastropheneinsatz
Feuerwehrverdienstzeichen des Landes Salzburg
Goldene Medaille des Landes Salzburg für Katastrophenhilfe
Silberne Medaille des Landes Salzburg für Katastrophenhilfe

Bronzene Medaille des Landes Salzburg für Katastrophenhilfe
Goldene Medaille für langjährige Tätigkeit als Mitglied des Gemeinderats der
  Landeshauptstadt
Silberne Medaille für langjährige Tätigkeit als Mitglied des Gemeinderats der
  Landeshauptstadt
Salzburger Sport-Ehrenzeichen in Gold
Salzburger Sport-Ehrenzeichen in Silber
Ehrenlorbeer des Salzburger Sportes in Gold
Ehrenlorbeer des Salzburger Sportes in Silber
Ehrenlorbeer des Salzburger Sportes in Bronze
Salzburger Abzeichen für Landesmeister in Gold
Salzburger Abzeichen für Landesmeister in Silber
Salzburger Abzeichen für Landesmeister in Bronze

Steiermark
Ehrenring des Landes Steiermark
Großes Goldenes Ehrenzeichen des Landes Steiermark mit dem Stern
Großes Goldenes Ehrenzeichen des Landes Steiermark
Großes Ehrenzeichen des Landes Steiermark
Goldenes Ehrenzeichen des Landes Steiermark
Medaille für vieljährige eifrige und ersprießliche Tätigkeit auf dem Gebiete
  des Feuerwehr- und Rettungswesens in Gold
Medaille für vieljährige eifrige und ersprießliche Tätigkeit auf dem Gebiete
  des Feuerwehr- und Rettungswesens in Silber
Medaille für vieljährige eifrige und ersprießliche Tätigkeit auf dem Gebiete
  des Feuerwehr- und Rettungswesens in Bronze
Verdienstkreuz für besondere Leistungen oder hervorragende Verdienste auf
  dem Gebiete des Feuerwehr- und Rettungswesens in Gold des Landes Stei-
  ermark
Verdienstkreuz für besondere Leistungen oder hervorragende Verdienste auf
  dem Gebiete des Feuerwehr- und Rettungswesens in Silber des Landes Stei-
  ermark
Verdienstkreuz für besondere Leistungen oder hervorragende Verdienste auf
  dem Gebiete des Feuerwehr- und Rettungswesens in Bronze des Landes
  Steiermark
Steirisches Sportehrenzeichen
Medaille für Verdienste beim Hochwassereinsatz 1958
Steirische Erinnerungsmedaille an die Abwehrkämpfe 1920
Steirische Hochwassermedaille in Gold
Steirische Hochwassermedaille in Silber
Steirische Hochwassermedaille in Bronze

Tirol

Ring mit dem Stern des Landes Tirol
Ehrenzeichen des Landes Tirol
Verdienstkreuz des Landes Tirol
Verdienstmedaille des Landes Tirol
Großer Tiroler Adlerorden
Tiroler Adlerorden in Gold
Tiroler Adlerorden in Silber
Tiroler Lebensrettungsmedaille
Tiroler Erinnerungsmedaille für Katastropheneinsatz
Medaille für ersprießliche Tätigkeit auf dem Gebiete des Feuerwehr- und Rettungswesens in Gold
Medaille für ersprießliche Tätigkeit auf dem Gebiete des Feuerwehr- und Rettungswesens in Silber
Medaille für ersprießliche Tätigkeit auf dem Gebiete des Feuerwehr- und Rettungswesens in Bronze
Tiroler Landessportehrenzeichen

Vorarlberg

Goldenes Ehrenzeichen des Landes Vorarlberg
Silbernes Ehrenzeichen des Landes Vorarlberg
Großes Verdienstzeichen des Landes Vorarlberg
Verdienstzeichen des Landes Vorarlberg
Großer Montfortorden des Landes Vorarlberg
Goldener Montfortorden des Landes Vorarlberg
Silberner Montfortorden des Landes Vorarlberg
Vorarlberger Rettungsmedaille
Feuerwehrmedaille des Landes Vorarlberg in Silber
Feuerwehrmedaille des Landes Vorarlberg in Bronze
Sicherheitsmedaille
Ehrenzeichen für Verdienste um den Vorarlberger Sport in Gold
Ehrenzeichen für Verdienste um den Vorarlberger Sport in Silber
Ehrenzeichen für sportliche Leistungen in Gold
Ehrenzeichen für sportliche Leistungen in Silber

Wien

Großes Goldenes Ehrenzeichen für Verdienste um das Land Wien mit dem Stern
Ehrenring der Stadt Wien
Großes Goldenes Ehrenzeichen für Verdienste um das Land Wien
Großes Silbernes Ehrenzeichen für Verdienste um das Land Wien

Goldenes Ehrenzeichen für Verdienste um das Land Wien
Silbernes Ehrenzeichen für Verdienste um das Land Wien
Goldenes Verdienstzeichen des Landes Wien
Silbernes Verdienstzeichen des Landes Wien
Einsatzmedaille des Landes Wien
Sportehrenzeichen der Stadt Wien
Medaille für Verdienste im Wiener Feuerwehr- und Rettungswesen in Silber
Medaille für Verdienste im Wiener Feuerwehr- und Rettungswesen in Bronze

Amtstitel nach dem Beamtendienstrechtsgesetz 1979 (auszugsweise)

Für Beamte des Allgemeinen Verwaltungsdienstes (A-Schema)
Verwendungsgruppen A 6, A 7: Beamter, Oberamtswart
Verwendungsgruppe A 5: Beamter, Oberamtsassistent
Verwendungsgruppe A 4: Beamter, Kontrollor, Oberkontrollor
Verwendungsgruppe A 3: Beamter, Fachinspektor, Fachoberinspektor
Verwendungsgruppe A 2: Beamter, Amtsrat, Amtsdirektor
Verwendungsgruppe A 1: Beamter, Oberrat, Hofrat, Ministerialrat, Parlamentsrat, Sektionschef, Parlamentsdirektor

Für Beamte der Allgemeinen Verwaltung und in handwerklicher Verwendung
Verwendungsgruppen E, P 4, P 5: Amtswart, Oberamtswart
Verwendungsgruppen D, P 1 bis P 3: Offizial, Oberoffizial
Verwendungsgruppe C: Kontrollor, Oberkontrollor, Fachinspektor, Fachoberinspektor
Verwendungsgruppe B: Revident, Oberrevident, Amtssekretär, Amtsrat, Amtsdirektor
Verwendungsgruppe A: Kommissar, Oberkommissar, Rat, Oberrat, Hofrat, Ministerialrat, Sektionschef

Für Beamte des Exekutivdienstes (E-Schema)
Verwendungsgruppe E 2c: Aspirant
Verwendungsgruppe E 2b: Inspektor, Revierinspektor, Gruppeninspektor
Verwendungsgruppe E 2a: Gruppeninspektor, Bezirksinspektor, Abteilungsinspektor, Kontrollinspektor, Chefinspektor
Verwendungsgruppe E 1: Leutnant, Oberleutnant, Hauptmann, Major, Oberstleutnant, Oberst

Für Wachebeamte
Verwendungsgruppe W 3: Inspektor
Verwendungsgruppe W 2: Revierinspektor, Gruppeninspektor, Bezirksinspektor, Abteilungsinspektor, Kontrollinspektor, Chefinspektor
Verwendungsgruppe W 1: Leutnant, Oberleutnant, Hauptmann, Major, Oberstleutnant, Oberst, General

Für Beamte des Militärischen Dienstes (M-Schema)
Verwendungsgruppe M Zch: Korporal, Zugsführer
Verwendungsgruppen M BUO 2, M ZUO 2: Wachtmeister, Oberwachtmeister
Verwendungsgruppen M BUO 1, M ZUO 1: Stabswachtmeister, Oberstabswachtmeister, Offiziersstellvertreter, Vizeleutnant
Verwendungsgruppen M BO 2, M BO 1: Leutnant, Oberleutnant, Hauptmann, Major, Oberstleutnant, Oberst, Brigadier
Verwendungsgruppe M ZO 2: Leutnant, Oberleutnant, Hauptmann, Major

Für Berufsoffiziere
Verwendungsgruppen H 2, H 1: Fähnrich, Leutnant, Oberleutnant, Hauptmann, Major, Oberstleutnant, Oberst, Brigadier, Divisionär (Verwendungsbezeichnung), Korpskommandant (Verwendungsbezeichnung), General

Für Militärseelsorger
Militärkaplan, Militärkurat, Militäroberkurat, Militärsuperior (röm.-kath.), Militäroberpfarrer (ev.), Militärdekan, Militärgeneralvikar, Militärsuperintendent (ev.)

Für Staatsanwälte
Staatsanwalt, Erster Staatsanwalt, Leitender Staatsanwalt, Oberstaatsanwalt, Erster Oberstaatsanwalt, Leitender Oberstaatsanwalt

Für Generalprokuratur
Generalanwalt, Erster Generalanwalt, Generalprokurator

Für Hochschullehrer
Ordentlicher Universitäts-(Hochschul-)professor, Außerordentlicher Universitätsprofessor, Universitäts-(Hochschul-)assistent, Assistenzprofessor, Assistenzarzt (an medizinischen Fakultäten und an der Veterinärmedizinischen Universität), Oberarzt (an medizinischen Fakultäten und an der Veterinärmedizinischen Universität)

Für Lehrer
Verwendungsgruppe L 3: Kindergärtner, Oberkindergärtner, Lehrer, Oberleh-
  rer
Verwendungsgruppe L 2: Erzieher, Obererzieher, Fachlehrer, Fachoberlehrer
Verwendungsgruppe L 1: Professor

Für Beamte des Schulaufsichtsdienstes
Verwendungsgruppe S 2: Bezirksschulinspektor
Verwendungsgruppe S 1: Landesschulinspektor

Österreichische Kraftfahrzeug-Kennzeichen

Bis 31. Dezember 1989 wurden in Österreich schwarze Kennzeichentafeln mit
weißen Buchstaben und Zahlen ausgegeben. Am Beginn der Kennzeichenabfolge stand immer der Anfangsbuchstabe des betreffenden Bundeslandes,
wobei die Landeshauptstädte Graz, Innsbruck und Linz eigene Anfangsbuchstaben hatten.
Seit 1. Jänner 1990 werden Kennzeichentafeln ausgegeben, die schwarze Zeichen auf weißem, rückstrahlenden Grund haben. Die Kennzeichenabfolge
besteht aus einem oder zwei Buchstaben, die den politischen Bezirk der Zulassungsbehörde kennzeichnen, dem farbigen Wappen des jeweiligen Bundeslandes sowie einem Vormerkzeichen. Letzteres kann frei gewählt (Wunschkenn-
zeichen) oder zugewiesen werden.
Die Kennzeichen der Kraftfahrzeuge der Obersten Organe der Republik enthalten den Buchstaben A statt der ersten ein oder zwei Buchstaben der Zulassungsbehörde. Die Kennzeichen der Fahrzeuge der Präsidenten der Landtage
sowie der Landesregierungsmitglieder haben kein Wappen. Sie sind nur mit
dem Anfangsbuchstaben des jeweiligen Bundeslandes (St in der Steiermark)
gekennzeichnet.
Seit Mai 2003 werden in Österreich Kennzeichen ausgegeben, die zusätzlich
zu den oben geschilderten Wappen, Buchstaben und Ziffern das Wappen der
Europäischen Union sowie das österreichische Nationalitätenkennzeichen »A«
tragen.

Die Abkürzungen der Zulassungsbehörden

Burgenland
E	Eisenstadt
EU	Eisenstadt-Umgebung
GS	Güssing
JE	Jennersdorf
MA	Mattersburg
ND	Neusiedl am See
OP	Oberpullendorf
OW	Oberwart

Kärnten
K	Klagenfurt
KL	Klagenfurt-Land
FE	Feldkirchen
HE	Hermagor
SP	Spittal a. d. Drau
SV	St. Veit a. d. Glan
VI	Villach
VK	Völkermarkt
VL	Villach-Land
WO	Wolfsberg

Niederösterreich
P	St. Pölten
PL	St. Pölten-Land
AM	Amstetten
BN	Baden
BL	Bruck a. d. Leitha
GS	Gänserndorf
GD	Gmünd
HL	Hollabrunn
HO	Horn
KO	Korneuburg
KR	Krems a. d. Donau
KS	Krems a. d. Donau-Stadt
LF	Lilienfeld
ME	Melk
MI	Mistelbach
MD	Mödling
NK	Neunkirchen
SB	Scheibbs
SW	Schwechat
TU	Tulln
WT	Waidhofen a. d. Thaya
WB	Wiener Neustadt-Bezirk
WN	Wiener Neustadt
WU	Wien-Umgebung
WY	Waidhofen a. d. Ybbs
ZT	Zwettl

Oberösterreich
L	Linz
LL	Linz-Land
BR	Braunau am Inn
EF	Eferding
FR	Freistadt
GM	Gmunden
GR	Grieskirchen
KI	Kirchdorf a. d. Krems
PE	Perg
RI	Ried im Innkreis
RO	Rohrbach im Mühlkreis
SD	Schärding
SR	Steyr
SE	Steyr-Land
UU	Urfahr-Umgebung
VB	Vöcklabruck
WE	Wels
WL	Wels-Land

Salzburg
S	Salzburg
SL	Salzburg-Land
HA	Hallein

JO	St. Johann	VO	Voitsberg
TA	Tamsweg	WZ	Weiz
ZE	Zell am See		

Tirol

I	Innsbruck
IL	Innsbruck-Land
IM	Imst
KB	Kitzbühel
KU	Kufstein
LA	Landeck
LZ	Lienz
RE	Reutte
SZ	Schwaz

Steiermark

G	Graz
GU	Graz-Umgebung
BA	Bad Aussee
BM	Bruck a. d. Mur
DL	Deutschlandsberg
FB	Feldbach
FF	Fürstenfeld
GB	Gröbming
HB	Hartberg
JU	Judenburg
KF	Knittelfeld
LB	Leibnitz
LE	Leoben
LI	Liezen
LN	Leoben-Bezirk
MU	Murau
MZ	Mürzzuschlag
RA	Radkersburg

Vorarlberg

B	Bregenz
BZ	Bludenz
DO	Dornbirn
FK	Feldkirch

Wien

W	Wien

Spezielle Abkürzungen der Bundes- und Landesbehörden

BB	Österreichische Bundesbahnen
BD	Bundesbusdienst/Diplomatischer Dienst Burgenland
BG	Bundesgendarmerie
BH	Bundesheer
BK	Konsularkorps Burgenland
BP	Bundespolizei
JW	Justizwache
KD	Diplomatischer Dienst Kärnten
KK	Konsularkorps Kärnten
ND	Diplomatischer Dienst Niederösterreich
NK	Konsularkorps Niederösterreich
OD	Diplomatischer Dienst Oberösterreich
OK	Konsularkorps Oberösterreich
PT	Post- und Telegraphenverwaltung

SD   Diplomatischer Dienst Salzburg
SK   Konsularkorps Salzburg
STD   Diplomatischer Dienst Steiermark
STK   Konsularkorps Steiermark
TD   Diplomatischer Dienst Tirol
TK   Konsularkorps Tirol
VD   Diplomatischer Dienst Vorarlberg
VK   Konsularkorps Vorarlberg
WD   Diplomatisches Korps Wien
WK   Konsularkorps Wien

Die österreichischen Euro-Münzen

Auf den Rückseiten der österreichischen Euro-Münzen befindet sich – so wie bei den griechischen und italienischen Euro-Münzen – auf jeder Münze ein eigenes Motiv:

- Bertha von Suttner auf der 2-Euro-Münze
- Wolfgang Amadeus Mozart auf der 1-Euro-Münze
- Die Wiener Secession auf der 50-Cent-Münze
- Schloss Belvedere auf der 20-Cent-Münze
- Der Stephansdom auf der 10-Cent-Münze
- Die Alpenprimel auf der 5-Cent-Münze
- Das Edelweiß auf der 2-Cent-Münze
- Der Enzian auf der 1-Cent-Münze

Bis 31. Dezember 2001 gab es in Österreich den Schilling, dessen Namen sich vom lateinischen »solidus« (= hart, solide) beziehungsweise vom althochdeutschen Wort »scellon« (= tönen, schallen, lärmen) ableitete. Der Schilling (1 Schilling = 100 Groschen) wurde am 20. Dezember 1924 als österreichische Währung eingeführt. Er löste die Krone ab und trat mit 1. März 1925 als neue Währung in Kraft. Während der nationalsozialistischen Herrschaft in Österreich (1938–1945) gab es als offizielle Währung die Reichsmark. Mit der ersten Währungsreform 1945 (30. November) wurde der Schilling wieder gesetzliches Zahlungsmittel in Österreich. Mit 1. Jänner 2002 löste der Euro den Schilling in Österreich ab. Seit diesem Zeitpunkt ist der Euro nicht nur in Österreich, sondern auch in den EU-Ländern Belgien, Deutschland, Griechenland, Spanien, Frankreich, Irland, Italien, Luxemburg, den Niederlanden, Portugal und Finnland gesetzliches Zahlungsmittel.

8. Was unsere Republik mit Europa verbindet

Der Beginn der europäischen Integration

Nach der grauenvollen Katastrophe des Zweiten Weltkrieges begann ein Aufbauwerk, an dem viele europäische Politiker mitwirkten. Der übersteigerte Nationalismus und die einzelnen Nationalstaaten konnten den Zweiten Weltkrieg nicht verhindern. Man setzte nun die Hoffnung für Sicherheit und Frieden auf ein geeintes Europa, das den Menschen wirtschaftliche Stabilität und Prosperität bringen sollte. Die Friedensgemeinschaft Europa sollte zugleich Schutz vor der immer stärker werdenden kommunistischen Bedrohung in Europa bieten.

Wenige Jahre nach dem Ende des Zweiten Weltkrieges entstanden internationale Organisationen, die den Wiederaufbau Europas beschleunigten und ein demokratisch verfasstes Europa gewährleisten sollten. Die im Jahr 1948 im Zusammenhang mit der Durchführung des Marshallplanes – eines großzügigen wirtschaftlichen Aufbauprogramms der USA für Europa – gegründete Organisation für wirtschaftliche Zusammenarbeit (Organisation for European Economic Cooperation = OEEC) brachte die europäischen Staaten wirtschaftlich näher, sie wurde **1961 als Organisation für wirtschaftliche Zusammenarbeit und Entwicklung** (Organisation for Economic Cooperation and Development = **OECD**) neu gegründet. Die OECD ist eine Organisation für zwischenstaatliche Zusammenarbeit marktwirtschaftlich organisierter Industriestaaten.

Am 5. Mai 1949 wurde der Vertrag über die **Gründung des Europarats** von damals 10 Staaten unterzeichnet. Diese Einrichtung widmete sich vor allem dem Aufbau und der Sicherung der Demokratie und der Rechtsstaatlichkeit sowie der Erhaltung des europäischen kulturellen Erbes. Sie umfasst heute 44 Mitglieder.

Das bedeutendste Ereignis war jedoch die Startphase des »europäischen Integrationsprozesses«. Sie ist untrennbar mit den Namen Robert Schuman und Jean Monnet verbunden. Am 9 . Mai 1950 – fünf Jahre nach Beendigung des Zweiten Weltkrieges – stellte der damalige französische Außenminister Robert Schuman im Rahmen einer Pressekonferenz am Quai d´Orsay in Paris einen Plan zur Verschmelzung der deutschen und französischen Stahl- und Kohleproduktion vor. Dieser Plan trug die Handschrift Jean Monnets, der zur damaligen Zeit Planungskommissär der französischen Regierung war. Die Vision der beiden französischen Politiker bestand darin, dass zwischen den »Erzfeinden« Frankreich und Deutschland sowie in ganz Europa nie wieder ein Krieg wegen eines Streites um Rohstoffe entstehen sollte. Mit der »mächtigen Produktionsgemeinschaft« Kohle und Stahl sollten die »realen Fundamente zur wirtschaftlichen Vereinigung« Europas geschaffen werden.

Der **Schuman-Plan** war die Grundlage für die Schaffung der **Europäischen Gemeinschaft für Kohle und Stahl** (EGKS, auch Montanunion genannt). Am 18. April 1951 unterzeichneten sechs europäische Staaten das Vertragswerk über die Errichtung dieser Gemeinschaft. Die Gründungsstaaten waren die Beneluxstaaten (Belgien, Niederlande, Luxemburg) sowie Frankreich, Italien und Deutschland. Der Vertrag trat am 23. Juli 1952 in Kraft. Er schuf für Kohle und Stahl einen gemeinsamen Markt und ermöglichte eine gemeinsame Kontrolle, Planung und Verwaltung dieser Grundstoffe und deren Produkte.

Der EGKS-Vertrag war von zeitlich begrenzter Dauer, er trat nach 50 Jahren am 23. Juli 2002 außer Kraft. Sechs Jahre nach der Gründung der Montanunion fand die europäische Integration ihre Fortsetzung durch zwei weitere Verträge. Am 25. März 1957 unterzeichneten die sechs Gründerstaaten der Montanunion einen Vertrag über die Gründung der **Europäischen Wirtschaftsgemeinschaft (EWG)** und einen Vertrag zur **Gründung der Europäischen Atomgemeinschaft (EAG)**. Beide Verträge werden nach dem Ort ihrer Unterzeichnung die **Römischen Verträge** genannt. Sie traten am 1. Jänner 1958 in Kraft. Zusammen mit dem Vertrag über die Montanunion bildeten sie die vertragsrechtliche Grundlage für drei »sektorielle Wirtschaftsgemeinschaften«. Die Gründerstaaten strebten im Rahmen der EWG eine Zollunion an sowie die Schaffung eines Gemeinsamen Marktes. Die **Europäische Atomgemeinschaft**, auch **EURATOM** genannt, hatte die Kontrolle und Koordinierung der zivilen Nuklearwirtschaft zwischen den Mitgliedstaaten zum Ziel. Sie umfasst Regelungen für den Umgang mit spaltbarem Material sowie Sicherheits- und Kontrollregelungen, »um die internationale Versorgung der Mitgliedstaaten mit Spaltstoffen und Nukleartechnik zu regeln«.

Auf der Grundlage dieser Gründungsverträge entwickelte sich die wirtschaftliche Integration weiter. Seit 1967 haben die drei Gemeinschaften gemeinsame Organe (Rat und Kommission). Am 1. Juli 1968 wurde die **Zollunion** im gewerblichen Bereich, am 1. Jänner 1970 bei den landwirtschaftlichen Produkten verwirklicht. Das bedeutete, dass die Europäischen Gemeinschaften ein einheitliches Zollgebiet bildeten, in dem die Binnenzölle zwischen den Mitgliedstaaten wegfielen und bei der Einfuhr von Waren aus Drittländern einheitliche Außenzölle erhoben wurden.

Die endgültige Verwirklichung des Binnenmarktes nahm allerdings längere Zeit in Anspruch. Sie fiel zeitlich mit der Schaffung einer politischen Union durch den Vertrag von Maastricht zusammen.

Von der wirtschaftlichen Integration zur politischen Union

Die Gründungsväter des Europäischen Einigungsprozesses haben von Anfang an eine europäische politische Ordnung angestrebt, die über den wirtschaftlichen Zusammenschluss hinausgehen sollte. Die immer enger werdende Gemeinschaft der europäischen Völker führte schließlich zu einer politischen Union, die neben wirtschaftspolitischen Zielsetzungen auch andere Politikbereiche umfasste. Vor allem in den achtziger Jahren des 20. Jahrhunderts verdichteten sich die Bemühungen zur Schaffung einer politischen Gemeinschaft. Entscheidende Impulse erhielt der Integrationsprozess im Jahr 1985. Damals legte die Kommission ein **Weißbuch zur »Vollendung des Binnenmarktes«** vor, in dem jene Maßnahmen angeführt wurden, die zur Vollendung des Binnenmarktes notwendig seien (Beseitigung von Hindernissen bei Waren- und Personenkontrollen sowie steuerliche Hindernisse). Dieses Binnenmarktkonzept wurde durch eine weitgehende Reform der Gründungsverträge verankert (so genannte **Einheitliche Europäische Akte – EEA**, in Kraft getreten am 1. Juli 1987). Die Frist für die Vollendung des Binnenmarktes wurde mit 31. Dezember 1992 festgelegt. Neben der Verwirklichung dieses Konzeptes wurden durch die EEA neue Politikbereiche in die Gemeinschaftspolitik einbezogen (vor allem Umweltpolitik sowie Forschung und Entwicklung) sowie die europäische Zusammenarbeit in außenpolitischen Fragen (Europäische Politische Zusammenarbeit – EPZ) verankert. Letztere hatte sich in der Praxis der Gemeinschaft seit den siebziger Jahren entwickelt und enthielt vor allem eine wechselseitige Verpflichtung der EG-Staaten, sich in allen außenpolitischen »Fragen von allgemeinem Interesse zu unterrichten und zu konsultieren«.

Der entscheidende Schritt zur politischen Union wurde wenige Zeit später durch den **Vertrag von Maastricht** vollzogen. Die Verhandlungen über diesen Vertrag begannen im Dezember 1990 auf einer Regierungskonferenz in Rom. Sie fanden im Zusammenhang mit einer politischen Neuordnung Europas statt. Im Jahr 1989 hatten sich nämlich die früheren mittel- und osteuropäischen Staaten, die zur unmittelbaren Einflusssphäre der Sowjetunion gehörten, in einem unblutigen Prozess vom kommunistischen Joch befreit und einen Wandel zu demokratischen Systemen begonnen. Die 1990 erfolgte deutsche Wiedervereinigung signalisierte gleichfalls das Ende des ideologischen Konfliktes zwischen Ost und West. Die Europäische Union erhielt eine neue Schlüsselfunktion für den europäischen Kontinent.

Die Regierungskonferenz in Maastricht brachte die Geburt der Europäischen Union: Die Gemeinschaft entwickelte sich von einer hauptsächlich wirtschaftlichen Integration zu einer Union, die auch **eine Gemeinsame Außen- und Sicherheitspolitik (GASP)** sowie eine Zusammenarbeit in den Bereichen der Innen- und Justizpolitik umfasste. Die Grundstrukturen dieser politischen Union werden in einem **Dreisäulenmodell** veranschaulicht: die erste Säule umfasst die so genannte **Wirtschafts- und Währungsunion (WWU)**, die zweite Säule die **GASP** und die dritte Säule die **Zusammenarbeit in den Bereichen Inneres und Justiz.** Die Entscheidungen in der ersten Säule werden nach dem Grundsatz der Supranationalität getroffen. Das bedeutet, dass die Mitgliedstaaten Teile ihrer Souveränität auf eine höhere Ebene übertragen, eine supranationale Ebene, auf der eigene Organe (z. B. Kommission, Rat) in vielen Punkten auch mit Mehrheit entscheiden. Für die Säulen 2 und 3 gilt das Prinzip des so genannten Intergouvernmentalismus. In diesen Angelegenheiten bleiben die einzelnen Staaten souverän, es erfolgt keine Übertragung der Souveränität auf eine höhere Ebene. Entscheidungen werden im Regelfall einstimmig getroffen. Inhaltlich betrifft die Säule 2 besondere Formen der Zusammenarbeit in den Bereichen der Außen- und Sicherheitspolitik. Die Säule 3 betraf eine Zusammenarbeit unter anderem in den Bereichen der Asylpolitik, der Einwanderungspolitik, der Bekämpfung der internationalen Kriminalität (Schaffung eines europäischen Polizeiamtes – Europol) und andere Bereiche.

Der Vertrag von Maastricht (so genannter Unionsvertrag) wurde am 7. Februar 1992 unterzeichnet. Er trat nach einem teilweise mühevollen Ratifikationsverfahren am 1. November 1993 in Kraft. Er wurde seither zweimal novelliert. Das erste Mal fünf Jahre danach durch den **Vertrag von Amsterdam**, der im Besonderen eine Weiterentwicklung der GASP brachte und wichtige Politikbereiche, wie etwa das Asyl- und Flüchtlingswesen sowie die Einwanderungspolitik in die erste Säule (supranationales Entscheidungssystem) verlagerte. Seit damals heißt die dritte Säule **»Polizeiliche und Justizielle Zusammenarbeit in Strafsachen«** (PJZS). Weiters wurde die Abschaffung der Binnengrenzen der Europäischen Union, die bereits im Jahr 1985 durch das so genannte **Schengener Abkommen** in die Wege geleitet wurde, in den Vertrag integriert. Eine zweite Änderung erfolgte durch den **Vertrag von Nizza**, der am 26. Februar 2001 unterzeichnet wurde und am 1. Februar 2003 in Kraft trat. Er enthielt die notwendigen institutionellen und verfahrensrechtlichen Änderungen im Hinblick auf die bevorstehende Erweiterung der EU. Gegenstand der Änderungen waren vor allem die Zusammensetzung der Kommission sowie die qualifizierten Mehrheitsentscheidungen im Rat. Die institutionellen Anpassungen sollten sicherstellen, dass auch eine EU mit 27 Mitgliedstaaten handlungsfähig bleibt.

Nach dem Vertrag von Nizza begann eine Epoche, die man als den so genannten Post-Nizza-Prozess bezeichnet. Sie ist geprägt von einer Zukunftsdiskussion und führte zur Ausarbeitung und Annahme einer **Europäischen Verfassung**.

Die Erweiterung im zeitlichen Ablauf

Der europäische Integrationsprozess besitzt zwei Dimensionen: Vertiefung und Erweiterung. Die Vertiefung betrifft eine immer enger werdende Zusammenarbeit in den einzelnen Politikbereichen und die Einbindung neuer Politikfelder. Die Erweiterung führt zur Aufnahme neuer Mitglieder.
Der **Erweiterungsprozess** schritt stetig voran. Er umfasste folgende Schritte:

1973	Großbritannien, Irland, Dänemark (so genannte Norderweiterung)
1981	Griechenland (so genannte erste Süderweiterung)
1986	Spanien, Portugal (so genannte zweite Süderweiterung)
1995	Finnland, Österreich, Schweden
2004	Estland, Lettland, Litauen, Malta, Polen, Slowakei, Slowenien, Tschechische Republik, Ungarn, Zypern.

Mit Bulgarien und Rumänien werden derzeit Beitrittsverhandlungen geführt, beide Länder sollen im Jahr 2007 EU-Mitglieder werden. Die Türkei hatte bereits im Jahr 1987 einen Beitrittsantrag eingebracht. Seit 1999 besitzt sie den Status eines Beitrittskandidaten. Die Beitrittsverhandlungen werden voraussichtlich im Oktober 2005 beginnen.
Formelle Betrittsgesuche haben Kroatien und Mazedonien eingebracht.
Außerhalb der Europäischen Union liegen darüber hinaus in Europa folgende Länder: die Schweiz und Liechtenstein, Norwegen, Island, die Balkanstaaten Bosnien-Herzegowina, Albanien, Serbien und Montenegro, sowie die Ukraine und Moldawien.

Die Europäische Union als Währungsunion

Die Idee der Schaffung einer Währungsunion reicht bis in die siebziger Jahre des vorigen Jahrhunderts zurück. Der so genannte **Werner-Plan** - benannt nach dem damaligen luxemburgischen Ministerpräsidenten und Finanzminister Werner - sah die Schaffung einer Wirtschafts- und Währungsunion (WWU) in drei Stufen vor. Dieser Plan konnte jedoch nicht verwirklicht werden. Erst durch den Vertrag von Maastricht wurde der Übergang zu einer Währungsunion in Gang gesetzt. Ziel dieser Währungsunion ist die unwiderrufliche Festlegung der Wechselkurse zwischen den EU-Währungen und die Schaffung einer **gemeinsamen Währung** mit hoher Preisstabilität. Die Verwirklichung der Währungsunion endete mit der Einführung des Euro als ausschließliches Zahlungsmittel am 1. Juli 2002.

Die Währungsunion besitzt ein eigenes Organisationssystem, das aus der Europäische Zentralbank – einer unabhängigen Einrichtung – und dem Europäischen System der Zentralbanken besteht. Dieses System hat unter Gewährleistung der Preisstabilität die Geld- und Währungspolitik der so genannten Eurozone festzulegen.

Voraussetzung für die Teilnahme an der WWU ist die Erfüllung der so genannten **Konvergenzkriterien**. Sie beinhalten folgende Voraussetzungen:

- Nachweis einer anhaltenden Preisstabilität (ersichtlich aus der Inflationsrate),
- kein übermäßiges Haushaltsdefizit,
- zwei Jahre lang keine Auslösung von Wechselkursspannungen im Europäischen Währungssystem; dieses 1979 eingerichtete System war ein System fester, aber flexibler Währungskurse zwischen den EG-Mitgliedstaaten; es wurde mit dem Start der Währungsunion außer Kraft gesetzt;
- ein langfristiger Zinssatz, der höchstens 2 % über dem Durchschnitt der drei Länder liegt, die im Bereich der Preisstabilität das beste Ergebnis erzielt haben.

Die Mitgliedstaaten der Währungsunion bilden die so genannte Eurozone. Ihr gehören derzeit von den früheren 15 Mitgliedstaaten 12 an, keine Mitglieder sind Schweden, Dänemark und Großbritannien. Welches Mitgliedsland unter denjenigen, die am 1. Mai 2004 zur Europäischen Union gestoßen sind, als erstes zur Eurozone kommen wird, lässt sich im Augenblick nicht abschätzen.

Zur europäischen Sicherheitspolitik

Die Errichtung einer europäischen Sicherheitsarchitektur hatte eine lange Anlaufzeit. Bereits die sechs Gründerstaaten der EGKS versuchten eine Europäische Verteidigungsgemeinschaft (EVG) zu gründen, scheiterten aber letztlich am Widerstand der französischen Nationalversammlung (1954). Dominante Institution der westlichen Sicherheitspolitik wurde vielmehr die **NATO**, die als transatlantisches Verteidigungsbündnis am 4. April 1949 von zwölf Staaten gegründet wurde. Die Unterzeichner waren Großbritannien, Frankreich, die Beneluxstaaten, Norwegen, Dänemark, Island, Portugal, Italien, sowie die USA und Kanada. Die NATO ist ein Militärbündnis mit einer wechselseitigen Beistandspflicht. Im Laufe der letzten Jahrzehnte hat die

NATO auch einen Funktionswandel durchgemacht. Sie ist heute nicht mehr nur ein Verteidigungsbündnis, sondern ein wesentlicher Faktor in der Krisenbewältigung und der Konfliktverhütung im Euro-Atlantischen Raum. Die ost- und mitteleuropäischen Staaten, die sich seit dem Jahr 1989 zu demokratischen Systemen wandelten, sind heute bereits Mitglieder der NATO geworden (z. B. Polen, Ungarn, Tschechische Republik, baltische Staaten).

Für den europäischen Bereich sollte eine eigene Allianz verteidigungspolitische Aufgaben übernehmen. Es war dies die **Westeuropäische Union (WEU)**, die als Militärbündnis in Fortführung eines Vertrages in Brüssel aus dem Jahr 1948 durch ein in Paris unterzeichnetes Abkommen im Jahr 1954 verwirklicht wurde. Durch sie werden die Mitglieder verpflichtet, im Falle eines bewaffneten Angriffes auf ein Mitglied militärische und sonstige Hilfe zu leisten. Die WEU besaß – anders als die NATO – keine eigene Kommandostruktur. Sie war bis 1991 eher ein sicherheitspolitisches Konsultationsforum. Von manchen wurde sie als »Papiertiger« bezeichnet.

Im Jahr 1992 definierte die WEU ihren Aufgabenbereich über die Beistandspflicht hinaus durch Festlegung der so genannten **Petersberg-Aufgaben**. Es sind dies humanitäre Aufgaben und Rettungseinsätze, friedenserhaltende Aufgaben sowie Kampfeinsätze bei der Krisenbewältigung einschließlich friedenschaffender Maßnahmen.

Diese Petersberg-Aufgaben wurden durch den Amsterdamer Vertrag in den Sicherheitsbereich der EU einbezogen.

Der Vertrag von Maastricht sah im Rahmen der GASP längerfristig die Entwicklung einer gemeinsamen Verteidigungspolitik vor, die zu einer gemeinsamen Verteidigung führen sollte. Dabei sollte die WEU die verteidigungsrelevanten Entscheidungen vorbereiten und durchführen.

Der Vertrag von Amsterdam integrierte die genannten Petersberg-Aufgaben in den Unionsvertrag und strebte die Verschmelzung der EU mit der WEU an. Diese erfolgte letztlich durch Entscheidungen des Europäischen Rats in Köln im Juni 1999 und in Helsinki im Dezember 1999, bei denen das Ziel zum **Aufbau einer europäischen Interventionsgruppe** (bis zu 60.000 Mann) formuliert wurde. Diese Truppe soll durch einzelne Beiträge der Mitgliedstaaten entstehen. Durch den Vertrag von Nizza wurde die sicherheits- und verteidigungspolitische Komponente der EU gestärkt und neue Gremien vorgesehen (z. B. politisches und sicherheitspolitisches Komitee, Militärausschuss, Militärstab). Damit wurde die WEU nahezu bedeutungslos. In Durchführung des erwähnten Konzeptes hat die EU nunmehr beschlossen, zunächst kleine Interventionstruppen (so genannte battle groups) zu schaffen.

Der Weg zur Europäischen Verfassung

Die Diskussionen im Vorfeld des Vertrages von Nizza haben die Schwierigkeiten und Gegensätzlichkeiten der Mitgliedstaaten bei der Weiterentwicklung der Union sichtbar gemacht. In einer diesem Vertrag angeschlossenen »Erklärung zur Zukunft der Union« kündigte man eine eingehende und breit angelegte Diskussion über die Weiterentwicklung der Europäischen Union an, an der sich Vertreter aus Politik, Wirtschaft, dem Hochschulbereich und der Zivilgesellschaft beteiligen sollten. Ein Jahr später – im Dezember 2003 – hat der Europäische Rat in Laeken (unter belgischem Vorsitz) das Programm des Zukunftsdialoges konkretisiert. Die Diskussion sollte unter Anwendung einer neuen Methode stattfinden, die bereits zwei Jahre vorher bei der Ausarbeitung der Grundrechtscharta der Union erfolgreich angewendet wurde. Die Zukunftsdebatte sollte im **Rahmen eines Konventes** stattfinden, der sich aus Vertretern des Europäischen Parlamentes und der Kommission sowie der Regierungen der Mitgliedstaaten und der nationalen Parlamente zusammensetzte. Als Vorsitzender dieses Konventes wurde der frühere französische Staatspräsident Valéry Giscard d´Estaing eingesetzt. An diesem Konvent nahmen auch die Vertreter der damaligen Beitrittskandidatenländer teil, weiters wurden Vertreter der Zivilgesellschaft (der so genannten NGO´s) gehört. Der Konvent hatte lediglich vorbereitende Funktion. Er begann seine Arbeit im Februar 2002 und legte im Juli 2003 der Ratspräsidentschaft einen Textentwurf einer **Europäischen Verfassung** vor. Dieser Entwurf wurde auf der im Herbst 2003 abgehaltenen Regierungskonferenz diskutiert. Es konnte allerdings keine endgültige Entscheidung getroffen werden. Auf Grund erheblicher Differenzen (z. B. über Abstimmungsfragen im Rat der Minister) wurde im Jahr 2003 keine Einigung erzielt. Erst die Regierungskonferenz im Frühjahr 2004, die den Vertragsentwurf beraten musste, kam zu einem Konsens. Am 18. Juni 2004 wurde eine politische Einigung zwischen den Regierungsvertretern erzielt. Nach verschiedenen textlichen Bereinigungen wurde am **19. Oktober 2004 von den Staats- und Regierungschefs der Entwurf der Verfassung unterzeichnet.** Zu seiner Gültigkeit bedarf er allerdings noch der Ratifikation durch die 25 Mitgliedstaaten. Wenn die Ratifikation bis 1. November 2006 durchgeführt ist, tritt der Vertrag an diesem Datum in Kraft, andernfalls erst nach Hinterlegung der letzten Ratifikationsurkunde.

Die Europäische Verfassung ist eine Vertragsverfassung, das heißt sie ist ein **völkerrechtlicher Vertrag, der zwischen den Mitgliedstaaten der Europäischen Union abgeschlossen wurde.** Sie kann auch in Zukunft nur durch einen solchen Vertrag geändert werden. Die Vertragsentwicklung liegt also in der Hand der Mitgliedstaaten, sie sind die »Herren der Verträge«.

Im Folgenden wird ein **kurzer Überblick über den Inhalt dieses Verfassungsvertrages** gegeben. Die Verfassung umfasst nahezu 450 Artikel und ist in vier Teilen zusammengefasst.

– **Teil I** regelt Bereiche, die üblicherweise **Bestandteil einer Verfassung und für die Grundordnung einer politischen Gemeinschaft wesentlich sind.** Dazu gehören folgende Inhalte:

1. Die Union **steht allen europäischen Staaten offen,** die ihre Werte achten und sich verpflichten, sie gemeinsam zu fördern.

2. Die Union ist eine **Wertegemeinschaft,** die sich auf die Achtung der Menschenwürde, die Freiheit, die Demokratie, Gleichheit, Rechtsstaatlichkeit und die Wahrung der Menschenrechte einschließlich der Rechte der Personen, die Minderheiten angehören, gründet. Das sind die gemeinsamen Werte einer Gesellschaft, die sich durch Pluralismus, Nichtdiskriminierung, Toleranz, Gerechtigkeit, Solidarität und die Gleichheit von Frau und Mann auszeichnet.

3. Ziel der Union ist es, den **Frieden,** ihre Werte und das Wohlergehen ihrer Völker zu fördern. Sie bietet den Bürgerinnen und Bürgern einen Raum der Freiheit, Sicherheit und des Rechts ohne Binnengrenzen und einen Binnenmarkt mit freiem und unverfälschtem Wettbewerb. Dazu gehören im Besonderen die Gewährleistung des freien Personen-, Dienstleistungs-, Waren- und Kapitalverkehrs sowie der Niederlassungsfreiheit.

4. **Alle Mitgliedstaaten sind vor der Verfassung gleich,** ihre nationale Identität ist zu achten.

5. Die Union ist eine **Rechtsgemeinschaft.** Sie besitzt Rechtspersönlichkeit. Das Unionsrecht hat Vorrang vor dem Recht der Mitgliedstaaten.

6. Die **Symbole der Union** sind die Flagge, die einen Kreis von zwölf goldenen Sternen auf blauem Hintergrund darstellt; die Hymne (aus der Ode an die Freude) aus der 9. Symphonie von Beethoven. Die Währung ist der Euro. Der Leitspruch der Union lautet: »In Vielfalt geeint«. In der gesamten Union wird der 9. Mai als Europatag gefeiert (Siehe Seite 202).

7. Neben der nationalen Staatsbürgerschaft der Mitgliedstaaten haben die Unionsbürgerinnen und -bürger eine **Unionsbürgerschaft,** die bestimmte Rechte beinhaltet, wie beispielsweise das Recht der freien Bewegung und des Aufenthalts im Hoheitsgebiet der Mitgliedstaaten, das Wahlrecht zum Europäischen Parlament sowie das Recht, Petitionen beim Europäischen Parlament einzubringen und sich an den beim Europäischen Parlament eingerichteten Bürgerbeauftragten zu wenden.

8. Die **Zuständigkeiten zwischen der Union und den Mitgliedstaaten** sind nach bestimmten Grundsätzen verteilt. Demgemäß gibt es ausschließliche Zuständigkeiten der Union, wo nur diese gesetzgeberisch tätig werden kann

(z. B. Angelegenheiten der Zollunion, der gemeinsamen Handelspolitik); geteilte Zuständigkeiten zwischen Union und den Mitgliedstaaten (etwa Binnenmarktregelungen, Umwelt, Landwirtschaft, Verkehr), wo die Union und die Mitgliedstaaten gesetzgeberisch tätig werden können, letztere dann, wenn die Union die Zuständigkeit nicht ausübt; sowie Zuständigkeiten für Unterstützungs-, Koordinierungs- oder Ergänzungsmaßnahmen gegenüber Mitgliedstaaten (dazu gehören u. a. Kultur, Industrie, Katastrophenschutz und andere). Für die Zuständigkeitsverteilung gilt mit Ausnahme des Bereiches der ausschließlichen Zuständigkeiten der Union das **Subsidiaritätsprinzip**. Danach kann die Union nur dann tätig werden, wenn die Ziele einer Maßnahme wegen des Umfanges oder der Wirkung auf Unionsebene besser erreicht werden können als auf der Ebene der Mitgliedstaaten.

9. Die **Aufgaben der Union werden durch Institutionen wahrgenommen**. Zum institutionellen Rahmen zählen das **Europäische Parlament** (EP), der **Europäische Rat**, der **Ministerrat** (im Folgenden Rat genannt), die **Europäische Kommission** sowie der **Gerichtshof der EU**.

- **Das EP** ist gemeinsam mit dem Rat als Gesetzgeber tätig. Es hat darüber hinaus Befugnisse bei der Haushaltsfestsetzung, der Kontrolle der Kommission sowie der Beratung. Die Mitglieder werden in allgemeiner, unmittelbarer, freier und geheimer Wahl für eine Amtszeit von fünf Jahren gewählt. Die Anzahl der Abgeordneten des Europäischen Parlamentes darf 750 nicht überschreiten, jeder Mitgliedstaat muss durch mindestens sechs Mitglieder vertreten sein, kein Mitgliedstaat erhält mehr als 96 Sitze.

- **Der Europäische Rat** setzt sich aus den Staats- und Regierungschefs sowie dem Präsidenten der Kommission zusammen. Er wählt seinen Präsidenten für eine Amtszeit von zweieinhalb Jahren. Der Europäische Rat ist kein Organ der Gesetzgebung, er gibt allerdings der Union die für ihre Entwicklung erforderlichen Impulse und legt die allgemeinen politischen Zielvorstellungen und Prioritäten fest.

- **Der Rat** ist zusammen mit dem Europäischen Parlament Gesetzgeber. Er besteht aus Vertretern der Mitgliedstaaten auf Ministerebene und handelt je nach dem zu behandelnden Gegenstand als Fachministerrat. Das heißt, dass seine Zusammensetzung variiert, er handelt als Umweltrat in der Zusammensetzung der Umweltminister der Mitgliedstaaten, als Agrarrat in der Zusammensetzung der Agrarminister oder als so genannter ECOFIN-Rat in der Zusammensetzung der Wirtschafts- und Finanzminister. Handelt es sich um eine Angelegenheit, die über die Fachbereiche hinausgeht, wird er als »Rat für allgemeine Angelegenheiten« tätig. Im Bereich der Außenpolitik tagt er als »Rat auswärtige Angelegenheiten« unter dem Vorsitz eines eigenen Außenministers der Union, der gleichzeitig Vizepräsident der Kommission ist. In den meisten Fällen entscheidet der Rat mit so genannter qualifizierter Mehrheit. Sie ist dann gegeben, wenn bei einer Abstimmung eine Mehrheit von mindestens 55 % der Mitgliedstaaten, die aus mindestens 15 Mitgliedstaaten gebildet wird, besteht, wobei diese Mitgliedstaaten 65 % der Bevölkerung ausmachen müssen (so genannte doppelte Mehrheit).

- **Die Europäische Kommission (Kommission)** ist die Vertreterin der Unionsinteressen. Sie hat das Initiativrecht und überwacht die Anwendung des Unionsrechtes unter Kontrolle des Gerichtshofes. Die Amtszeit der Kommission beträgt fünf Jahre. Mitglieder der Kommission sind bei Ausübung ihres Amtes unabhängig. Die erste Kommission, die nach der Anwendung der neuen Verfassung ernannt wird, besteht aus je einem Staatsangehörigen eines Mitgliedstaates. Danach allerdings besteht die Kommission nur mehr aus zwei Drittel der Zahl der Mitgliedstaaten. Die Kommissionsmitglieder werden dann nach einem »System der gleichberechtigten Rotation« ausgewählt, wobei auch das demografische und geografische Spektrum der Gesamtheit der Mitgliedstaaten zum Ausdruck kommen soll.
- **Der Präsident der Kommission** wird vom Europäischen Parlament auf Grund eines Vorschlags des Europäischen Rats gewählt. Der Rat nimmt im Einvernehmen mit dem Präsidenten die Benennung der Kommissionsmitglieder vor, wobei sich die Kommissionsmitglieder als Kollegium einem Zustimmungsvotum des Europäischen Parlamentes stellen müssen. Auf der Grundlage dieser Zustimmung wird die Kommission vom Europäischen Rat mit qualifizierter Mehrheit ernannt. Das Europäische Parlament hat die Möglichkeit, der gesamten Kommission das Misstrauen auszusprechen.
- **Der Gerichtshof der Europäischen Union** umfasst mehrere Einrichtungen: zunächst den Gerichtshof selbst, dann das Gericht erster Instanz, das gewisse Zuständigkeiten hat, sowie eventuelle Fachgerichte, die für bestimmte Kategorien von Klagen zuständig sind, welche auf besonderen Sachgebieten erhoben werden.

10. Als sonstige Organe bestehen die **Europäische Zentralbank** (im Bereich der Währungsunion), der **Rechnungshof**, der die Einnahmen und Ausgaben der Union prüft, sowie der **Ausschuss der Regionen und der Wirtschaft- und Sozialausschuss** als beratende Einrichtungen.

11. Mitgliedstaaten können im Rahmen von Zuständigkeiten, die nicht ausschließlich der Union zugehören, eine verstärkte Zusammenarbeit begründen, um den Integrationsprozess zu stärken (**differenzierte Integration**).

12. Die Verfassung beschreibt »das demokratische Leben in der Union« durch drei Elemente: durch den **Grundsatz der Gleichheit, der repräsentativen und der partizipativen Demokratie.** Als Einrichtung der repräsenta-

tiven Demokratie werden das Europäische Parlament sowie die politischen Parteien auf europäischer Ebene genannt: Die Parteien sollen zur Herausbildung eines europäischen politischen Bewusstseins und zum Ausdruck des Willens der Bürgerinnen und Bürger der Union beitragen (Europäische Politische Parteien). Der Grundsatz der partizipativen Demokratie bedeutet, dass die Organe der Union einen offenen, transparenten und regelmäßigen Dialog mit den repräsentativen Verbänden und der Zivilgesellschaft pflegen sollen. Es wird auch die Möglichkeit einer Volksinitiative vorgesehen: Mindestens eine Million von Unionsbürgerinnen und -bürgern, bei denen es sich um Staatsangehörige einer erheblichen Anzahl von Mitgliedstaaten handeln muss, können mittels einer Initiative die Kommission auffordern, Vorschläge zur Umsetzung der Verfassung vorzulegen. Nähere Bestimmungen über diese Initiative sind durch ein europäisches Gesetz zu treffen. Als Element des demokratischen Lebens der Union werden weiters die Sozialpartner und der autonome soziale Dialog, der Europäische Bürgerbeauftragte, sowie die Kirchen und religiösen und weltanschaulichen Gemeinschaften genannt: Mit den Kirchen und den weltanschaulichen Gemeinschaften pflegt die Union einen »offenen, transparenten und regelmäßigen Dialog«.

13. Weitere Abschnitte des Teiles I betreffen das **Finanzierungssystem der Union** (Eigenmittelfinanzierung), das **Beitrittsverfahren** für Staaten, die Mitglieder der Union werden wollen, und schließlich die Möglichkeit eines **freiwilligen Austrittes aus der Union.** In letzterem Fall hat die Union mit dem Staat, der austreten will, ein Abkommen über die Einzelheiten des Austrittes abzuschließen.

– Teil II des Europäischen Verfassungsvertrages integriert die **Charta der Grundrechte** der Union in den Verfassungstext. Diese Charta verbürgt den Grundrechtsschutz gegenüber den Organen der Europäischen Union. Sie wurde – wie bereits erwähnt – in einem Konvent vorbereitet, am 7. Dezember 2000 am Vorabend des Gipfels von Nizza feierlich als politisches Dokument verkündet und nunmehr als rechtsverbindlicher Teil der Europäischen Verfassung aufgenommen. Die in der Charta enthaltenen Grundrechte knüpfen an die europäische Grundrechtsentwicklung an und fassen die Grundrechte in sechs Kapitel zusammen.

– In Kapitel I (»**Würde des Menschen**«) wird das Recht auf Leben, auf Unversehrtheit, das Verbot der Folter und der Sklaverei verankert.

– Kapitel II (»**Freiheit**«) umfasst die klassischen Freiheitsrechte, wie etwa das Recht auf Freiheit und Sicherheit, auf Achtung des Privat- und Familienlebens, auf Schutz personenbezogener Daten, auf Gedanken- und Gewissensfreiheit, Berufsfreiheit, Eigentumsrecht, usw.

- Kapitel III (»**Gleichheit**«) gewährleistet den Schutz vor Diskriminierung, die gleiche Behandlung von Frauen und Männern, Rechte der Kinder, Rechte älterer Menschen u. a.
- Im vierten Kapitel (»**Solidarität**«) sind soziale Grundrechte verankert, die zum Teil individuelle Rechte sind, wie etwa das Recht auf gerechte und angemessene Arbeitsbedingungen sowie das Recht auf Zugang zu einem Arbeitsvermittlungsdienst, zum Teil allerdings Programmsätze, wie etwa die Verpflichtung, ein System der sozialen Sicherheit und der sozialen Unterstützung zu schaffen oder ein System eines wirksamen Gesundheits- oder Umweltschutzes.
- Im Kapitel V (»**Bürgerrechte**«) sind die mit der Unionsbürgerschaft verbundenen Rechte verankert. Es ist dies etwa das Recht der Wahl des Europäischen Parlaments, aber auch das Recht »auf eine gute Verwaltung« oder das Recht auf Zugang zu den Dokumenten.
- Im sechsten Kapitel (»**Justizielle Rechte**«) sind das Recht auf einen wirksamen Rechtsbehelf und ein unparteiisches Gericht, Verteidigungsrechte sowie das Recht, wegen derselben Straftat nicht zweimal strafrechtlich verfolgt und bestraft zu werden, verankert.

– **Teil III** der EU-Verfassung enthält **nähere Bestimmungen über die einzelnen Politikbereiche und die Arbeitsweise der Union.** Die Politikbereiche betreffen den Binnenmarkt, die Wirtschafts- und Währungspolitik, Beschäftigungspolitik, Sozialpolitik, Landwirtschaft und Fischerei, Umwelt, Verbraucherschutz, Verkehr, transeuropäische Netze (Verkehrs-, Telekommunikations- und Energieinfrastruktur), Forschung und technologische Entwicklung und Raumfahrt, Energie, Raum der Freiheit, Sicherheit und des Rechts, öffentliche Gesundheit, Industrie, Kultur, Tourismus, allgemeine Bildung, Jugend-, Sport- und Berufsbildung, Katastrophenschutz.

– **Teil IV** der Europäischen Verfassung enthält **Schlussbestimmungen**, die unter anderem auch das Verfahren über eine Änderung der Europäischen Verfassung betreffen. In diesem Zusammenhang hat der Europäische Rat im Falle der Vorlage von Änderungsvorschlägen zu beschließen, dass die Prüfung dieser Vorschläge durch einen Konvent erfolgt, der sich wie der oben genannte Zukunftskonvent zusammensetzt. Dieser Konvent soll die Vorschläge prüfen und eine Empfehlung an die Regierungskonferenz abgeben. Die Vertragsänderung selbst wird allerdings wie bisher von einer Regierungskonferenz beschlossen.

Wie schon vorher erwähnt, muss die Europäische Verfassung von den Mitgliedstaaten ratifiziert werden. Diese Ratifikation erfolgt durch die nationalen Parlamente, einige Mitgliedstaaten haben aber darüber hinaus auch die

Durchführung von Referenden (Volksabstimmungen) angekündigt (z. B. Frankreich, Großbritannien). In manchen Ländern (z. B. Irland) sind Referenden ein verfassungsrechtliches Gebot. Für das Inkrafttreten der Europäischen Verfassung ist daher Voraussetzung, dass das Ratifikationsverfahren in jedem Mitgliedstaat positiv abläuft und die in einzelnen Mitgliedstaaten durchgeführten Referenden eine Mehrheit für die Annahme bringen.

Der institutionelle Rahmen der Europäischen Union

Die Europäische Union besitzt eigene Institutionen mit spezifischen Aufgaben. Sie bilden den so genannten »institutionellen Rahmen«, der die Kohärenz und Kontinuität der Maßnahmen zur Erreichung ihrer Ziele unter gleichzeitiger Wahrung und Weiterentwicklung des gemeinschaftlichen Besitzstandes (acquis communautaire) sicherstellt.

Im gegenwärtigen Zeitpunkt – das heißt noch vor dem Wirksamwerden der Europäischen Verfassung – bestehen folgende Organe:

1. **Entscheidungsorgane:** Dazu gehören die **Europäische Kommission**, der **Rat der Minister** und das **Europäische Parlament**. Sie werden als »institutionelles Dreieck« bezeichnet. Die Kommission ist ein unabhängiges Organ. Sie besitzt das ausschließliche Initiativrecht für rechtsetzende Maßnahmen und ist auch für die Umsetzung des Rechts verantwortlich. Man bezeichnet sie daher auch als »Motor der Integration« und als »Hüterin der Verträge«.

Der Rat besteht aus Vertretern der Mitgliederstaaten auf Ministerebene. Er setzt sich je nach zu behandelnder Materie zusammen: z. B. bei Agrarfragen als Agrarministerrat, bei Umweltfragen als Umweltministerrat. Er ist daher ein »Fachministerrat«. Er ist die rechtsetzende Instanz, wobei dem Europäischen Parlament ein unterschiedliches Mitwirkungsrecht zukommt.

Das Europäische Parlament wird seit dem Jahr 1979 für eine Wahlperiode von fünf Jahren gewählt. Es besteht derzeit aus 732 Abgeordneten. In den wichtigen Materien hat es ein Mitentscheidungsrecht, das bedeutet, dass Rechtsakte (Verordnungen, Richtlinien) nur mit seiner Zustimmung zu Stande kommen.

Auch der **Europäische Gerichtshof** und der **Europäische Rechnungshof** sind Organe mit Entscheidungsbefugnis. Sie üben Kontrolle aus. Der Europäische Gerichtshof kontrolliert die Anwendung des Gemeinschaftsrechtes; er ist ein unabhängiges Organ. Der Europäische Rechnungshof nimmt die Gebarungskontrolle wahr.

2. **Beratende Organe:** Es sind dies der Wirtschafts- und Sozialausschuss und der Ausschuss der Regionen. Sie haben das Recht, Stellungnahmen abzugeben, wirken aber an den Entscheidungen nicht unmittelbar mit.

3. **Hilfsorgane:** Dazu gehören die so genannten Strukturfonds, die für die Durchführung der Agrar- und Regionalförderung verantwortlich sind. Ebenso die Europäische Investitionsbank, die Finanzierungshilfe bei Projekten durch Kreditvergabe leistet.
4. Eine besondere Stellung nimmt der **Europäische Rat** ein. (Nicht zu verwechseln mit dem Rat der Minister!) Er setzt sich aus den Staats- oder Regierungschefs der Mitgliedstaaten zusammen. Er ist kein Organ der Rechtssetzung, hat aber eine wichtige Steuerungsfunktion. Er gibt Impulse und legt die allgemeinen politischen Zielvorstellungen für die europäische Entwicklung fest.

Mitglieder des Europäischen Parlaments

	PPE-DE	PSE	ALDE	Verts/ALE	GUE/NGL	IND/DEM	UEN	NI	Gesamt
Belgien	6	7	6	2				3	24
Tschechiche Republik	14	2			6	1		1	24
Dänemark	1	5	4	1	1	1	1		14
Deutschland	49	23	7	13	7				99
Estland	1	3	2						6
Griechenland	11	8			4	1			24
Spanien	24	24	2	3	1				54
Frankreich	17	31	11	6	3	3		7	78
Irland	5	1	1	1	1		4		13
Italien	24	16	12	2	7	4	9	4	78
Zypern	3		1		2				6
Lettland	3		1	1			4		9
Litauen	2	2	7				2		13
Luxemburg	3	1	1	1					6
Ungarn	13	9	2						24
Malta	2	3							5
Niederlande	7	7	5	4	2	2			27
Österreich	6	7		2				3	18
Polen	19	10	4			10	7	4	54
Portugal	9	12			3				24
Slowenien	4	1	2						7
Slowakei	8	3						3	14
Finnland	4	3	5	1	1				14
Schweden	5	5	3	1	2	3			19
Großbritannien	28	19	12	5	1	10		3	78
Insgesamt	268	202	88	42	41	36	27	28	732

732 Mitglieder – Stand: 7. Januar 2005

Fraktionen:

PPE-DE	Fraktion der Europäischen Volkspartei
PSE	Sozialdemokratische Fraktion im Europäischen Parlament
ALDE	Fraktion der Allianz der Liberalen und Demokraten Europas
Verts/ALE	Fraktion der Grünen/Freie Europäische Allianz
GUE/NGL	Konföderale Fraktion der Vereinigten Europäischen Linken/Nordische Grüne Linke
IND/DEM	Fraktion Unabhängigkeit/Demokratie
UEN	Fraktion für das Europa der Nationen
NI	Fraktionslos

Die EU-Kommission
(Zusammensetzung für die Periode 2004–2009)
Quelle: Neue Züricher Zeitung, 19. 11. 2004

- *Kommissionspräsident:* José Manuel Barroso (Portugal)
- *Vizepräsidentin und Kommissarin für Institutionelle Beziehungen und Kommunikationsstrategie:* Margot Wallström (Schweden)
- *Vizepräsident und Kommissar für Unternehmen und Industrie:* Günter Verheugen (Deutschland)
- *Vizepräsident und Kommissar für Verkehr:* Jacques Barrot (Frankreich)
- *Vizepräsident und Kommissar für administrative Angelegenheiten, Rechnungsprüfung und Betrugsbekämpfung:* Siim Kallas (Estland)
- *Vizepräsident und Kommissar für Justiz, Freiheit und Sicherheit (inklusive Asyl- und Immigrationspolitik):* Franco Frattini (Italien)
- *Kommissarin für Informationsgesellschaft und Medien:* Viviane Reding (Luxemburg)
- *Kommissar für Umwelt:* Stavros Dimas (Griechenland)
- *Kommissar für Wirtschaft und Finanzen (inklusive monetärer Angelegenheiten):* Joaquin Almunia (Spanien)
- *Kommissarin für Regionalpolitik, Kohäsionsfonds und Solidaritätsfonds:* Danuta Hübner (Polen)
- *Kommissar für Fischerei und Koordination maritimer Angelegenheiten:* Joe Borg (Malta)
- *Kommissarin für Finanzprogramme und Budget:* Dalia Grybauskaite (Litauen)
- *Kommissar für Wissenschaft, Forschung und Entwicklung:* Janez Potocnik (Slowenien)
- *Kommissar für Bildung, Jugend und Kultur:* Jan Figel (Slowakei)
- *Kommissar für Gesundheit und Konsumentenangelegenheiten:* Markos Kyprianou (Zypern)
- *Kommissar für die EU-Erweiterung:* Olli Rehn (Finnland)
- *Kommissar für Entwicklungshilfe:* Louis Michel (Belgien)
- *Kommissar für Energie und nukleare Sicherheit:* Andris Piebalg (Lettland)
- *Kommissarin für Wettbewerbsfragen:* Neelie Kroes-Smit (Niederlande)
- *Kommissarin für Agrarwirtschaft:* Mariann Fischer Boel (Dänemark)
- *Kommissarin für Außenbeziehungen, gemeinsame Außen- und Sicherheitspolitik und nachbarschaftliche Beziehungen in Europa:* Benita Ferrero-Waldner (Österreich)
- *Kommissar für Binnenmarkt und Finanzdienstleistungen:* Charlie McCreevy (Irland)
- *Kommissar für Arbeit, soziale Angelegenheiten und Gleichberechtigung:* Vladimir Spidla (Tschechien)
- *Kommissar für Handelspolitik:* Peter Mandelson (Großbritannien)
- *Kommissar für Steuern und Zollunion:* Laszlo Kovacs (Ungarn)

9. Unsere Republik in Zahlen, Daten, Fakten

Da unsere Republik nicht nur durch ihre Geschichte, Verfassung und Verwaltung sowie durch ihre Institutionen gekennzeichnet ist, haben wir abschließend eine Auswahl von Zahlen, Daten und Fakten über Österreich zusammengestellt.

Die wichtigsten geografischen Daten

Fläche	83.871 km²
Länge der Staatsgrenze	2.706 km
Größte Nord-Süd-Ausdehnung	294 km
Größte West-Ost-Ausdehnung	580 km
Höchste Erhebung: Großglockner	3.798 m
Tiefster Punkt: im Seewinkel, südöstlich von Apetlon	114 m
Höchstgelegener Ort: Obergurgl	1.907 m
Tiefstgelegener Ort: Podersdorf	115 m
Längster Fluss: Donau	350 km
Größtes Bundesland: Niederösterreich	19.178 km²
Kleinstes Bundesland: Wien	415 km²

Die bedeutendsten Berge

Großglockner (O-Ti., Kä.)	3.798 m
Wildspitze (Ti.)	3.768 m
Großvenediger (O-Ti., Sbg.)	3.666 m
Zuckerhütl (Ti.)	3.507 m
Olperer (Ti.)	3.476 m
Piz Buin (Vbg.)	3.312 m
Parseispitze (Ti.)	3.036 m
Hoher Dachstein (OÖ., Stmk.)	2.995 m
Schesaplana (Vbg.)	2.965 m
Hochkönig (Sbg.)	2.941 m
Großer Priel (OÖ.)	2.515 m
Rosenock (Kä.)	2.440 m
Hochtor (Stmk.)	2.369 m
Ellmauer Halt (Ti.)	2.344 m

Hochschwab (Stmk.)	2.277 m
Hoher Ifen (Vbg.)	2.232 m
Dobratsch (Kä.)	2.166 m
Großer Speikkogel (Kä.)	2.140 m

Schneeberg (NÖ.)   2076 m

Die größten Seen

	Fläche in km²	Seehöhe in m	Maximale Tiefe in m
Bodensee (Vbg.)	538,5	396	252
(Österreichanteil ca. 24 km²)			
Neusiedler See (Bgld.)			
ohne Schilfgürtel	156,9	115	ca. 2
(Österreichanteil ca. 135,0 km²)			
Attersee (OÖ.)	45,9	469	169
Traunsee (OÖ.)	24,5	423	191
Wörther See (Kä.)	19,3	440	85
Mondsee (OÖ., Sbg.)	14,2	481	68
Wolfgangsee (OÖ., Sbg.)	13,5	538	114
Millstätter See (Kä.)	13,3	588	140
Ossiacher See (Kä.)	10,6	502	52
Hallstätter See (OÖ.)	8,4	508	125
Achensee (Ti.)	6,8	929	133
Weißensee (Kä.)	6,4	929	97
Wallersee (Sbg.)	6,4	505	23
Obertrumer See (Sbg.)	4,9	503	35
Zeller See (Sbg.)	4,7	750	68

Die wichtigsten Flüsse

	Länge in km innerhalb Österreichs
Donau	350
Mur	348
Inn	280
Drau	261
Enns	254
Salzach	225
Leitha (mit Schwarza)	167
Traun	153
Thaya	135
Raab	84

March   80
Rhein   ca. 23

Flächennutzung 2002 in Prozent *

Bundesland	Fläche in km²	Landw. Nutzung	Wald	Alpen	Gewässer	Sonstige
Burgenland	3.966	50,9	30,2	–	7,2	11,7
Kärnten	9.536	20,0	52,9	15,8	1,8	9,5
Niederösterreich	19.178	50,0	39,3	0,2	1,3	9,2
Oberösterreich	11.982	48,1	38,8	0,4	2,2	10,5
Salzburg	7.154	16,4	39,7	25,6	1,4	16,9
Steiermark	16.392	24,8	57,1	6,6	0,9	10,6
Tirol	12.648	9,8	36,8	26,9	0,9	25,6
Vorarlberg	2.601	17,6	33,9	26,6	2,5	19,4
Wien	415	17,0	16,5	–	4,6	61,9
Österreich	83.871	31,4	43,2	10,3	1,7	13,4

* Bodennutzung lt. Kataster des Bundesamtes für Eich- und Vermessungswesen nach Benutzungsart.

Administrative Einteilung

Bundesland	Politische Bezirke	Gerichtsbezirke	Gemeinden	Ortschaften
Burgenland	9	7	171	327
Kärnten	10	11	132	2.825
Niederösterreich	25	33	573	3.907
Oberösterreich	18	32	445	6.631
Salzburg	6	11	119	742
Steiermark	17	22	543	2.083
Tirol	9	13	279	673
Vorarlberg	4	6	96	153
Wien	1	121	23	
Österreich	99	147	2.359	17.364

Bevölkerungszahlen

Bundesland	Wohn-bevölkerung	Österr. Staatsbürger
Burgenland	277.569	270.880
Kärnten	559.404	547.798
Niederösterreich	1.545.804	1.473.813
Oberösterreich	1.376.797	1.333.480
Salzburg	515.327	482.365
Steiermark	1.183.303	1.184.720
Tirol	673.504	631.410
Vorarlberg	351.095	331.472
Wien	1.550.123	1.539.848
Österreich	8.032.926	7.795.786

Die 30 größten Gemeinden Österreichs (Stand: 2001)

Wien (W.)	1.550.123
Graz (Stmk.)	226.244
Linz (OÖ.)	183.504
Salzburg (Sbg.)	142.662
Innsbruck (Ti.)	113.392
Klagenfurt (Ktn.)	90.141
Villach (Ktn.)	57.497
Wels (OÖ.)	56.478
Sankt Pölten (NÖ.)	49.121
Dornbirn (Vbg.)	42.301
Steyr (OÖ.)	39.340
Wiener Neustadt (NÖ.)	37.627
Feldkirch (Vbg.)	28.607
Bregenz (Vbg.)	26.752
Leoben (Stmk.)	25.804
Wolfsberg (Ktn.)	25.301
Klosterneuburg (NÖ.)	24.797
Baden (NÖ.)	24.502
Krems an der Donau (NÖ.)	23.713
Traun (OÖ.)	23.470
Amstetten (NÖ.)	22.595
Kapfenberg (Stmk.)	22.234
Leonding (OÖ.)	22.203
Mödling (NÖ.)	20.405
Lustenau (Vbg.)	19.709
Hallein (Sbg.)	18.399

Braunau am Inn (OÖ.)	16.337	
Spittal an der Drau (Ktn.)	16.045	
Traiskirchen (NÖ)	15.669	
Kufstein (Ti.)	15.358	

Einige wirtschaftliche Daten

	2002	2003	2004
Bruttoinlandsprodukt (BIP) in Mrd. Euro	218,3	224,1	231,0
BIP real Veränderung zum Vorjahr in %	1,4	0,7	1,7
Inflationsrate in %	1,8	1,3	1,9
Arbeitslosigkeit in %	4,3	4,4	4,5
Bundeshaushalt in Mio. Euro:			
Einnahmen	59.413	57.889	59.140
Ausgaben	61.803	61.387	62.570
Administrativer Abgang	2.390	3.497	3.430
in Prozent des BIP	1,1	1,6	1,5
Verschuldung des Bundes in Mrd. Euro	131,1	135	–
Verschuldung des Staates (Bund + Länder + Gemeinden + Sozialversicherungen) in Mrd. Euro	145,3	145,8	–
Verschuldung des Staates in % des BIP	66,6	65,1	–
Außenhandel			
Importe in Mio. Euro	77.104	80.993	–
Exporte in Mio. Euro	77.400	78.903	–
Handelsbilanzsaldo in Mrd. Euro	0,3	– 2,1	–
Leistungsbilanzsaldo in Mrd. Euro	0,4	-2,0	–

Anzahl der Beschäftigten

	Jahresdurchschnitt 2003	Differenz in % zu 2002
Insgesamt	3.184.117	+ 0,9
davon Männer	1.730.789	- 0,1
Frauen	1.453.328	+ 2,2
Wien	759.604	+ 0,2
Oberösterreich	553.199	+ 1,8
Niederösterreich	523.923	+ 0,6
Steiermark	473.470	+ 0,9
Tirol	274.065	+ 1,1
Salzburg	220.276	+ 1,3
Kärnten	194.693	+ 0,9
Vorarlberg	136.595	+ 1,1
Burgenland	84.292	+ 1,9

Quelle: Hauptverband der österreichischen Sozialversicherungsträger »Die österreichische Sozialversicherung in Zahlen«, Ausgabe März 2004

Zahlen und Daten zum Gesundheitswesen

	2002	Differenz in % zu 2001
Bevölkerung	8.032.926	+ 0,3
Eheschließungen	36.570	+ 6,9
Geburten	78.399	+ 3,9
Sterbefälle	76.131	+ 1,8
Krankenanstalten	278	10,3
Spitalsbetten	70.376	- 1,9
Belegstage	19.921.496	- 1,6
Spitalsärzte	18.409	+ 2,0
Pflegepersonal	73.790	+ 0,4
Ärzte für Allgemeinmedizin	11.335	+ 2,3
Fachärzte	15.376	+ 3,9
Ärzte in Ausbildung	5.864	+ 3,8
Öffentliche Apotheken	1.138	+ 1,2
Anstaltsapotheken	49	+ 2,1
Hausapotheken bei Ärzten	1.031	+ 1,6

Quelle: Hauptverband der österreichischen Sozialversicherungsträger »Die österreichische Sozialversicherung in Zahlen«, 14. Ausgabe März 2004

Religionsgemeinschaften in Österreich

Gemeinschaft	Anzahl der Mitglieder
Katholische Kirche	5.917.274
(römisch-katholisch einschließlich der mit Rom unierten Kirchen)	
Evangelische Kirche	376.150
(A. B. und H. B.)	376.150
Islamische Glaubensgmeinschaft	338.988
Orthodoxe Kirchen	
(griechisch-orientalisch und altorientalisch)	179.472
Andere christliche Kirchen und	
Gemeinschaften	69.227
Nichtchristliche Gemeinschaften	
(ohne islam. und israel.)	19.750
Israelitische Religionsgesellschaft	8.140
Ohne religiöses Bekenntnis	963.263
Ohne Angabe (bei Erhebung der Volkszählung)	160.662

Die österreichischen Nobelpreisträger

Nobelpreis für Chemie

1923 Fritz Pregl (1869-1930)
Begründer der quantitativen Mikroelementaranalyse, Weiterarbeit an Liebigs organischer Elementaranalyse.

1925 Richard Zsigmondy (1865-1929)
Leistete bahnbrechende Forschung im Bereich der Kolloidchemie. Er konstruierte 1918 das erste Ultramikroskop und Ultrafeinfilter. Erhielt den Nobelpreis 1925 erst im darauffolgenden Jahr.

1938 Richard Kuhn (1900-1967)
Forschte über Vitamine und Carotinoide und wies als erster die Verbindung zwischen Vitaminen und Fermenten nach.

1962 Max Perutz (1914-2002)
Ihm gelang es, gemeinsam mit dem Chemiker Kendrew die räumliche Struktur einer Reihe von Proteinmolekülen mit Hilfe von Röntgenstrahlen nachzuweisen.

Friedensnobelpreis

1905 **Bertha von Suttner** (1843-1914)
Bekannte Vertreterin der Friedensbewegung, die im Jahr 1889 den Friedens-roman »Die Waffen nieder!« schrieb.

1911 **Alfred H. Fried** (1864-1921)
Schriftsteller, Journalist und Nachlassverwalter Bertha von Suttners. Gründe-te die »Deutsche Friedens-Gesellschaft« und gab die Zeitschrift »Die Waffen nieder!« heraus.

Literaturnobelpreis

1981 **Elias Canetti** (1905-1994)
Bedeutender Schriftsteller des 20. Jahrhunderts, der Romane (»Die Blendung), Dramen und Essays (»Masse und Macht«) verfasste.

2004 **Elfriede Jelinek** (geb. 1946)
Schriftstellerin und Dramatikerin, die für ihren musikalischen Fluss von Stimmen und Gegenstimmen in Romanen und Theaterstücken, die mit außergewöhnlichem sprachlichem Eifer die Absurdität gesellschaftlicher Kli-schees und ihre unterjochende Kraft enthüllen, ausgezeichnet wurde.

Nobelpreis für Physik

1933 **Erwin Schrödinger** (1887-1961)
Forschte auf dem Gebiet der Farbenlehre und der Radioaktivität, entwickelte die Wellenmechanik. Entdeckte neue Grundlagen zur Entwicklung der Atom-energie.

1936 **Victor Franz Hess** (1883-1964)
Entdeckte Höhen-, Ultra- bzw. kosmische Strahlung und erforschte die elektri-sche Leitfähigkeit der Atmosphäre. Zählung der Gammastrahlen, Beschrei-bung der Wärmeproduktion des Radiums.

1945 **Wolfgang E. Pauli** (1900-1958)
Entdeckte, dass niemals 2 Elektronen eines Atoms in allen 4 Quantenzahlen übereinstimmen können (»Pauli-Prinzip«).

Nobelpreis für Physiologie und Medizin

1914 Robert Bárány (1876–1936)
Durch seine Arbeiten über die Physiologie des menschlichen Innenohrs schuf er die Grundlagen für die Labyrinth-Chirurgie, wodurch die Sterblichkeit an Gehirnhautentzündung als Folge von Innenohreiterung auf Null sank.

1927 Julius Wagner-Jauregg (1857–1940)
Entdeckte, dass die Malaria-Impfung auch für die Therapie der progressiven Paralyse eingesetzt werden kann.

1930 Karl Landsteiner (1868–1943)
Entdeckte die menschlichen Hauptblutgruppen sowie den Rhesusfaktor.

1936 Otto Loewi (1873–1961)
Entdeckte, dass Nervenimpulse auf Grund von biochemischen Reaktionen übertragen werden, erforschte Herzhormone.

1973 Konrad Lorenz (1903–1989)
Verhaltensforscher, der das Phänomen der Prägung entdeckte und neue Methoden in der vergleichenden Verhaltensforschung entwickelte.

1973 Karl Frisch (1886–1982)
Zoologe, Tierpsychologe und Verhaltensforscher, der die Sprache der Bienen erforschte.

Nobelpreis für Wirtschaftswissenschaften

1974 Friedrich August Hayek (1899–1992)
Nationalökonom, der die Grundlagen der Geld- und Konjunkturtheorie erarbeitete. Er analysierte die Zusammenhänge wirtschaftlicher, sozialer und institutionaler Phänomene.

Quellen und Literatur

Butschek, Felix: Die österreichische Wirtschaft im 20. Jahrhundert, Wien 1985

Dachs, Herbert/Gerlich, Peter u. a. (Hrsg.): Handbuch des politischen Systems Österreichs, 3. Auflage, Wien 1997

Diem, Peter: Die Symbole Österreichs. Zeit und Geschichte in Zeichen, Wien 1995

Funk, Bernd-Christian: Einführung in das österreichische Verfassungsrecht, 10. Auflage, Graz

Goldinger, Walter/Binder, Dieter A.: Geschichte der Republik Österreich 1918-1938, Wien 1992

Hanisch, Ernst: Der lange Schatten des Staates. Österreichische Gesellschaftsgeschichte im 20. Jahrhundert, Wien 1994

Kleindl, Walter: Österreich. Daten zur Geschichte und Kultur, hrsg., bearbeitet und ergänzt von I. Ackerl und G. K. Kodek, Wien 1995

Neisser, Heinrich/Verschraegen, Bea: Die Europäische Union. Anspruch und Wirklichkeit, Wien 2001

Neisser, Heinrich/Handstanger, Meinrad/Schick, Robert: Bundeswahlrecht, 2. Auflage, Wien 1994

Öhlinger, Theo: Verfassungsrecht, 5. Auflage, Wien 2003

Röttinger, Moritz/Weyringer, Claudia: Handbuch der europäischen Integration, 2. Auflage, Wien 1996

Stourzh, Gerald: Um Einheit und Freiheit. Staatsvertrag, Neutralität und das Ende der Ost-West-Besetzung Österreichs 1945-1955, Wien 1998

Zöllner, Erich: Geschichte Österreichs, 8. Auflage, Wien 1990

Register

Bildnachweis

Die Autoren

Heinrich Neisser

Geboren 1936 in Wien, Studium der Rechtswissenschaften; 1969-70 Staatssekretär im Bundeskanzleramt, 1987-1989 Bundesminister für Föderalismus und Verwaltungsreform, 1975-87 und 1989-99 Abgeordneter zum Nationalrat, 1990-94 ÖVP-Klubobmann, 1994-99 Zweiter Präsident des Nationalrats.

Gerhard Loibelsberger

Geboren 1957 in Wien, Studium der Germanistik. Arbeitet seit 1980 als Werbe- und PR-Texter. Autor von Sachbüchern, Songtexten und Kriminalromanen.

Helmut Strobl

Geboren 1953 in Wien, ab 1981 im politischen Management tätig und seit 1990 selbständiger Kommunikationsberater.